Fini de rire !

Rhonda Pollero

Fini de rire !

Traduit de l'anglais (États-Unis)
par Armelle Santamans

MARABOUT

Ce livre a été négocié par l'intermédiaire de Maria Carvainis Agency, Inc. et de Donatella d'Ormesson.
Traduit de l'anglais, Knock Off © 2007 by Rhonda Pollero.
Publié pour la première fois aux États-Unis en 2007 sous le titre *Knock off* par Kensington Books, New York.

Traduit de l'anglais (États-Unis) par Armelle Santamans.

Pour mon merveilleux mari, Bob, et mon adorable Katie Scarlett.
Merci de tout ce que vous m'avez donné :
temps, espace, encouragements et… M&M !
En mémoire de Kyle McKinley Pollero (1985-1999).
Je sais que tu serais fier de moi.

1.

L'argent ne manque jamais tant que les cartes de crédit fonctionnent.

Si je pouvais trouver le moyen de faire frire du chocolat, ma vie serait parfaite.

Du moins, c'est ce que je me disais en garant ma BMW à sa place de parking habituelle, devant les bureaux du cabinet d'avocats Dane, Lieberman et Zarnowski situé dans le quartier de West Palm Beach. À vrai dire, je pense souvent à la bouffe quand j'ai le bourdon.

Cette matinée d'avril ensoleillée était si chantante que j'avais bien du mal à me réjouir d'aller au boulot. Bon, il est vrai que la perspective de partir bosser me mettait rarement en joie, quelle que soit la météo. Mais c'est un peu le cas de tout le monde, non ? J'attrapai mon tout nouveau sac Chanel (un *bowling bag* rose pâle absolument superbe) en prenant soin, d'un coup d'œil rapide et discret, de le tenir correctement. Rassurée, je le calai sur mon épaule.

J'aurais eu la honte de ma vie si mes collègues avaient remarqué cette grosse tache noire de Dieu sait quoi sur le cuir souple (de l'agneau !) de mon sac. Cette souillure m'aurait irrémédiablement grillée, révélant que je l'avais acheté au dépôt-vente de Vero Beach. Or, je comptais bien emporter ce petit secret dans la tombe.

Personne, je dis bien personne, ne saurait jamais que moi, Finley Anderson, j'appartenais à la catégorie des amatrices de… *solderies*. Et personne n'apprendrait jamais mon autre péché de mode : je suis l'emblème du Défaut Mineur. Ma garde-robe est un assemblage de rebut d'usine et/ou d'occasions tachées ou déclassées par les boutiques chics, avant d'échouer sur un étal de soldes monstres. Grâce à cette tache, mon nouveau sac avait fait l'objet d'un rabais suffisamment important pour entrer dans mon budget.

En réalité, ce n'était pas *tout à fait* le cas. Mon budget se résumait surtout aux limites imposées à mon découvert bancaire, m'obligeant à admettre que je contrôlais assez peu – voire pas du tout – mes pulsions en matière de shopping.

En fait, pas seulement en matière de shopping… Mes excès semblaient indénombrables, irrépressiblement guidés par l'impérative nécessité d'assouvir mes désirs *maintenant*. Ces envies compulsives trouvaient leur source dans tout et n'importe quoi – du moins, tout ce que je pouvais payer en plusieurs fois. Et mon expression favorite restait de loin « autorisation », surtout quand elle s'affichait sur un terminal de Carte Bleue.

C'est ainsi que, de fil en aiguille, je m'étais transformée en une jeune femme de 29 ans ne possédant – techniquement (subtilité du crédit) – absolument rien : je louais mon appartement, ma voiture faisait l'objet d'un crédit-bail et si l'endettement avait encore été sanctionné par de la prison, j'aurais pris perpète.

C'était donc la raison pour laquelle, présentement, je me traînais jusqu'au bureau, alors que j'aurais préféré de très loin me diriger vers la plage, en cette magnifique matinée dont le sud de la Floride a le secret. J'aurais tellement aimé pouvoir me faire dorer au soleil, en écoutant de la musique sur mon iPod (que j'avais presque fini de payer), dans mon minuscule bikini et son paréo assorti (moins 20 %), ignorant les mises en garde contre les dangers d'une exposition prolongée au soleil pour peaufiner ce hâle subtil qui flatte infailliblement une blonde. Je hais les dettes.

Surtout que j'étais – volontairement – passée d'un statut de « raisonnablement riche » à « salement fauchée ». Dans ces conditions, le meilleur moment de ma semaine, à ce stade, avait consisté à dénicher une bonne affaire sur eBay : le bouton massif d'un remontoir devant servir à la construction artisanale de ma future Rolex. Chacun son hobby, après tout. Au cours des années précédentes, j'en avais déjà acquis le cadran en nacre rose, ainsi que le verre en cristal. À ce rythme, vers l'âge de 35 ans, j'aurais réuni suffisamment de pièces pour réussir à assembler la montre de mes rêves.

Pour le moment, je me contentais donc de ma très jolie Kuber qui me disait que j'avais déjà vingt minutes de retard.

Mais quand j'entrai dans le somptueux hall du cabinet, ce petit rappel de ma montre devint aussitôt superflu puisque Margaret Ford me gratifia instantanément de son plus mauvais sourire. Comme à son habitude, la réceptionniste quinquagénaire se tenait derrière son bureau en forme de demi-lune, le stylo à la main et l'oreillette calée sur l'oreille droite.

Ses sourcils arqués et trop épilés s'élevèrent en signe de désapprobation.

— Ravie de vous voir, Finley.

Menteuse, vilaine menteuse. Je savais que Margaret était l'initiatrice du surnom peu flatteur qui circulait à mon propos dans le cabinet. Pas très original de toute façon. Je crois bien que la première fois que quelqu'un avait remarqué que mes initiales formaient le mot « fat[1] », j'étais encore en primaire. La seule différence, c'était qu'à l'époque, les mômes me le disaient en face. La réceptionniste et son infâme clique n'avaient pas ce genre de courage. Je la saluai poliment avant de lui demander si j'avais des messages.

Elle fouilla dans une pile de feuilles roses parfaitement ordonnées, manifestement agacée par ma demande pourtant fort légitime. De toute façon, Margaret prenait toujours cet air irrité quand elle était obligée de communiquer avec moi. Par-dessus le comptoir en acajou, elle me tendit quatre messages, assortis d'un soupir appuyé, ainsi qu'un mince dossier.

— M. Dane a laissé cela pour que vous l'examiniez. Le client sera là dans – elle marqua une pause pour faire son petit effet – vingt minutes.

Vingt minutes ? Mince. À peine assez de temps pour mes deux tasses de café réglementaires. Malgré tout, je lui souris et la remerciai, avant de rassembler les documents et de me diriger vers l'ascenseur.

Le département patrimoine du cabinet occupait la totalité du deuxième étage du bâtiment qui en comptait six. Plusieurs secrétaires – pardon ! plusieurs assistantes administratives – avaient été parquées dans un espace collectif où se trouvaient également télécopieurs, imprimantes,

1. *NdT.* En anglais, « grosse », « grasse ».

ordinateurs et d'innombrables téléphones qui ne cessaient de sonner. Aucune d'elles ne leva le nez à mon passage et je m'engageai donc sans un mot dans le couloir de droite qui menait à mon bureau.

Grâce à l'un de ces gadgets odorants à brancher dans une prise, la pièce sentait vaguement la mangue. J'engageai mon rituel matinal : allumer la lumière, ouvrir les stores pour dévoiler une magnifique vue sur le parking d'en bas, mettre en marche ma cafetière, puis agiter la souris sans fil de mon ordinateur afin de réveiller la bête.

Je glissai ensuite mon sac à main dans le tiroir de mon bureau et attrapai le téléphone. Margaret Nunuche ne prenait que les messages des gens qui se montraient trop impatients ou incompétents pour utiliser la messagerie vocale.

« Vous êtes en communication avec le bureau de Finley Tanner. Nous sommes le mardi 2 avril. Je suis au bureau, mais je ne peux prendre votre appel immédiatement. Veuillez laisser un message et je vous rappellerai dès que possible. En cas d'urgence, vous avez la possibilité de joindre la réceptionniste en appuyant sur la touche zéro. »

Je vérifiai donc ma boîte vocale en prenant quelques notes à propos du message que m'avait laissé le greffier du tribunal concernant la succession D'Auria.

Incapable d'attendre que la cafetière ait accompli son office, je remplis ma tasse de la lavasse qu'elle avait réussi à crachoter jusque-là, avant de me concentrer sur le dossier qui m'avait été remis à la réception.

Il était assez inhabituel que Victor Dane me confie une affaire. C'était un avocat spécialiste de contentieux civil et moi, j'étais une assistante juridique exerçant en droit du patrimoine. Par conséquent – Dieu merci ! –, nos chemins ne se croisaient que rarement. Victor était un authentique connard. Pire, un connard bourré de fric qui se teignait les cheveux et vouait une passion aux gadgets d'adultes. Sa dernière marotte était un Hummer noir. *Un putain de Hummer !* Je n'en revenais toujours pas. Qui donc pouvait avoir besoin d'un tel véhicule dans l'État le plus plat du pays ? Sans doute le même type qui se faisait manucurer les ongles et blanchir les dents régulièrement, j'imagine.

Donc – merci Vain[1] Dane – j'affichai un nouveau document à l'écran de mon ordinateur et commençai à y enregistrer les informations relatives au dossier, avant l'arrivée de mon rendez-vous imprévu qui s'appelait, apparemment, Stacy Evans. Mon téléphone sonna avant que j'aie pu aller au-delà des informations de base contenues dans le certificat de décès.

— Oui ?

— Mme Evans est arrivée. Dois-je lui demander de monter dans votre bureau ?

— Oui, s'il vous plaît.

Je me levai et me dirigeai vers la porte pour accueillir la veuve éplorée. Au fil des sept années précédentes, j'avais peaufiné ma technique. La Floride comptait pas mal de veuves qui se scindaient, globalement, en deux catégories : les veuves véritables avaient en général dépassé la soixantaine et étaient très abattues par la perte de l'être cher ; les veuves d'opérette avaient plutôt entre 20 et 40 ans et le signe dollar était inscrit sur leurs pupilles.

Un seul coup d'œil à Stacy me permit de conclure qu'elle appartenait à la première catégorie. Ses maigres

1. *NdT.* Le deuxième prénom de Victor Dane est Vain. Ce prénom est donné dans certains États des États-Unis (notamment en Floride), mais il veut également dire en anglais « vaniteux ».

épaules étaient affaissées et ses yeux verts fatigués étaient injectés de sang et gonflés. Elle semblait frêle et fragile.

Après l'avoir fait entrer dans mon bureau, je fis discrètement glisser une boîte de mouchoirs en papier à portée de sa main.

— Je m'appelle Finley, commençai-je en me préparant à tout moment à devoir affronter un flot de sanglots. Je vous présente toutes mes condoléances.

— Merci, répondit la cliente d'une voix neutre.

Elle tenait contre sa poitrine un grand cabas en cuir dont dépassaient deux épaisses chemises cartonnées.

— Voudriez-vous une tasse de thé ou de café ? De l'eau peut-être ?

Elle secoua la tête en signe de dénégation. Mme Evans était une golfeuse : une peau tannée par le soleil, une coupe de cheveux sans fioritures et d'abominables socquettes ornées de minuscules tees sur les chevilles.

C'est tout moi ça. J'étais en présence d'une femme qui tutoyait le désespoir et je critiquais ses chaussettes.

J'indiquai du doigt les dossiers qu'elle n'avait pas lâchés :

— M. Dane vous a demandé de m'apporter le testament de votre défunt mari ?

Je pris une gorgée de mon café parfumé à la noisette, tandis qu'elle sortait les chemises de son cabas. Elle les déposa sur mon bureau comme à regret et garda la main posée sur leur couverture, avant de lever les yeux vers moi.

— Mon mari n'est pas mort.

Je faillis avaler de travers. J'étais en possession d'une copie de son certificat de décès. Marcus Evans était tout ce qu'il y avait de mort. Au point qu'il avait même été incinéré. Je comprenais mieux, maintenant, pourquoi Vain

Dane avait orienté cette femme vers moi plutôt que de la recevoir en personne. Lavette.

— Mme Evans, dis-je en affichant la compassion la plus sincère, peut-être préféreriez-vous que nous reportions cet entretien. Il n'y a aucune urgence et il me semble que vous avez besoin de…

— Il a été assassiné, m'interrompit-elle en s'animant soudain. Marcus ne se serait jamais endormi au volant de sa voiture. Et, en aucun cas, il ne l'aurait fait à 9 heures du matin.

— Les accidents sont imprévisibles, hasardai-je timidement.

Mauvaise pioche. La femme assise en face de moi parut subitement très en colère.

— Jeune fille, commença-t-elle en pinçant ses lèvres exsangues, ne le prenez pas sur ce ton. Je suis peut-être vieille, mais je ne suis pas sénile.

Puis, elle prit une profonde inspiration avant de poursuivre :

— J'ai essayé de dire à Victor, durant notre conversation téléphonique, que mon mari avait été assassiné.

Victor ? Oh, miiince. Vain Dane aurait tout de même pu me préciser que cette femme était l'une de ses amies. Il était encore temps de rétropédaler.

— Mme Evans, croyez bien que je suis navrée si mes paroles vous ont blessée.

— C'est surtout le meurtre de mon mari qui me blesse, rétorqua-t-elle. *Vous*, ne faites que m'indisposer.

— Je suis vraiment désolée.

Je me renfonçai dans mon siège en cuir et croisai les mains sur ma tasse de café désormais froide pour gagner un peu de temps.

— Pourquoi ne pas me raconter tout depuis le début ?

— Marcus a été assassiné.

Elle retira une feuille de papier, imprimée recto verso, de l'une des chemises cartonnées et la fit glisser jusqu'à moi. Elle resta aussi immobile qu'une statue pendant que je la parcourais. Il s'agissait du rapport officiel sur l'accident. Mais, s'il contenait quelque chose de suspect, ça ne me sautait vraiment pas aux yeux. J'en conclus que je traversais une fois de plus une de ces absences dont les blondes sont coutumières et je relus le document. Mon application parut contenter la veuve Evans.

À 9 heures 05, le matin du 27 mars, Marcus Evans avait quitté la nationale I-95, dévalé un talus et atterri – sur le toit – dans un canal situé au sud du quartier de Jupiter. Officiellement, la cause technique de la mort était attribuée à la noyade, tandis que les circonstances étaient considérées comme accidentelles.

Mme Evans n'était peut-être pas sénile, mais elle se gourait complètement. Se pouvait-il qu'elle fût dingue ? Tout ce que je savais, c'est qu'elle se trouvait dans mon bureau à cause de Vain Dane. J'aurais dû me douter de quelque chose.

— En avez-vous parlé à la police ? tentai-je avec tout le sérieux requis – enfin, requis par mon boss qui n'était après tout qu'un salopard de lavette de première pour m'avoir adressé sa copine piquée au lieu de la gérer lui-même.

Les yeux de la veuve se plissèrent et elle prit un air pincé. Apparemment, je n'étais pas la première personne à lui poser cette question.

— Ils m'ont éconduite.

D'un geste de la main (celle qui portait un diamant taille émeraude de cinq carats), elle déposa son cabas sur le fauteuil voisin et se pencha vers moi.

— Ça ne peut être qu'un meurtre, souffla-t-elle d'un ton de conspiratrice.

Dans la bibliothèque ? Avec le chandelier ? Par le colonel Moutarde ?

— La voiture a-t-elle été examinée pour déterminer si elle comportait des défauts mécaniques ?

Avez-vous été examinée pour déterminer si vous souffrez de problèmes psychologiques ?

C'était un peu injuste, je le concède. Cette femme était en plein deuil. Je le comprenais très bien, mais n'aurait-elle pas pu se calmer un peu avant de venir me voir ? Difficile d'avoir une conversation rationnelle avec quelqu'un qui évoluait dans un monde parallèle. J'avais de la peine pour elle, mais, franchement, elle aurait mieux fait de raconter son histoire à la police. Ah, oui, j'oubliais. Ils ne l'avaient pas crue non plus.

Je fis un effort surhumain pour ne pas soupirer. Je croisai les mains sur mon bureau en lui lançant ce regard que j'avais mis au point au fil des ans et qui disait « je suis suspendue à vos lèvres ». Je maîtrisais bien cette technique. D'ailleurs, je l'utilisais fréquemment à l'occasion de rendez-vous galants sans intérêt.

— Pas par la police, répondit-elle d'une voix neutre. Il a suffi de vagues témoignages confirmant leur thèse d'accident pour qu'ils déclarent qu'aucune enquête approfondie n'était nécessaire. J'ai fait transporter le véhicule au garage Motors Specialists de Palm Beach, sur Okeechobee Boulevard, précisa-t-elle. Il faut que vous fassiez en sorte qu'un expert l'inspecte. Une deuxième fois. Marcus prenait grand soin de sa voiture. Il ne manquait jamais la moindre visite d'entretien. Quelqu'un a détraqué quelque chose, peut-être les freins. Je ne sais pas exactement ce dont il s'agit, mais la voiture a dû être bricolée d'une manière quelconque et j'attends de vous que vous découvriez le fin mot de l'histoire.

Stacy passa une main dans ses cheveux châtain clair, simplement mais impeccablement coupés, tandis que j'essayais d'établir la meilleure attitude à adopter.

Je vis de la détermination dans la courbe formée par ses maxillaires et ses yeux plissés me confirmèrent cette impression. Je me rappelai en outre qu'il s'agissait d'une amie intime de l'un des *senior partners*. Tout ceci me disait que je devais avant tout tranquilliser la cliente. Peu importait que mes compétences d'enquêtrice se limitent plus ou moins à retrouver le titre de propriété d'un immeuble afin d'en effectuer le transfert. Pour deux cents dollars de l'heure, j'étais parfaitement capable de revivre les aventures d'Alice Roy[1], si elle l'exigeait.

— Il faudrait que je fasse des copies de ce que vous avez apporté, lui proposai-je en constatant que mes paroles dissipaient la tension qui nouait ses épaules.

Je sortis de l'un des tiroirs de mon bureau un formulaire de mandat par lequel elle m'autorisait à agir pour son compte, avant de lui en exposer les points les plus importants.

— Ce dossier peut requérir l'intervention d'un détective privé qui agira en qualité de sous-traitant indépendant, lui précisai-je. Les frais afférents sont distincts et facturés séparément des honoraires de Dane, Lieberman et Zarnowski.

---

1. Héroïne de romans de Caroline Quine des années 1950, connue sous le nom de Nancy Drew aux USA.

— Et vous ? s'enquit-elle de manière abrupte.

— Je vous demande pardon ?

— Eh bien, pourquoi m'a-t-on adressée à une simple assistante juridique ? N'est-ce pas un véritable avocat qui devrait se charger d'une affaire de meurtre ?

Oui, songeai-je intérieurement, *une affaire de meurtre devrait normalement être gérée par un avocat. Mais les délires paranoïaques d'une veuve éplorée font partie de mon habituel chemin de croix.*

— Je travaille sous la supervision directe d'un avocat, la rassurai-je en indiquant d'une croix un peu trop appuyée les divers emplacements où elle devait apposer sa signature. M. Dane suit, et continuera à suivre, personnellement ce dossier.

— Dans ces conditions, ça me paraît acceptable, ponctua-t-elle après un bref silence. J'attends de votre part des mises à jour régulières sur l'état d'avancement de vos investigations. Je dois me rendre dans le New Jersey dès cet après-midi afin d'y emporter les cendres de mon mari pour le service funèbre.

Puis, extirpant un autre document dactylographié de son cabas :

— Voici les numéros où vous pourrez me contacter, avec les dates et heures auxquelles vous aurez le plus de chances de me joindre.

Paranoïaque, éplorée et maniaque. Le mélange idéal.

— Possédez-vous un téléphone mobile ou un pager ?

Je fus un peu surprise. Personne ne m'avait encore jamais posé cette question.

— J'ai une boîte vocale, bredouillai-je. Et je vérifie mes messages régulièrement…

— Je préfère les lignes directes, annonça la veuve Evans d'un ton qui signifiait qu'il s'agissait moins d'une préférence que d'une exigence.

J'attrapai donc une de mes cartes de visite et me maudis vingt fois en y griffonnant le numéro de mon téléphone portable. Quelque chose me disait que je ne tarderais pas à regretter d'avoir ainsi donné à Stacy Evans un accès illimité à ma vie.

Dès midi, cette pensée prophétique était déjà devenue réalité. La veuve m'avait appelée pas moins de trois fois : une fois sur ma ligne de bureau et deux fois sur mon portable. Et là, alors que je marchais d'un pas tranquille en direction de Clematis Street, afin d'y retrouver mes amies Becky, Jane et Olivia, mon sac à main ne cessait de vibrer. Je vérifiai le numéro de mon correspondant et reconnus celui de Stacy. Je décidai de ne pas répondre. Elle appartenait peut-être au cercle des amis intimes de Vain Dane, mais je n'étais pas son esclave. Du moins, pas entre midi et demi et 14 heures – ce qui correspondait à mon interprétation des trois quarts d'heure de pause déjeuner réglementaire.

L'aspect le plus enviable de ma condition de paralégale au sein du département patrimoine résidait dans la relative liberté qu'elle me laissait. Personne ne me demandait jamais de comptes quand je quittais le bureau, du moment que j'embarquais avec moi quelques dossiers, en marmonnant vaguement quelque chose au sujet d'un dépôt au greffe du tribunal. Personne n'avait jamais paru remarquer que mes « réunions » avaient presque toujours lieu aux heures des repas. En tout cas, personne n'avait jamais trouvé à y redire, ce qui me convenait parfaitement.

Il y avait foule dans le centre de West Palm Beach, mais cela ne tarderait pas à changer. Les locaux prétendent qu'il y a deux saisons en Floride : l'été et la période d'enneigement. La première dure de février à début novembre. La seconde – approximativement, de Thanksgiving à Pâques – se distingue par le flot de camping-cars qui encombre la nationale I-95, leurs occupants fuyant l'hiver pour les cieux plus cléments de Floride, où ils attendent que la neige veuille bien fondre.

Pour les résidents à l'année, comme moi, cela signifie des parkings bondés, des files d'attente interminables dans les supermarchés et l'abandon de tout espoir de se voir délivrer les médicaments prescrits par un médecin. En effet, les pharmacies semblent représenter une sorte de lieu de pèlerinage pour les sexagénaires et plus. Cette année, Pâques tombait tardivement, ce qui signifiait deux semaines supplémentaires de « saison » avant qu'ils ne rentrent tous chez eux.

Le bruit d'un Klaxon me fit sursauter. Je baissai la tête pour éviter une branche trop basse, tout en contournant une femme à cheveux blancs et son déambulateur. Je sais bien que j'aurais dû ressentir une certaine compassion, respecter mes aînés, etc., mais, pour ma défense, je prétendais que ceux qui avaient institué ce genre de principes n'avaient jamais eu à piler sur l'autoroute derrière une nonagénaire dont les réflexes n'incluaient plus un coup d'œil dans le rétroviseur, avant un dépassement audacieux.

Je m'autorisai une brève concession à la vanité en m'observant dans une vitrine, alors que j'approchais le carrefour de North Olive Street. Le Sushi Rok était un bistrot de fruits de mer (asiatique, tendance nippone) en vogue et encore relativement récent, qui proposait des repas aux cadres du quartier. Un excellent choix pour le déjeuner dans la mesure où les touristes avaient tendance à éviter ce type d'endroits au profit de restaurants plus décontractés, tolérant shorts, tee-shirts et tongs.

Je dus admettre que, même si je maudissais la moindre seconde passée dans ma salle de sport habituelle, le jeu en valait la chandelle. Surtout maintenant que j'approchais de la zone dangereuse et que mon corps commençait à mériter les mises en garde d'un paquet de céréales : le transport peut occasionner quelques tassements.

En tout cas, pour ma part, le printemps signifiait une chose : Lilly Pulitzer. J'avais agrémenté le cardigan rose hibiscus (moins 70 % du fait d'une tache de rouge à lèvres) que j'avais enroulé sur mes épaules, d'une robe en patchwork (non soldée, oups...) dans les tons jaunes qui portait sa griffe. Et comme la toile de coton élastique présentait l'avantage de mouler mes formes en laissant mes bras nus, je devais bien reconnaître que l'implacable sévérité de mon entraîneur à cou de taureau, Neal, avait porté ses fruits. Tout en lui adressant un silencieux remerciement, j'eus également une pensée reconnaissante pour mon teinturier qui avait réussi à transformer la tache qui déparait le col de mon cachemire en imperceptible auréole.

L'ensemble – que j'avais rehaussé de mon nouveau sac à main et de sandales à lanières – était vraiment – vraiment – flatteur, décidai-je. En vérité je vous le dis, Lilly est la meilleure amie des blondes.

Le restaurant était presque plein et le cliquètement des couverts et des verres ponctuait de temps à autre le brouhaha des conversations. Je relevai mes lunettes de soleil sur le haut de mon crâne et parcourus des yeux la salle pour y repérer mes copines. J'aperçus aussitôt Olivia qui me faisait un signe de la main.

Enclenchant mon pilote automatique de célibataire, je slalomai entre les tables en jetant un coup d'œil aux clients mâles. Bon, il est vrai que je n'étais pas absolument célibataire et que le pilote s'appelait, en l'occurrence, Patrick. Le fait d'y penser aurait dû susciter en moi un sentiment de joie, d'ivresse, de... En tout cas autre chose qu'une sensation de *confort*, non ?

Je poussai un profond soupir en m'installant à côté d'Olivia et de Becky.

— Jane est en retard ?

La question était purement rhétorique. Jane était systématiquement en retard et elle le serait encore à son propre enterrement. Comme Olivia pianotait sur son BlackBerry, je me contentai de saluer Becky.

Celle-ci sirotait un thé glacé à la pêche. Ses yeux brun sombre étaient dissimulés derrière des lunettes à verres orange. Rebecca Jameson et moi étions amies depuis l'université. Elle était collaboratrice dans le cabinet d'avocats où je travaillais et exerçait au sein du département contrats, sous la supervision implacable d'Ellen Lieberman, seule associée femme et salope de première.

C'était moi qui l'avais convaincue d'y présenter sa candidature après avoir obtenu son diplôme, avec mention, de la faculté de droit d'Emory. J'étais aussi celle qui lui avait suggéré de ne pas se spécialiser en droit des contrats. Mais Becky n'avait pas écouté mon conseil, ce qui lui avait été finalement profitable. Pour une raison mystérieuse, Becky et Ellen s'entendaient très bien. Du moins aussi bien que l'on pouvait s'entendre avec Ellen, dans la mesure où celle-ci avait la conviction que le chemin de la réussite passait nécessairement par l'expulsion de la moindre particule d'œstrogène. Ellen Lieberman se complaisait dans des tailleurs ternes, des Birkenstocks et des racines capillaires grises.

Becky pour sa part portait ce jour-là un pantalon de toile taupe et une blouse en coton orangée.

— Joli chemisier, la complimentai-je.

— Merci, répondit-elle en nouant ses longs cheveux sur sa nuque que le soleil de midi réchauffait à travers la baie vitrée. Le café arrive.

Je lui souris, ravie que mes amies m'aiment suffisamment pour anticiper mon incessant besoin de caféine.

Je me tournai alors vers Olivia qui venait de remettre son dernier joujou électronique favori dans son sac à main.

— Alors, comment va le jeune garagiste ?

Le dessin parfait des lèvres d'Olivia s'affaissa.

— Il n'est pas si jeune que ça.

— Mais il vit dans le garage de ses parents, lui fis-je remarquer. Il a 36 ans. Il ne travaille pas. C'est…

— … un connard, intervint Becky sans vergogne. Bon sang, Liv, débarrasse-toi de lui et trouve-toi un vrai mec.

— Comme le tien ? répliqua Olivia d'une voix sucrée. De quand date ton dernier flirt, déjà ? Ta soirée de fin d'année au collège ?

Becky ne put s'empêcher de sourire car chacune de nous savait que Liv n'était pas si loin de la vérité.

— Moi, je m'occupe de ma carrière. J'aurai tout le temps de trouver le prince charmant après.

— Après ? Mouais… poursuivit Liv. Quand tu seras toute seule dans ton appart', frisant la cinquantaine, en regardant des rediffusions de *Gilmore Girls* tout en dévorant des Moon Pies au milieu de seize chats ?

— Ne te moque pas des Moon Pies, la menaça Becky en jetant un coup d'œil autour d'elle. C'est une nourriture qui me réconforte.

— Mesdames ? les interrompis-je, sachant pertinemment que cette petite joute verbale aurait pu se prolonger indéfiniment.

Mes deux amies adoraient se taquiner. Sans doute parce qu'elles avaient des personnalités totalement opposées.

— Je lisais un courriel de Jane, dit Liv. Elle ne pourra pas se libérer.

Becky et moi-même poussâmes un grognement avant de nous jeter sur nos menus. J'en étais à hésiter entre le thon blanc et les California Rolls quand le serveur arriva avec mon café.

— Voulez-vous attendre la quatrième convive ? s'enquit-il.

Spontanément, il s'était adressé à Olivia. Avant, ça me gênait qu'elle accapare systématiquement l'attention des hommes. Mais j'avais fini par comprendre qu'ils ne pouvaient tout simplement pas s'en empêcher. La beauté d'Olivia s'imposait. Une beauté exceptionnelle. Elle avait des traits exotiques exempts du moindre défaut. Au premier regard, la plupart des gens pensaient que ses yeux violets ne pouvaient qu'être le résultat d'horribles lentilles de contact parfaitement artificielles. Pourtant, ils étaient tout ce qu'il y a de plus authentiques, de même que ses pommettes hautes, ses lèvres pulpeuses, son port de reine, sa poitrine opulente et sa taille menue. Aussi déplaisant que cela pût être, on ne pouvait que se résoudre à envier son petit 36.

— En fait, nous n'allons être que trois, lui répondit Liv en battant des cils (le flirt étant devenu pour elle aussi naturel que l'air qu'elle respirait). Pouvez-vous nous accorder encore quelques minutes ?

— Mais certainement, mesdames, dit le serveur. Je vais vous apporter une autre carafe d'eau de concombre pendant que vous faites votre choix.

Le garçon était suffisamment séduisant pour que j'accorde un coup d'œil discret au bas de son dos, par-dessus mon menu.

— Trop maigre, murmurai-je.

— Trop petit, ajouta Liv.

— Je pourrais m'en contenter, ponctua Becky.

— Tu es célibataire depuis beaucoup trop longtemps, remarquai-je avec un soupir. Tu te contenterais de n'importe qui. Je note que depuis que tu t'es fait faire cette couleur, Becky, nous pourrions presque jouer un remake de *Petty-coat junction*[1].

Becky enroula une mèche rousse autour de son doigt.

— Je suis Betty Jo. C'était bien la rousse qui a fini par se mettre en ménage avec le type qui pilotait l'avion à épandre l'engrais dans les champs, non ? Et d'ailleurs, puisqu'on parle de pilote, comment va Patrick ?

Je haussai les épaules.

— Très bien, il doit rentrer tard ce soir.

Une fois de plus, je m'en voulus que son évocation n'éveille pas en moi plus de frissons. En théorie, pourtant, c'était LE mec. L'homme de mes rêves : il avait 34 ans, était plutôt grand, blond avec des yeux bleus et pilote. Parfait, non ? Il gagnait bien sa vie, était intelligent, drôle et sportif. Nous avions beaucoup de centres d'intérêt communs (la plage, le cinéma, les restaurants, etc.). Génétiquement, c'était le père idéal de mes enfants. Mais… la magie n'opérait pas.

J'avais depuis longtemps abandonné les romans à l'eau de rose, mais j'aurais aimé que mon cœur batte un peu

1. *NdT.* Série télévisée américaine diffusée entre 1963 et 1970 et mettant en scène trois sœurs : Betty Jo, Bobbie Jo et Billie Jo.

plus vite lorsque je lui ouvrais ma porte. Une vie sexuelle plus sauvage ne m'aurait pas déplu non plus. Pourtant, cet aspect-là n'était pas à proprement parler désagréable. Patrick était suffisamment attentionné pour se montrer, disons, méthodique. Mais, si sa méthode me satisfaisait, elle ne m'inspirait pas exactement de la passion. Quand j'étais avec Patrick, les préliminaires se déroulaient suivant un ordre bien précis. C'était un peu comme si nos ébats avaient dû suivre la procédure de sécurité réglementaire avant le décollage de l'avion.

Je fronçai les sourcils et reposai mon menu sur la table en attendant le retour de notre serveur.

Liv se pencha vers moi et me caressa la main. La paire de bracelets qu'elle portait au poignet tinta contre le plateau de la table.

— Toujours pas de feu d'artifice, hein ?

— Pas même une étincelle.

— Ça ne va pas s'arranger, commenta Becky. D'après ma propre expérience, je peux te dire que les relations sexuelles n'ont rien de comparable au bon vin : le passage du temps ne les améliore pas.

— Depuis quand n'as-tu pas fait l'amour ? la questionna Liv. Bon ou mauvais, peu importe.

— Oh, attends… J'essaye de me souvenir… ironisa Becky. Voyons, je crois bien que c'était sur le canapé de mes parents, après qu'ils étaient montés se coucher. Ah, non ! Ça, c'était *toi*.

— Taquine-moi tant que tu veux, Betty Jo, répliqua Liv. Au moins, je ne suis pas mariée à mon boulot, moi.

— Non, toi, le mariage, *c'est* ton boulot, lui fis-je remarquer. Et d'ailleurs, n'as-tu pas quelques histoires croustillantes à nous raconter ?

Liv était une organisatrice hors pair de mariages – avec des clients habitant des deux côtés du pont, s'il vous plaît. Il n'est peut-être pas inutile de préciser que le « pont » vise la portion d'Okeechobee Road qui surplombe le chenal séparant West Palm Beach du monde merveilleusement riche et exclusif de Palm Beach – là où les vieilles dynasties comme celles des Post, des Flagler et des Kennedy se mêlent à regret avec les nouveaux riches qui y ont élu domicile. Enfin, le terme « nouveaux riches » est quelque peu redondant si l'on considère que la Floride a plus ou moins vu le jour en 1924. Il n'y avait que ces vieilles familles pour élever d'aussi incroyables villas en bord de mer. Outre ses terrains de golf remarquables et ses mouillages en eaux profondes pour yachts privés, Palm Beach offre toutes les commodités d'un petit paradis.

Liv et son associé, Jean-Claude DuBois, avaient fait de Concierge Plus (à l'origine, une société organisant des fêtes d'anniversaire pour enfants) LA première entreprise d'organisation de mariages de la région. Forts de leur succès, ils avaient développé leur activité et organisaient aussi désormais d'autres types d'événements, comme ces soirées prestigieuses destinées à lever des fonds pour diverses fondations caritatives.

Mais les histoires de cafouillage durant les cérémonies de mariage étaient mes préférées. Sans doute à cause de l'espèce de satisfaction infantile et perverse que me procurait la confirmation que, si tout n'était pas rose dans ma vie, c'était le cas de tout le monde. D'ailleurs, cette jubilation était d'autant plus inepte que je n'avais vraiment aucune intention de convoler. Du moins à court terme.

Notre déjeuner se déroula comme à l'habitude : de bons plats, une conversation futile et beaucoup d'éclats de rire.

J'en sortis avec des batteries rechargées, prête à affronter le restant de ma journée.

Becky et moi attendîmes avec Liv que le voiturier aille lui chercher son cabriolet Mercedes de couleur champagne. Contrairement à moi, mon amie gagnait énormément d'argent. Mais, tout comme moi, elle le dépensait sans compter. Quant à Becky, son salaire représentait probablement trois fois le mien, mais les fringues constituaient son seul péché mignon. C'était donc elle qui avait le plus gros compte bancaire.

Dès que Liv eut disparu au coin de la rue, Becky se retourna vers moi.

— J'ai entendu dire que Victor t'avait confié un dossier ce matin.

— Ouais.

Je lui narrai mon étrange entretien avant de consulter les messages laissés sur mon portable. Stacy Evans m'avait appelée deux fois durant le déjeuner. Je vérifiai l'heure indiquée sur mon écran : d'après l'emploi du temps qu'elle m'avait laissé, elle s'apprêtait à embarquer dans un avion pour Newark. Avec un peu de chance, elle atterrirait quelques minutes après la fin de ma journée.

— Et que veut-elle que tu fasses ?

2.

Quand on n'aime pas son boulot,
mieux vaut aimer sa fiche de paye.

Sur le chemin du retour, la question de Becky me taraudait. Je serais bien rentrée avec elle au bureau, mais nous avions adopté une règle professionnelle très stricte : nous nous séparions toujours au moins deux pâtés de maisons avant de rejoindre le cabinet, afin que personne – c'est-à-dire, Margaret – ne puisse deviner que je prenais de longues pauses déjeuner avec une collaboratrice. Des années auparavant, Margaret s'était autopromue chef de la police des employés et elle n'aurait certes pas approuvé qu'un avocat et une assistante juridique partagent un repas. Surtout si celui-ci dépassait largement le temps imparti par le règlement intérieur.

En réalité, je crois que Margaret supportait mal le principe de hiérarchie. Plus exactement, je pense que la simple idée que je puisse me situer au-dessus d'elle dans la chaîne de l'évolution professionnelle, lui filait de l'urticaire. Mais, franchement, mes pompes étaient quand même beaucoup plus classes que les siennes, non ? Il est vrai que je n'avais pas grand mérite. Je frémis en imaginant les chaussures de la réceptionniste, jusqu'à en oublier que je possédais tout de même un diplôme qu'elle n'avait pas. Dans l'univers de Margaret, les avocats étaient des dieux et tous les autres devaient être traités selon leur ancienneté. Évidemment, ce principe l'arrangeait bien, vu qu'elle se tenait derrière sa réception depuis près de trente et un ans.

Je frissonnai d'angoisse. La simple idée de rester assise derrière le même bureau durant plus d'un quart de siècle me donnait envie de me ronger le poignet jusqu'à trouver la veine.

Ce n'est pas que j'avançais beaucoup moi-même sur la route du succès professionnel. De toute façon, il n'y avait pas d'ascenseur de carrière pour moi. À moins, bien sûr, que je ne décide de suivre les conseils de ma mère en m'inscrivant en fac de droit. C'est ça, pour me coller des centaines de milliers de dollars de dettes sur le dos afin de faire très exactement ce que je faisais maintenant. Si je m'endettais, ce serait pour des choses importantes, comme des trucs de chez Lulu Guiness.

Je n'avais pas la moindre envie de plonger, tête la première, dans les eaux troubles du dossier Evans, mais je me fis une raison. De toute façon, j'étais à peu près sûre que Stacy m'appellerait aux premières heures de l'aube, si ce n'est à l'instant même où elle poserait le pied sur le tarmac de Newark. Et puis, je n'oubliais pas que Victor Dane se trouvait dans les bureaux et qu'il pourrait vouloir vérifier l'état d'avancement de mon travail.

Je savais qu'il était là puisque son stupide Hummer de trois mètres de large trônait en bas, encombrant une bonne partie du parking.

Une fois installée derrière mon bureau, je pris quelques instants pour déterminer la meilleure marche à suivre, en tapotant mon bloc-notes avec un crayon. La Floride bénéficiait de lois successorales très simples et il ne me fallut que quarante-cinq minutes pour remplir les formulaires nécessaires à l'ouverture de la succession que Stacy avait signés lors de son passage au cabinet, le matin même.

En principe, j'aurais dû me précipiter au greffe du tribunal pour me procurer les documents officiels et commencer l'inventaire des biens. Ceci fait, je serais ensuite allée voir l'un des fiscalistes du bureau pour décider de la meilleure manière de transférer les droits sur lesdits biens à la veuve, l'objectif de toute cette paperasse étant de minimiser les impôts à payer et de protéger au mieux les actifs successoraux, en fonction de l'âge et des besoins des héritiers.

Mais cette affaire n'avait rien d'ordinaire. Vraiment rien. Et je n'avais aucune idée de la façon dont il convenait de mener une enquête sur un meurtre. Alors, pour un meurtre sans meurtre…

Par conséquent, je commençai par lire le testament de feu M. Evans. Rien ne me sauta aux yeux dans la vingtaine de pages qu'il comportait. Rien que les trucs habituels : presque tous les biens mobiliers et immobiliers allaient à son épouse, sous réserve d'un legs spécifique à son fils. La participation de 10 % qu'avait conservée Marcus Evans dans Evans & Evans Joailliers, au moment où il avait pris sa retraite, devait être directement transférée à son fils Abram, conformément au contrat signé avec ses associés. En fouillant dans les papiers que m'avait remis Stacy, je dénichai le contrat en question que je signalai d'un Post-it rose fluo, avant de noter sur mon bloc-notes qu'il fallait, selon l'usage, que je l'adresse au département contrats pour vérifier sa conformité au droit de l'État de New York, où il avait été signé.

Tout ceci s'inscrivait encore parfaitement dans mon champ de compétences. En revanche, je ne savais pas du tout comment aborder le chapitre « Mon mari a été assassiné ». Pour cela, il me fallait de l'aide. J'attrapai donc le répertoire fourni par mon bureau et commençai à passer en revue la liste alphabétique des noms qu'il comportait.

Je rejetai d'emblée trois des assistants juridiques. Je savais que deux d'entre eux, affectés au contentieux, étaient déjà occupés par des procès et qu'ils ne seraient donc pas en mesure de me filer un coup de main dans mon enquête. La troisième paralégale indisponible était Debbie Gayle. Elle était en congé maternité. Encore. Cette fille était une véritable pondeuse : trois mômes en quatre ans, dont deux nés la même année, sans pour autant être jumeaux. Mon Dieu, comment avait-elle fait ? Un câlin sur la banquette arrière de la voiture qui la ramenait de l'hôpital ? J'imaginais mentalement Debbie. Une jolie fille, si l'on voulait bien oublier les cernes noirs sous ses yeux de mère privée de sommeil. Ses cheveux bruns, coupés sans recherche, étaient toujours un peu en bataille, comme si elle avait juste eu le temps de les coiffer à la main. Un minimum de maquillage. Mais bon, si j'avais trois enfants de moins de 4 ans, j'imagine que j'aurais même du mal à m'épiler les deux jambes dans la même journée. Je ne me souvenais pas d'avoir aperçu Debbie sans une marque blanchâtre de régurgitation infantile sur le haut de l'épaule. Cette seule constatation suffisait à remettre en question mes propres projets en la matière.

En passant au nom suivant, j'eus un mouvement de recul. Sans quitter des yeux le répertoire, je m'éloignai un peu de mon bureau pour remplir ma tasse de café. Peut-être qu'en fixant ainsi la liste, son nom allait se transformer en un autre. Aucune chance.

Très peu de gens m'intimidaient. Mais Mary Beth faisait partie de cette minorité. En fait, elle était en tête de ceux qui me donnaient l'impression d'appartenir à une forme de vie inférieure. Mary Beth était au nombre de ceux qui savent tout faire et le font à la perfection. C'était la Martha Stewart[1] des assistants juridiques (hormis la condamnation pénale, bien entendu). Et pour corser le tout, elle était super sympa. J'aurais préféré que ce soit une pétasse, mais ce n'était absolument pas le cas. Outre sa sincère gentillesse, elle se portait volontaire pour tout. Non seulement elle n'oubliait jamais l'anniversaire d'un collègue, mais en plus, elle confectionnait un gâteau, faisait circuler une carte et se chargeait de l'organisation de toutes nos sorties entre collègues.

Même son bureau était magnifique puisqu'elle y avait installé des rideaux qu'elle avait cousus elle-même. Des « rideaux » murmurai-je avec un petit sourire, en sirotant mon café. Le fait qu'elle sache coudre me semblait déjà suffisamment gênant. Mais le fait qu'elle ait rénové son propre bureau, sans que cela coûte le moindre centime au cabinet, me paraissait tout bonnement… *répréhensible.*

Je savais qu'elle m'aurait volontiers aidée. Mary Beth était incapable de dire non. Mais cela signifierait en retour qu'elle m'aurait à l'œil. Car elle ne se contenterait pas de me donner un coup de main sur le dossier Evans. Elle ne s'arrêterait sûrement pas là, non. Ça débuterait par quelques

1. *NdT.* Martha Stewart est une personnalité de la télévision américaine et la fondatrice d'un magazine exposant la manière de « bien vivre chez soi » (décoration, cuisine, jardin, cérémonies, etc.). Il s'agit donc à la fois d'une parfaite maîtresse de maison et d'une femme d'affaires avisée. Elle a été condamnée à quelques mois de prison dans les années 2000, à la suite d'une fraude sur des transactions financières.

courriels innocents pour s'enquérir de mes progrès sur l'affaire, et ça enflerait progressivement : elle passerait une tête dans mon bureau pour m'offrir quelques conseils avisés et tuyaux précieux. S'ensuivraient de redoutables invitations à prendre part à des soirées chez elle, autour de thèmes divers : échanges de recettes de cuisine, réunions Tupperware ou encore – comble de l'horreur ! – ventes privées de bijoux en toc.

Je frissonnai à la pensée de devoir passer une soirée à prétendre me pâmer, au milieu d'autres femmes, en prononçant un maximum de fois le mot *plaqué or* en moins d'une minute. Je me voyais d'ici participer à ces concours idiots pour avoir l'incommensurable chance de remporter un cache-pot ou un jeu de boîtes en plastique indisponibles en magasin.

Mes doigts s'immobilisèrent au-dessus des touches de mon téléphone. Le jeu en valait-il vraiment la chandelle ? Étais-je véritablement prête à m'exposer à la fièvre infernale de ces réunions domestiques au seul nom d'une enquête sur un meurtre inexistant ? Mais, malgré mes haut-le-cœur à la perspective de devoir lui consacrer une soirée de semaine dans l'un des plus abominables temples du toast au cream cheese, ça faisait partie de mon job.

Mary Beth décrocha son téléphone à la troisième sonnerie. Sa voix était horriblement guillerette, un peu comme celle d'une pom-pom girl sous acides.

— C'est Finley du département patrimoine.

— Bonjour Finley !!!

Je parvenais presque à l'imaginer en train de peindre une affiche proclamant « Allez ! On est les plus forts ! On va gagner le procès ! » en lettres capitales bigarrées. Je lui exposai néanmoins ma situation tout en l'écoutant parcourir son Rolodex.

— J'ai exactement la personne qu'il te faut, exulta-t-elle. Il s'appelle Liam McGarrity.

J'inscrivis son nom sur un post-it, ainsi que son numéro de téléphone.

— Merci.

— Je vais t'envoyer un courriel avec mon nouveau gestionnaire de dossiers en pièce jointe, me proposa Mary Beth. Il est très facile à utiliser et il inclut toutes les coordonnées utiles pour une enquête, avec un système qui totalise automatiquement toutes tes heures facturables, y compris les frais et honoraires des intervenants extérieurs. Si tu veux, je peux passer et...

— Ça va aller, l'interrompis-je. Je te remercie beaucoup. Excuse-moi, mais j'ai un appel sur l'autre ligne, mentis-je.

Ma messagerie électronique me signala la réception de son courriel avant même que j'aie eu le temps de raccrocher.

Quand j'eus ouvert la pièce jointe, j'avalai une longue lampée de café en grognant. Je ne me voyais vraiment pas compléter une checklist de plus de cinquante pages pour un banal accident de voiture. Je parcourus tout de même le document en prenant quelques notes sur les personnes à contacter et diverses informations importantes. Grâce à Stacy, je disposais déjà du rapport de la police. Mais d'après la bible de Mary Beth, il fallait aussi que je me procure celui de l'hôpital et du médecin légiste qui avait pratiqué l'autopsie, ainsi que les renseignements concernant Marcus, sa famille, ses amis et ses partenaires professionnels.

J'adressai à l'assistante juridique un bref message de remerciements, mais, contrairement à elle, je me gardai bien d'y ajouter un petit smiley encadré par des cœurs clignotants.

Quand j'eus bouclé la lettre au greffe, je composai le numéro de Liam McGarrity. Tout en écoutant la tonalité, je méditai sur son patronyme : plutôt masculin et...

— McGarrity.

Bon, laisse tomber la méditation. Sa voix était très profonde, très sexy. Il devait donc selon toute probabilité appartenir à la catégorie des quinquagénaires dégarnis, avec des joues rubicondes et un gros nez, sans oublier des ongles rongés. La nature se montrait en général cruelle. D'après mon expérience, Dieu jouait avec les hommes comme avec ces figurines dénommées M. Patate sur lesquelles on assemble divers appendices : les plus intelligents étaient habituellement les plus moches ; les plus drôles présentaient de fortes chances d'être pervers ; les plus mignons étaient la plupart du temps des connards. À chaque qualité correspondait un défaut qui les rendait... disons, *masculins*.

— Bonjour. Je suis Finley Tanner du cabinet Dane – Lieberman.

— Ouais, Mary Beth m'a appelé.

Je levai les yeux au ciel. Son efficacité était décidément redoutable.

— Ah bon, eh bien, euh, j'aurais besoin...

— ... d'une vérification complète de la voiture et d'un rapport exhaustif sur les antécédents.

— Euh, oui. J'ai l'impression que Mary Beth vous a tout dit.

— Comme toujours, renchérit-il. J'ai un truc à faire cet après-midi qui pourrait prendre un peu de temps. Alors, je passerai plutôt demain matin. Disons, 9 heures ?

Un *truc* ? Qu'est-ce que ça pouvait être un *truc* ?

— Oh, plutôt 10 heures, suggérais-je, sachant que les probabilités que je sois au bureau seraient bien meilleures à cette heure-là.

— On se voit à 9 heures. A+.

A+ ? C'était quoi ce vocabulaire de surfer ? J'aurais parié que son « truc » visait la marée haute de l'après-midi. Pas très glamour comme image : un petit gros rubicond sur une minuscule planche de surf.

Mais elle ne me quitta pas de la journée. Elle me poursuivit jusque dans ma voiture et m'agaçait encore lorsque je m'installai derrière le volant.

« Merde, merde, merde », sifflai-je entre mes dents quand, me concentrant enfin sur la route, je m'aperçus que je venais de rater la sortie qui menait à la luxueuse piaule de ma mère. Vu les embouteillages, j'envisageai un instant de me garer sur le bas-côté avant de faire demi-tour pour prendre la bretelle, mais celle-ci était fermée pour travaux. Et puis, par ailleurs, c'était un tout petit peu interdit.

En temps normal, j'aurais très bien pu me contenter de remettre à plus tard la corvée d'aller arroser les plantes de ma mère, mais elle devait rentrer de sa chasse au mari au cours du week-end suivant et il fallait que j'aille évaluer l'ampleur des dégâts. Les croisières de ma mère finissaient toujours par me coûter une petite fortune. Cette fois-ci, elle revenait d'une navigation de près d'un mois en Méditerranée et si je ne remplaçais pas ses plantes au plus vite, je ne pourrais pas lui cacher ma négligence. Après tout, le prix à payer n'était pas si élevé. Ce serait de toute façon moins douloureux que de lui avouer qu'en vingt-huit jours, j'avais très exactement arrosé ses orchidées de collection… deux fois.

Je n'étais pas la bonne personne à qui confier ce genre de tâches. Les seules fleurs que j'appréciais étaient celles qui m'étaient *livrées*. Ses orchidées avaient dû le sentir. Elles avaient probablement prononcé un vœu suicidaire à la minute où elles m'avaient vu pénétrer dans la pièce. Les feuilles s'étaient mises à tomber, les racines avaient pourri. En tout cas, le tout faisait désormais peine à voir.

En réalité, cette histoire d'arrosage de plantes était une sorte de pénitence imposée par ma mère. C'était sa façon à elle de me rappeler avec subtilité que j'étais une ratée. Tout le monde savait que j'étais nulle en jardinage. Ma sœur, en revanche, aurait pu ramener des bûches à la vie.

Mais, voilà, Lisa se trouvait pour l'heure à New York où elle terminait son internat en préparant le mariage du siècle qui aurait lieu en septembre. Et puis, ce n'était pas n'importe quel internat. Non, Lisa ne se serait jamais contentée d'être un simple docteur. Elle venait de consacrer les trois années précédentes à se spécialiser en cancérologie infantile. D'ailleurs, ma mère adorait raconter à qui voulait l'entendre que sa fille allait éradiquer les cancers chez les enfants. En général, ça se passait comme ça :

Le parfait inconnu : Vous avez des enfants ?

Ma mère : Oui, j'ai une fille merveilleuse, Lisa. Elle est sortie major de sa promotion à la faculté de médecine de Harvard. Ses études ont été intégralement financées par des bourses de mérite. Elle s'apprête à épouser le docteur David Huntington St John le Quatrième, le fils de David Huntington St John le Troisième, celui qui est juge à la Cour suprême de l'État de Géorgie. Lisa et son fiancé ont prévu de se marier à l'automne – dans la propriété familiale de Buckhead, bien entendu –, parce que David le Quatrième doit passer l'été en Amérique centrale en tant que bénévole pour Médecins sans frontières. Oh, j'allais oublier… J'ai une autre fille, mais son nom m'échappe pour le moment.

Je ravalai ma mesquinerie. Pour être honnête, Lisa était une chouette fille et David le Quatrième semblait être un chic type. Le seul problème, c'était que plus ils réussissaient, plus ma situation paraissait misérable aux yeux du monde entier et à ceux de ma mère en particulier.

Et le fait que ma mère soit Cassidy Presley Tanner Halpern Rossi Browning Johnstone, elle-même, ancienne étoile montante du Metropolitan Opera, n'arrangeait rien. Cassidy était en réalité un nom de scène devenu officiel grâce à une poignée de dollars, dans les années 1970. Elle estimait que ça sonnait mieux que son véritable nom de baptême – Carol –, décidément moins exotique et moins en phase avec sa destinée.

Il est vrai que ma mère avait une voix magnifique, mais la découverte de nodules dans sa gorge avait coupé court à une carrière prometteuse de chanteuse d'opéra. L'ablation de ces nodules avait affecté son incroyable voix de telle manière, qu'elle avait dû faire une croix sur une carrière de soliste vedette. Elle avait donc embrassé une seconde carrière : le mariage en série.

En ce qui me concernait, tout avait plutôt bien fonctionné. Le premier mari de ma mère s'appelait Jonathan Tanner. À l'époque, j'avais déjà 18 mois. Il m'avait adoptée et traitée comme sa propre fille. Une bonne chose puisque je n'avais découvert qu'il n'était pas mon père biologique qu'à l'âge de 13 ans. Et je ne l'avais appris que parce que j'avais fouillé dans le tiroir où ma mère conservait sa lingerie fine dans l'espoir de savoir enfin à quoi pouvait ressembler un soutien-gorge à deux cents dollars pièce. J'étais alors tombée sur mon acte de naissance et les papiers concernant mon adoption.

Jusqu'à cette date, on m'avait affirmé que je devais mon prénom – enfin, *mes prénoms* – à d'anciens patronymes du côté de ma mère. Techniquement exact : Finley et Anderson étaient effectivement deux noms de famille, mais pas de la mienne. Il s'agissait du nom des deux hommes avec lesquels couchait ma mère quand on lui avait annoncé qu'elle était enceinte de moi.

J'aurais peut-être dû m'en émouvoir, mais ça n'avait pas été le cas, car Jonathan s'était révélé un excellent père. Et, bizarrement, bien que nous ne partagions aucun morceau d'ADN, il ne m'avait jamais traitée différemment de Lisa. C'était ma mère qui pratiquait un favoritisme éhonté. Non pas que je fusse une enfant non désirée, mais Lisa était tellement parfaite. C'était une petite fille facile, alors que mon éducation relevait plutôt du défi – la gamine à laquelle on explique que le four est brûlant, mais qui a besoin de s'en assurer par elle-même. Mon père voyait ça comme un signe de caractère. Ma mère trouvait cela très énervant.

Je présume que c'était la raison pour laquelle, après quinze années, il me manquait encore. Jonathan était un type génial, mais difficile à suivre. J'étais persuadée qu'il était la cause de la passion de ma mère pour le mariage.

Pour le moment, elle était en quête du mari numéro six, ce qui m'avait valu la corvée d'arrosage des orchidées suicidaires. Tandis qu'elle étendait le champ de ses recherches à de nouveaux continents, j'étais obligée de me taper un détour de douze kilomètres pour m'occuper de ses plantes – quinze si l'on comptait le demi-tour que je m'apprêtais à faire.

Grâce à trois confortables compromis de divorce et deux – non moins profitables – héritages, ma mère disposait d'un superbe appartement sur Singer Island, avec une vue à couper le souffle sur l'océan Atlantique. Le bâtiment où elle habitait comptait douze étages, uniquement accessibles sur autorisation expresse de l'un des gardiens postés – jour et nuit – dans la fraîcheur excessive d'un hall bénéficiant de l'air conditionné, derrière le double vitrage de la porte d'entrée.

Je me garai sur un emplacement expressément réservé aux livraisons et me précipitai hors de ma voiture en direction du perron en marbre de l'immeuble. Une imposante fontaine ornait l'allée qui y menait. Une équipe de jardiniers était en train de changer les parterres de fleurs. Décidément, je ne comprendrais jamais un tel effort. Régulièrement, des plantes en parfait état se voyaient déterrées, jetées à l'arrière d'un camion et remplacées par des fleurs de couleurs différentes. C'étaient juste des plantes, après tout. Quelle importance ? Il devait y avoir quelqu'un qui disposait d'un peu trop de temps libre parmi les copropriétaires. Du coup, ils en venaient à traiter les parterres comme un accessoire de mode essentiel, qui devait être banni dès la saison suivante.

Le gardien me fit entrer et me gratifia d'un bref signe de tête avant de consigner mon arrivée dans un cahier épais. Je me dirigeai vers les ascenseurs en faisant cliqueter mes talons sur le sol de marbre dont l'écho résonna dans le hall monumental.

Les cabines d'ascenseur conservaient toujours vaguement le parfum de leurs précédents occupants. Cette fois-ci, je reconnus une odeur évanescente de tubéreuse, de jasmin et de fleur d'oranger évoquant le mélange Gardénia Passion de chez Annick Goutal.

Mon petit jeu de devinette ne m'occupa que jusqu'au cinquième étage. Je changeai de pied d'appui, impatiente, alors que l'ascenseur s'élevait trop lentement à mon goût jusqu'au dernier étage – celui du penthouse. Malgré l'absence de ma mère, je fus subitement prise d'un léger accès de remise en question personnelle. Ce genre de sentiment arrivait toujours sans crier gare.

En général, j'étais parfaitement sûre de moi, mais je me liquéfiais dès que j'étais confrontée à quelque chose touchant à ma mère. Et en sortant de l'ascenseur, j'eus la conviction qu'un gigantesque néon proclamait au-dessus de ma tête « Je suis nulle ! ». Encore un mystère des relations mère-fille. Même à des milliers de kilomètres de vous, les mères ont cette faculté hallucinante de vous faire croire que vous avez 16 ans et que vous êtes d'une tragique maladresse. La petite gifle que je lui assenai en pensée ne parvint pas vraiment à égayer mon humeur.

D'ailleurs, celle-ci plongea encore un peu quand j'ouvris la porte et commençai à dénombrer le nombre de plantes fanées. Juste pour rigoler, j'envisageai de repartir pour aller acheter de la craie avant de revenir entourer chaque cadavre végétal d'un trait funèbre, comme s'il s'agissait des lieux d'un horrible crime botanique. Enfin, moi, ça m'aurait fait rire. Ma mère, en revanche, aurait considéré mon geste comme un énième exemple du peu de respect avec lequel je la traitais.

Je me contentai donc de jeter mon sac sur l'un des trois canapés d'apparat du salon et de passer sans un regard devant les statues de marbre – de grande valeur, bien que décapitées pour la plupart, et qui me fichaient une trouille bleue quand j'étais petite – en direction de la cuisine.

L'appartement de ma mère faisait près de deux cents mètres carrés, soit plus de trois fois la surface totale du mien si j'y incluais ma place de parking. Ses immenses fenêtres, ses balcons et ses baies vitrées coulissantes vous donnaient la sensation de vous tenir sur un nuage, au-dessus de l'océan.

L'endroit ressemblait beaucoup à ma mère : une décoration raffinée, florale et – comme je le vérifiai d'un coup d'œil – rangée. Dans un effort d'organisation désespéré, je remplis le broc de cuivre destiné à l'arrosage des plantes et commençai à arroser la terre desséchée des pots. J'obtins assez peu de résultat, les gouttes d'eau roulant sur la galette de poussière formée par le terreau, avant de dégouliner directement dans les soucoupes placées en dessous.

Fort heureusement, j'étais certes nulle en jardinage, mais j'avais plus d'un tour dans mon sac. Le lendemain du départ de ma mère, j'avais pris des photos des plantes au moyen de mon téléphone portable. Je disposais donc d'un moyen infaillible de me procurer leurs clones. C'était mon plan de secours : un système beaucoup plus efficace de soins horticoles.

Il était donc temps de mettre mon plan B en œuvre. Par chance, ma mère laissait toujours dans les pots les étiquettes permettant d'identifier précisément chaque plante. Je reportai ces informations sur un morceau de papier et estimai la hauteur des spécimens. J'avais d'excellentes relations avec Ricardo qui se trouvait à la tête d'un très joli magasin de fleurs à Juno Beach. En un coup de fil, j'allais donc être en mesure de remplacer tout cela dès le samedi matin. Si tout se passait comme prévu, ma mère ne s'apercevrait de rien.

Je quittai l'appartement en ayant pris soin de placer ma petite liste dans mon sac. J'envisageai à un moment de m'arrêter dans une épicerie avant de rentrer pour y prendre de quoi me faire à dîner, mais je décidai finalement que je ferais aussi bien sans.

Mon modeste logis – que je louais – se situait au rez-de-chaussée d'un lotissement de Palm Beach Gardens. Il incluait une chambre à coucher de taille raisonnable et une salle de bains, mais je l'avais surtout choisi pour sa terrasse. Ignorant les réalités statistiques qui voulaient que j'aie vingt fois plus de risques que quiconque de me faire cambrioler dans un appartement sur jardin, j'avais opté en sa faveur parce que ce patio le faisait paraître plus grand qu'il n'était en réalité.

J'enfilai un short et un tee-shirt, avant de me faire du café et d'ouvrir mon réfrigérateur. Il ne contenait qu'un reste du traiteur chinois et un pot de moutarde. Et mes placards n'étaient pas mieux garnis. La seule chose qui ne nécessitait aucune préparation était un paquet de céréales Lucky Charms. Ça faisait partie des joies de la vie de célibataire : la possibilité de se gaver de ce genre de douceurs en les puisant directement dans la boîte. Avec en sus une tasse de délicieux café à la noisette, la soirée s'annonçait excellente.

Je m'installai ensuite devant la télé et zappai entre les chaînes pour voir si l'une d'elles saurait retenir mon intérêt. Pour une raison non identifiée, je me sentais surexcitée. Or, ni la caféine ni le sucre ne pouvait en être la cause dans la mesure où mes habitudes alimentaires déplorables avaient déjà accoutumé mon corps à un néant nutritionnel.

Quelques photos encadrées étaient posées sur la télévision. Je me concentrai sur celle de Patrick et moi, prise deux mois auparavant, lors d'une escapade aux Bahamas, le temps d'un week-end. Nous offrions l'image d'un couple parfait : blonds aux yeux bleus sur fond de paysage tropical. Je souris. Ce séjour avait été très agréable. Nous voyagions fréquemment tous les deux et Patrick choisissait toujours des destinations romantiques avec des plages magnifiques. Il faisait aussi très attention à la qualité des hôtels en s'assurant au préalable que leurs chambres, leur vue, le vin que l'on pouvait y commander – et le sexe que l'on y pratiquait – soient juste comme il fallait.

Je me passai la main dans les cheveux en me morigénant pour mon manque de reconnaissance. Quelle femme n'aurait pas tué pour gagner les faveurs d'un mec aussi attentionné ?

Moi. Mais, me dis-je intérieurement, *en matière de relations galantes, le démon que l'on connaît est toujours préférable à celui que l'on ne connaît pas.*

— Ce n'est pas un démon, marmonnai-je pour moi-même.

À vrai dire, je pouvais même établir une longue liste des qualités de Patrick. Malheureusement, aucune d'elles ne compensait le fait – si j'étais parfaitement honnête avec moi-même, je devais bien l'admettre – que je commençais à m'ennuyer.

J'en étais à enfourner une nouvelle poignée de céréales dans ma bouche béante, lorsque mon téléphone portable se mit à sonner. M'attendant à ce que ce soit Patrick, je jetai un coup d'œil distrait au numéro de mon correspondant, mais l'appel était masqué.

— Allô ?

— Mlle Tanner ?

La dernière fois que quelqu'un m'avait appelée « mademoiselle », j'avais 12 ans et je me tenais devant le bureau de la directrice en attendant que celle-ci m'annonce les conséquences inévitables de mon – énième – retard en classe.

— Oui.

— Stacy Evans à l'appareil.

— Oui, madame, dis-je en reposant vivement mon paquet de Lucky Charms, comme si elle avait pu me voir me goinfrer de ces céréales en forme d'étoiles, de cœurs, de lunes et de trèfles. Comment s'est passé votre vol ?

— J'ai essayé de vous joindre tout l'après-midi.

— J'ai eu plusieurs rendez-vous en dehors du bureau, tentai-je pour me dédouaner.

— Qu'avez-vous appris ?

Que le fait de vous donner mon numéro de portable était carrément stupide !

— J'ai bouclé les formalités administratives et je dois voir un détective privé demain matin.

— Pourquoi ce retard ?

Retard ? J'avais pourtant l'impression qu'un simple préavis de vingt-quatre heures démontrait plutôt une impressionnante réactivité !

— Nous avons fait au mieux, compte tenu de nos agendas respectifs.

— Je ne vous paye pas pour faire au mieux, mais pour obtenir des résultats.

— Je l'ai bien compris. Je vous recontacte aussitôt après mon entrevue avec M. McGarrity.

Ceci aurait dû marquer la fin de notre conversation, mais ce ne fut pas le cas. Mme Evans consacra les dix minutes suivantes à me passer un savon pour ne pas avoir retourné ses appels téléphoniques, ne pas l'avoir tenue au courant… En fait, il n'y eut guère que le réchauffement climatique dont elle ne m'imputa pas la responsabilité.

Quand enfin je pus raccrocher, j'inscrivis dans une petite case de mon cerveau de ne surtout pas oublier de lui facturer le temps que je venais de passer au téléphone. J'allai dans ma chambre pour y prendre mon ordinateur portable. Je ne l'utilisais guère que pour les messages électroniques, les photos et le shopping à distance, mais, de temps en temps – comme maintenant –, il m'arrivait de l'utiliser à des fins professionnelles.

Après avoir branché tous les câbles et fils nécessaires, je me connectai à Internet pour voir ce que Google avait sur Marcus Evans. La première information signalée annonçait son décès. Rien de bien nouveau. Les autres sites répertoriés n'apportaient pas grand-chose non plus. Des photographies jointes à divers articles de presse concernant des opérations de charité organisées dans la région de Palm Beach auxquelles avaient assisté M. et Mme Evans. Je fis glisser mon curseur jusqu'à un document qui me sembla vaguement plus intéressant.

L'article en question montrait une photo de la famille Evans devant la vitrine d'un magasin de New York. Il décrivait comment Marcus, parti de presque rien, avait monté une affaire tout à fait lucrative de joaillerie. Outre la vente de bijoux, Evans & Evans négociait des pièces de joaillerie pour une clientèle très impressionnante. Et puis, Marcus avait fini par prendre sa retraite, se contentant de dispenser des conseils ponctuels dans sa branche professionnelle. D'après l'article, son fils Abram gérait désormais l'entreprise familiale avec beaucoup de succès.

— Rien de tout cela ne concerne un accident de voiture dans Palm Beach, soupirai-je en parcourant les autres références.

À vrai dire, je ne savais pas très bien ce que je cherchais, sans doute parce que j'étais convaincue qu'il n'y avait rien à découvrir.

Mon cœur fit donc un bond quand je vis l'avant-dernière mention de la liste générée par Google. Après avoir cliqué sur le lien, je dus néanmoins en passer par d'infinies procédures d'identification qui faillirent bien me faire perdre mon sang-froid, avant de pouvoir enfin lire le papier. Mais mon léger intérêt initial s'était mué en véritable curiosité, tandis que j'attendais que le serveur veuille bien me donner la permission d'accéder aux archives du journal.

La patience n'étant pas mon fort, je tapotai nerveusement sur le bord de mon ordinateur en contemplant le sablier qui se vidait progressivement à l'écran. On arrivait à envoyer des sondes sur Mars, mais il m'était impossible de lire un article de presse datant de moins de trois ans sans recourir à un nom d'identifiant et un mot de passe, sans compter les vérifications d'usage visant à confirmer que je me souvenais bien de ceux-ci. Étonnant.

Enfin, la copie de l'article s'afficha à l'écran. Je la parcourus, à la recherche de mentions sur Marcus Evans. Le document était plutôt long. Bon, j'avais dû rater quelque chose, alors je le relus.

Finalement, passablement énervée, j'eus recours à la fonction qui me permettait de rechercher des mots spécifiques dans le texte. Pas de Marcus Evans, pas de M. Evans, pas d'Evans tout court. Rien. Pas de joaillerie, pas d'entreprise, pas même une référence à New York ou au New

Jersey. J'essayai golf, charité, tout ce qui pouvait à mon sens établir un lien, plus ou moins ténu, entre mon bijoutier et le sujet de l'article. Toujours rien.

Cette histoire me disait pourtant quelque chose. Mon cabinet avait représenté les intérêts du docteur Kent Hall, dans le cadre d'un procès intenté pour erreur médicale ayant causé la mort de Brad Whitley. Les jurés avaient totalement absous le chirurgien de renom qui avait pratiqué la greffe. Dans ces conditions, qu'est-ce que le procès Hall pouvait avoir à faire avec l'accident de voiture de feu mon pauvre bijoutier ?

3.

Les hommes sont un peu comme une magnifique paire de chaussures dans la mauvaise pointure : quel que soit l'intérêt que vous leur portiez, vous n'y pourrez rien.

— Il a été juré ! expliquai-je avec excitation à Becky, le lendemain matin, quand nous nous retrouvâmes dans notre bistrot préféré, à deux pâtés de maisons du bureau. (Alice Roy tenait enfin quelque chose dans son enquête.) Marcus Evans a été juré au procès Hall.

Je n'étais pas peu fière de mes modestes qualités de détective.

Becky fronça les sourcils une seconde tout en sirotant son thé.

— L'affaire Hall ? C'est cette histoire de médecin qui a pratiqué une transplantation cardiaque sur un type super riche qui a de toute façon fini par mourir, c'est ça ?

J'opinai avec enthousiasme.

— Brad Whitley, précisai-je. Quarante-trois ans, promoteur immobilier. Il souffrait – je m'interrompis brièvement pour consulter mes notes – de cardiomyopathie. Son unique chance de survie résidait dans une greffe. Manque de pot, on a fini par lui trouver un donneur, mais Whitley s'est fait avoir par une ridicule infection postopératoire. Ça l'a tué.

— Dur comme karma, constata Becky. Y a-t-il eu faute professionnelle ?

Nous savions toutes les deux qu'un verdict rendu par des jurés, surtout dans une affaire d'erreur médicale, n'avait rien de fiable. Tout le baratin à propos d'un jury composé de « pairs » ne voulait plus dire grand-chose dès lors que l'on présentait de complexes procédures médicales à des gens qui, en moyenne, avaient en la matière le QI d'un épi de maïs.

D'ailleurs, les gens normaux trouvaient toujours le moyen d'échapper à ce genre de corvée. En général, ils invoquaient des obligations familiales ou professionnelles, des contraintes de toutes sortes pourvu qu'elles puissent les soustraire à ce devoir civique. Et dans les procès comme celui de l'affaire Hall, les jurés potentiels déguerpissaient encore plus vite. On ne pouvait pas vraiment les en blâmer. Difficile de demander à quelqu'un de s'engager à assister à une procédure judiciaire qui pouvait durer plusieurs semaines, voire plusieurs mois. Et tout cela pour la rondelette somme de vingt dollars par jour environ.

Par conséquent, dans le comté de Palm Beach, les jurys ne comportaient que des gens de moins de 70 ans (au-delà de cet âge, les personnes retenues bénéficiaient automatiquement d'une dispense) appartenant à la catégorie des chômeurs (ou des sous-emplois, voire des inemployables), des étudiants professionnels, des femmes au foyer, des retraités et, occasionnellement, des « purs » qui accomplissaient leur devoir de juré malgré tout ce que cela pouvait leur coûter.

— Je vais étudier le dossier aujourd'hui, annonçai-je. Une fois que j'aurai rencontré le surfeur rouquin qui tient lieu de détective privé.

Je jetai un coup d'œil à ma montre en me gratifiant mentalement d'une petite tape dans le dos. Il n'était que 8 heures 20 et j'étais déjà prête à aller bosser.

— Mais ce procès s'est tenu il y a, disons… trois ans, me rappela Becky. C'est quoi le lien ?

Je haussai les épaules.

— Bah, il n'y en a sans doute pas. Mais, au moins, j'ai quelque chose à raconter à ma folle furieuse du téléphone, la mère Evans.

— Mais si Dane connaissait personnellement les Evans, comment se fait-il que Marcus ait pu siéger dans le jury, alors que Dane était avocat de la défense ?

— Ça m'a également perturbée, admis-je. Mais je ne l'apprendrai pas avant de lire les comptes rendus du procès, remarquai-je en me levant et en emportant ce qui restait de mon *caffe latte*. Tu as le temps de déjeuner aujourd'hui ?

— Non, soupira Becky, j'ai des réunions. Et ce soir, on se voit toujours pour le dîner ?

— Sept heures, à la fontaine de City Place.

Je lui fis un petit signe de la main en guise d'au revoir, tout en prenant le chemin du cabinet.

L'air matinal était un peu frais. En tout cas, un peu trop à mon goût, moi qui assimilais toute chute du thermomètre sous la barre des vingt-sept degrés à une vague de froid en provenance du pôle. Mais le beau soleil orangé qui s'élevait lentement au-dessus des immeubles me laissait de l'espoir. À l'heure du déjeuner, je serais sans doute en mesure d'ôter ma veste en jean pour exhiber ma blouse en tulle brodé de chez Tom K Nguyen. Je l'avais dénichée pour un prix défiant toute concurrence au centre commercial de Wellington Green parce qu'une malheureuse ayant la même taille que moi en avait malencontreusement arraché la lavallière, me permettant ainsi de remporter la blouse pour moins de cent dollars. Malgré mes pauvres talents de couturière, il m'avait fallu moins de cinq minutes pour refixer la cravate de mon chemisier.

Celui-ci était d'ailleurs si beau qu'il agit comme un champ magnétique protecteur lorsque Margaret me jeta un coup d'œil malfaisant en me voyant arriver au cabinet.

— Je crois que ma montre retarde un peu, lui dis-je d'un ton mielleux. Vous auriez l'heure exacte ?

Elle me lança un regard noir tandis que je me dirigeais vers les ascenseurs. Mais sa mine renfrognée ne put assombrir l'éclat de ma petite parade matinale. Car je n'étais pas seulement à l'heure, voyez-vous, j'étais *en avance*. La dernière fois que cela m'était arrivé, c'était à l'époque où ce réparateur top sexy venait régulièrement remettre en service la photocopieuse bourrée d'électronique ultrasophistiquée qui était plus souvent en panne qu'en état de marche. Surfant sur cette humeur exceptionnellement joyeuse, j'allai jusqu'à saluer mes collègues avant de rejoindre mon bureau.

Je me débarrassai de ma veste que j'accrochai au portemanteau fixé derrière la porte, avant d'allumer ma cafetière et de m'installer dans mon fauteuil. Je sortis de mon sac la liste que j'avais établie la veille au soir pour y jeter un nouveau coup d'œil.

Ma boîte vocale était vide. Une excellente chose. À 9 heures 05, je connus ma première bouffée d'irritation en vérifiant ma messagerie électronique : Liam McGarrity était en retard. Et ce retard ébranlait sévèrement mon inhabituel enthousiasme.

Le traitement de la plupart de mes courriels ne me demanda que très peu d'efforts. Comme de bien entendu, il y avait parmi eux un petit mot charmant de Mary Beth qui m'offrait, une fois de plus, son aide. En revanche, je ne m'attendais absolument pas au message – sec et concis – en provenance de Victor Dane requérant ma présence dans son bureau à midi pile. J'étouffai un grognement. Cette matinée superbe était en train de virer au fiasco.

J'envoyai au service des archives une demande de consultation des comptes rendus relatifs au dossier Hall, en y apposant le mot « urgent » pour le simple plaisir d'exercer ce petit pouvoir. Je m'attaquai ensuite aux autres tâches de ma liste qui ne nécessitaient pas l'intervention du détective, vu que celui-ci avait, à ce stade, vingt bonnes minutes de retard.

Mon *caffe latte* était depuis longtemps digéré et j'en étais à ma troisième tasse de café, lorsque Margaret m'appela pour me prévenir que McGarrity était en train de se diriger vers mon bureau. Même si je n'avais de leçon à donner à personne en la matière, cette heure de retard n'augurait rien de bon. Saisissant un Post-it, j'y inscrivis une courte note afin de penser à vérifier ses factures. Ce n'était pas mon argent, mais ce n'était pas une raison pour le payer à ne rien faire.

Un effluve d'eau de Cologne et de savon précéda de quelques secondes mon visiteur. Je notai aussitôt deux choses : il n'était ni roux, ni quinquagénaire.

L'âge adulte ne donne que très peu d'occasions de réagir de manière purement animale à la vue d'un homme. J'étais en train d'expérimenter l'une d'elles. Mon radar à mecs le repéra immédiatement et ne le lâcha plus à partir du moment où il entra dans mon bureau. Il n'avait pas à proprement parler une beauté classique. Il était plutôt du genre brut de décoffrage. En un dixième de seconde, je compris qu'il était dangereux : le genre de type qui vous attirait alors même que vous saviez que ça conduirait au désastre.

— Je suis Finley, lui annonçai-je en guise d'accueil en lui tendant la main, tout en priant pour ne pas faire quelque chose de stupide comme de sauter par-dessus mon bureau pour le plaquer au sol.

— Liam, répondit-il en retour, en m'accordant une poignée de main aussi brève qu'électrique.

La distraction qui m'envahit en entendant sa voix profonde et sensuelle s'amplifia un peu plus quand je plongeai les yeux dans son regard gris-bleu. Qui aurait pu deviner que le cousin des frères Baldwin débarquerait dans mon bureau ? Je m'attendais à un rouquin tue-l'amour avec des taches de rousseur et une bedaine, et voilà que j'en étais à contrôler un risque non négligeable de baver sur mon chemisier.

Dans un geste félin, il s'installa dans le fauteuil placé devant mon bureau et balança une chemise cartonnée devant moi. Le bruit que cela fit suffit à éclaircir le brouillard dans lequel je naviguais.

— Qu'est-ce que c'est ? demandai-je en ôtant l'élastique qui entourait le dossier, avant d'y jeter un coup d'œil qui révéla plusieurs pochettes parfaitement rangées.

— Une copie de tous les rapports intéressants : hôpital, médecin légiste, vérification préliminaire des antécédents, notes de l'officier de police responsable.

D'accord, j'étais impressionnée.

— Et pour l'inspection du véhicule ?

— J'y travaille, répondit-il avec calme. Le café est déjà réservé ou je peux en avoir une tasse ?

Tout ce que tu veux…

— Oh oui, bien sûr !

Je fis pivoter mon siège et ouvris le tiroir de mon étagère pour y prendre un deuxième mug. Je repoussai mon énorme tasse rose des matinées difficiles pour en choisir une verte décorée du logo du cabinet.

— Lait ? Sucre ?

— Noir.

Un homme, un vrai, hein ? Pas besoin de se poser de questions sur ses inclinations. Beaucoup trop négligé pour être homo. De toute façon, aucun homo qui se respecte n'aurait porté un jean délavé avec une chemise de coton bleue surmontée d'une aussi pitoyable cravate. Pas une once de gel dans ses cheveux noirs, rien qui puisse dompter la boucle rebelle qui retombait sur son front. J'avais d'ailleurs très envie de la remettre en place moi-même. À vrai dire, ce n'était pas ma seule envie, mais, dans mon souvenir, nombre d'entre elles étaient encore illégales dans au moins douze États du pays. Je me contentai donc de lui servir son café.

— Que savez-vous du procès Hall ? demanda-t-il.

Je fis glisser le mug vers lui en prenant soin, telle une adolescente, de ne risquer aucun contact entre nos mains. Hors de question de prendre le moindre risque avant de connaître son point faible. Il en avait forcément un. À ce stade, j'en étais réduite aux conjectures : il appartenait vraisemblablement à cette catégorie de mecs qui vous faisaient croire que vous pouviez les sauver. Il avait un regard un peu voilé, très George-Cloonien.

J'avais grandi avec ce genre d'œillades. Cette expression signifiant « Je ne suis pas contre, si la femme adéquate vient à croiser mon chemin » que Doug Ross lançait sans cesse à la pauvre Carol Hathaway. Je n'oubliais d'ailleurs pas que ce regard avait conduit Carol au suicide. Mieux valait donc que je change d'état d'esprit et que je me concentre sur le dossier.

— Je sais que Marcus Evans y a participé en qualité de juré.

Il me gratifia d'un demi-sourire.

— Très bien. C'est votre cabinet qui a assuré la défense du docteur Hall.

— J'ai déjà demandé à voir les comptes rendus du procès. Je ne me souviens pas de grand-chose, mais je me rappelle parfaitement que l'on en a parlé tous les soirs aux infos télévisées jusqu'à ce que le verdict tombe.

Liam porta le café à ses lèvres. Il s'immobilisa soudain et me regarda par-dessus son mug.

— En général, les rupins font de bons scores d'audience.

— J'ai rencontré Brad Whitley, une fois, avançai-je. Plus exactement, je l'ai croisé alors qu'il sortait de *The Breakers*[1].

— Vous y allez souvent ?

Je n'arrivais pas à déterminer s'il se fichait de moi ou si sa question était ingénue. Je détestais ce genre de situations.

— L'un de mes amis s'y est marié.

— Et ?

— Et rien, répondis-je en me demandant pourquoi j'en avais même parlé. Quand pensez-vous pouvoir obtenir les résultats de l'inspection de la voiture ?

---

1. *NdT. The Breakers* est le nom d'un hôtel de luxe de Palm Beach.

— Le type que j'ai mis sur le coup doit me donner ses premières impressions un peu plus tard dans la journée, si toutefois il trouve quelque chose de suspect.

Il vida sa tasse de café et la posa sur mon bureau en se levant.

— Mais s'il s'agit d'une fausse piste ou si l'intervention sur la voiture a été bien faite, ça pourrait prendre plusieurs semaines.

— Et en ce qui concerne les antécédents ? Quelque chose vous a sauté aux yeux ?

Il secoua la tête en poussant un long soupir.

— À première vue, votre macchabée est tout ce qu'il y a de plus net : bon mari, bon père, bon gestionnaire, généreux envers les démunis. Un citoyen modèle.

Le ton de sa voix comportait une note de cynisme qui, je devais bien l'admettre, excita ma curiosité.

— Vous pensez qu'il avait une double vie ?

Ses puissantes épaules tendirent le tissu de sa chemise quand il les haussa avant de rejeter en arrière quelques boucles de cheveux.

— Il a forcément dû en avoir une si c'est bien ce qui lui a été fatal. Il est plutôt rare que la victime d'un meurtre soit choisie au hasard. Généralement, le mobile est à rechercher dans l'intimité du cadavre.

— Donc, vous estimez qu'il n'a probablement pas été tué ?

— S'il l'a été, vous avez affaire à un tueur sacrément malin. Je connais les policiers qui ont été appelés sur les lieux de l'accident. Ce sont de bons flics.

Il se tenait dans l'encadrement de ma porte, nonchalamment appuyé contre le chambranle, et consultait la superbe montre Breitling qui ceignait son poignet bronzé.

Nouvelle surprise. L'envie suscitée par sa montre me laissa coite.

— Comment se fait-il que vous connaissiez les policiers en question ? demandai-je en me ressaisissant.

— J'ai été flic, répondit-il. Bon, j'ai un autre truc, ajouta-t-il. Je vous rappelle.

Encore un « truc ». Pour un homme aussi baraqué, il se déplaçait de manière plutôt fluide. Je fus tentée d'aller jusqu'à la porte de mon bureau pour l'observer descendre le couloir, mais ç'aurait été trop visible.

Au lieu de cela, je consacrai le reste de cette exceptionnellement longue matinée à mes dossiers en cours. Il fallait que je remette la comptabilité de la succession D'Auria dans moins d'une semaine et je n'avais toujours pas trouvé où se situait l'erreur de calcul qui l'invalidait. J'avais, bien entendu, quelques autres petits travaux à boucler et je voulais les terminer avant de recevoir les comptes rendus demandés. J'adressai à ce sujet un courriel au responsable des archives pour lui demander quand il envisageait de répondre à ma requête « urgente ».

J'obtins aussitôt une réponse m'annonçant que les comptes rendus en question étaient en route pour mon bureau. Puisque je disposais d'un peu de temps libre, j'allais sur le site d'eBay pour tenter d'y trouver quelques pièces pour ma Rolex. J'y découvris un boîtier en excellent état pour lequel je fis une enchère dont le résultat ne tomberait que dix-sept heures plus tard.

J'appelai ensuite le type des orchidées pour l'informer de ce dont j'avais besoin. J'eus le déplaisir d'apprendre que j'allais devoir débourser 10 % de plus que leur prix de vente normal, compte tenu du caractère tardif de ma demande, mais je ne pouvais guère me permettre de discuter. Il le savait, je le savais. Je me contentai donc de lui susurrer mon numéro de carte de crédit en réprimant mon irritation. Le remplacement de ces plantes allait me coûter presque autant qu'une paire de sandales en soldes chez Dillards.

Les comptes rendus d'audience arrivèrent vers 11 heures et quart et je m'y plongeai comme s'il s'agissait d'un bon roman.

Pourtant, ce genre de lectures était ce qu'on pouvait trouver de plus abrutissant sur la surface de la terre. C'était sans doute la raison pour laquelle les émissions de télévision, qui faisaient pourtant appel à des acteurs pour les présenter, étaient à peu près aussi passionnantes que la chaîne parlementaire à 3 heures du matin. Ça n'avait pas grand-chose à voir avec *Perry Mason* ou *Matlock*. Il n'y avait aucun scénario et les avocats étaient rarement brillants. En fait, toute la procédure était assez technique et il était fréquent que les jurés piquent du nez durant les interminables objections. Pire, certains se mettaient même à ronfler pendant les auditions de témoins, mais, bien entendu, ce n'était jamais signalé dans les comptes rendus.

Le contenu de mes documents était, de fait, redoutable : une suite sans fin de termes médicaux et de noms de protocoles chirurgicaux ou thérapeutiques d'une incroyable complexité qui m'obligèrent à recourir à plusieurs dictionnaires et à surfer sur Internet pour parvenir à un semblant de compréhension. Le premier volume avait trait à la sélection du jury, aux déclarations introductives et aux premiers témoignages. En regardant les onze autres boîtes d'archives alignées contre le mur de mon bureau, je fus tentée de réviser ma méthode.

L'alarme de mon ordinateur se déclencha à midi moins le quart, me rappelant la convocation de Dane. En guise de transition, je tapai sur mon écran la liste des noms des jurés et des témoins qu'il faudrait que je vérifie après mon entrevue avec mon patron. Je voulais juste voir s'il en sortirait quelque chose. Cela dit, je ne m'attendais pas vraiment à découvrir quoi que ce soit. Dans les procès de cette importance (avec un enjeu de plusieurs millions de dollars), chaque juré faisait en général l'objet d'une enquête minutieuse de la part des deux parties.

Un bloc-notes à la main, je me dirigeai vers les ascenseurs sans avoir anticipé qu'à cette heure de la journée, ils seraient pleins à craquer d'employés allant déjeuner et donc très lents. Je changeai par conséquent mon fusil d'épaule (tout retard étant déconseillé) et m'orientai vers la cage d'escalier. Quatre étages plus haut, je pénétrai dans le sanctuaire des chefs.

En poussant la porte, j'eus l'impression d'être Dorothée arrivant dans le pays d'Oz : des moquettes épaisses, des fauteuils en cuir crème, des bouquets somptueux. J'essayai de me rappeler la dernière fois où je m'étais trouvée là. Mon dernier entretien de fin d'année, peut-être, quand Ellen Lieberman m'avait reproché mon manque d'initiative. Mon estomac se noua à ce souvenir. L'appréciation d'Ellen m'avait coûté mon bonus. Bonus que j'avais déjà dépensé par avance. Deux fois.

D'après mon expérience, on ne retirait jamais rien de bon d'une visite à cet étage. Mais puisque je n'avais pas vraiment le choix, je saluai la réceptionniste (dont le nom m'échappait totalement) et pris un siège en attendant mon rendez-vous.

Et j'attendis. Mon ventre se mit à gargouiller pour réclamer sa dose de caféine, bien plus essentielle à mon biorythme que le déjeuner. Cela faisait quarante-cinq minutes qu'il en était privé et je commençais à ressentir un effet de manque. J'aurais volontiers demandé le report de cette entrevue, mais l'entreprise me parut un peu trop audacieuse.

Cette attente mettait mes nerfs à rude épreuve, au point que je me surpris à taper du pied sur la moquette. Ce laisser-aller me valut un regard désapprobateur de la part de la sentinelle de cet Olympe.

— Savez-vous quand M. Dane pourra me recevoir ? lui demandai-je d'un trait.

— Il est encore en conférence téléphonique.

Et ça va durer jusqu'à ma mort ? Allez, un peu de solidarité féminine, quoi ! Toi et moi, nous ne sommes que des sous-fifres après tout. Tu dois bien avoir un petit tuyau, quelque chose auquel je pourrais me raccrocher... Rien. Elle continua à taper sur son ordinateur comme si j'étais invisible.

Je défroissai mon chemisier en regrettant de ne pas avoir emporté ma veste pour couvrir les traces de transpiration qui finiraient forcément, d'ici peu, par se muer en larges auréoles sombres.

Près d'une heure plus tard, je fus enfin invitée à entrer dans le bureau spacieux et très masculin de Victor Dane. Ses murs étaient recouverts de cadres raffinés contenant des diplômes et attestations professionnelles, des coupures de presse ou autres déclarations et proclamations de sa valeur. Dane trônait au fond de la pièce.

Il ne leva pas les yeux quand je pénétrai dans son bureau, avant d'entamer une longue marche jusqu'à lui. Sa main gauche tenait un superbe stylo, pointé en direction d'une épaisse pile de documents.

Faut-il que je dise quelque chose ? Que je m'éclaircisse la gorge ? Que je garde le silence ? Que je me jette par la fenêtre ?

Difficile de ne pas être intimidée en sa présence. Je me contentai de regarder Dieu en silence, tandis qu'Il dédicaçait des exemplaires de la Bible.

— Asseyez-vous.

J'obtempérai en réprimant une furieuse envie de quémander un su-sucre pour une si remarquable obéissance. Il poursuivit ce qui l'occupait, prolongeant ainsi un silence qui semblait n'indisposer que moi.

Mes yeux parcoururent la pièce comme si les diverses photos de Dane en compagnie de célébrités et de l'élite de Palm Beach suscitaient en moi le plus vif intérêt. Parmi les rares choses que j'appréciais chez lui, il y avait son eau de Cologne – Burberry – qui me rappelait mon père.

Je devais reconnaître que Dane avait beaucoup de style. Il était vêtu d'un costume discret, sur mesure, en soie beige, et d'une chemise camel dont l'un des poignets avait été brodé de son monogramme. Pour un type de son âge, il était plutôt coquet. Si seulement ses ongles parfaitement taillés avaient été moins brillants. Je déteste les ongles manucurés chez un homme. Ils vont à mon sens au-delà de la frontière invisible qui sépare le raffinement de la préciosité.

Je répertoriai ensuite les objets placés sur son bureau : un sous-main patiné de chez Tiffany, une bouteille d'eau, trois chemises cartonnées et plusieurs formulaires de messages portant l'écriture appliquée de Margaret. Sur sa droite, formant un large demi-cercle, se trouvait un meuble d'ordinateur du même acajou que le bureau. Son ordinateur portable affichait un économiseur d'écran géométrique générant des formes souples à intervalles réguliers.

Le mur derrière lui était constitué d'une immense baie vitrée offrant une vue panoramique à couper le souffle sur l'océan. En regardant par-delà ses cheveux teints, je parvenais à apercevoir quelques navires à l'horizon. J'aurais donné n'importe quoi pour me trouver à la plage, en train de me faire dorer au soleil, au lieu d'attendre le pensum qui s'annonçait.

Cette entrevue n'augurait rien de bon, me dis-je en m'agrippant à mon pitoyable bloc-notes. Dane ne convoquait jamais personne dans son bureau, à moins que l'employé en question n'ait fait quelque chose de vraiment, vraiment bien, ou, vraiment, vraiment mal. Ça faisait longtemps que je n'avais rien fait de très exceptionnel, alors il devait s'agir de la deuxième option.

Houhou… J'approche de l'âge de la retraite, là… Je fanfaronnais intérieurement pour éviter de sentir mon cœur battre la chamade.

Il finit par lever les yeux et je remarquai son oreillette reliée au téléphone. Il me sourit, ce que je n'avais absolument pas prévu.

— Désolé de vous avoir fait attendre, Finley.

— Aucun problème, répondis-je.

— Je voulais vous remercier.

Je me penchai en avant, imaginant que j'avais mal entendu.

— Ah ?

— Pour avoir pris en charge le dossier Evans. Je sais que Stacy peut se montrer… difficile.

— Tout va bien, lui affirmai-je. C'est juste qu'elle est convaincue que son mari a été assassiné.

Il s'adossa au dossier de son fauteuil en se grattant le menton.

— Vous avez forcément compris que c'est grotesque ?

Ah, ça… dès la première seconde.

— Oui, monsieur.

— Où en êtes-vous de la succession ?

Je fus véritablement impressionnée par le professionnalisme ave lequel je déclinai l'ensemble des mesures que j'avais prises jusqu'alors, en terminant mon exposé par : « Un mécanicien est en train d'inspecter le véhicule en ce moment même. » Sauf que lui profitait sans doute de sa pause déjeuner.

— Ne consacrez pas trop de temps à tout cela, me conseilla Dane en retournant à ses papiers. Mettez-moi en copie de tout ce qui vous paraît important.

Interprétant cette remarque comme un congédiement, je me levai sans pour autant m'éloigner.

Dane finit par redresser la tête pour m'interroger de ses yeux bruns.

— Oui ?

— Vous étiez bien l'avocat de la défense lors de l'affaire Hall, n'est-ce pas ?

— Hmmm, marmonna-t-il, signifiant clairement que je commençais à l'ennuyer. Et vous vous demandez comment il est possible que Marcus ait fait partie du jury si nous avions des liens personnels ?

— Oui.

— Nous n'en avions pas. Marcus et Stacy m'ont engagé un an après ce procès. Autre chose ?

— Non, je vous remercie, dis-je en me retirant.

Je regagnai mon bureau sans me presser, plutôt contente de la façon dont s'était passé l'entretien. C'était à peu près le maximum que pouvait faire Dane en matière de compliments, du coup, j'en étais déjà à réfléchir aux différentes façons de dépenser mon bonus estival, même si nous n'étions encore qu'en avril.

J'avais bien mérité un bon déjeuner, mais, exceptionnellement, je n'avais pas envie de quitter le bureau. Puisque je semblais être sur la crête de la vague professionnelle, autant en tirer le meilleur parti.

Je fis un détour par le distributeur situé au premier étage et, armée de quatre paquets de M&M's, je regagnai mon antre. Je constatai que trois messages de Stacy Evans m'y attendaient. Je saisis le combiné du téléphone pour la rappeler, mais je me ravisai en voyant la liste des noms qui s'affichaient à l'écran. Et pourquoi ne pas lancer une brève recherche à partir du nom des autres jurés ? Ensuite, je m'attaquerais aux témoins. Ça me ferait toujours un truc de plus à présenter à la veuve Evans.

Grâce aux informations trouvées sur Internet et à ma liste de noms, mon mémo au client était en train de prendre une tournure tout à fait honorable. Quand il serait achevé, je reprendrais la lecture des comptes rendus d'audience, renforçant ainsi l'excellente impression que j'étais en train de me faire.

Mon document touchait presque à la perfection quand j'en arrivai au cinquième nom sur la liste des jurés. La première information listée par Google à son sujet correspondait à une annonce de décès datant d'environ trois mois. Un autre membre du jury était donc décédé. D'après un bref encart dans le *Post*, José Vasquez, paysagiste de son état, avait trouvé la mort dans le cadre d'un ridicule accident du travail. D'accord, je n'aurais pas dû en rire, mais j'avais du mal à garder mon sérieux en lisant comment ce type s'était fait écraser par le palmier qu'il était en train de planter. Un peu grotesque comme accident, non ?

Il ne restait plus que deux noms sur ma liste. L'un d'eux se révéla être celui d'une étudiante en art dramatique à la

Florida Atlantic University qui, d'après le rédacteur de l'article, avait tellement de talent qu'à côté d'elle, Paris Hilton devenait comparable à Meryl Streep. L'autre nom correspondait à un certain Graham Keller, président du jury.

Keller était un homme de 58 ans – je déglutis avec difficulté – également décédé. Également à la suite d'un accident. Également au cours des trois mois précédents.

Les cheveux sur ma nuque se hérissèrent et je poussai simultanément un soupir qui se termina en murmure : « Y'a un os dans le pâté. »

4.

N'abandonnez jamais vos copines pour un mec.

Nous n'étions que mercredi et, en à peine deux jours, j'avais commencé à revoir l'opinion que j'avais de Stacy Evans. Après tout, peut-être n'était-elle pas cette veuve en plein délire qui n'avait rien d'autre à faire que de me pourrir la vie. Il était possible que sa théorie à propos de l'assassinat de son mari ne soit pas si grotesque, finalement. Bon sang, je n'avais même pas encore passé au crible les témoins du procès que, déjà, les cadavres s'empilaient.

Mes doigts se mirent à parcourir le clavier de mon ordinateur pour en apprendre un peu plus sur Graham Keller, le troisième juré défunt. Une pointe d'excitation me titillait l'estomac. Toute personne normale l'aurait comparée à la sensation qui naît à la perspective d'une grisante expérience sexuelle. Pour ma part, elle s'apparentait plus à l'émoi que suscitait l'issue prochaine d'une mise aux enchères sur eBay concernant des pièces de Rolex hautement convoitées, du moins quand mon offre s'avérait encore la meilleure à ce stade.

Contrairement au malheureux paysagiste terrassé par son palmier, les circonstances du décès de Graham Keller étaient plutôt ordinaires. D'après le journal, il s'était tout simplement écroulé lors d'un spectacle au Kravis Center. Je fis la grimace en découvrant que la mort était intervenue durant l'entracte de la première des *Noces de Figaro* donnée par une compagnie en tournée.

Ma réaction en disait long sur mon mauvais fond, car je n'en conçus aucune compassion pour le défunt. Aucune. Mais elle s'expliquait aisément par mon parcours personnel.

Quand nous étions enfants, ma mère avait l'habitude de nous traîner régulièrement, Lisa et moi, à l'opéra, attendant de ses filles qu'elles partagent sa propre passion pour ce type de représentation. C'était le cas de Lisa. Absolument pas le mien. Et surtout pas *Les Noces de Figaro*. De mon point de vue, cet opéra se résumait à trois heures et demie de marivaudage cucul mis en musique. Attention, j'aimais les histoires d'amour tout autant que les autres filles, mais j'étais plutôt du genre *Nuits blanches à Seattle*. Au bout d'une heure à l'opéra, mes mains commençaient à me démanger et je devais réprimer une furieuse envie de grimper sur scène pour en coller une au personnage de Susanna et/ou de Figaro, pour les punir d'être aussi stupides.

Dans ces conditions, l'idée d'un trépas rapide et indolore au cours de l'entracte éveillait en moi une pulsion un tantinet perverse : ce sacré chanceux n'avait pas eu à se taper la deuxième partie.

— Ça suffit, me réprimandais-je intérieurement.

Un psychothérapeute aurait sans doute pris son pied en analysant les liens qui s'étaient tissés entre ma haine de l'opéra et mes relations – ou plutôt leur absence – avec ma mère et ma sœur.

Secouant la tête pour écarter ces pensées fumeuses, je me concentrai de nouveau sur la fin prématurée de Keller. Il était donc âgé de 58 ans – plutôt jeune pour une telle mort. Une fois de plus, je me dis qu'il était envisageable que Stacy Evans ne soit pas totalement folledingue. Trois décès de jurés en trois mois... Ça semblait plutôt suspect. Même pour une pauvre assistante juridique spécialisée en affaires patrimoniales.

Mes épaules se voûtèrent quand je parvins à la dernière ligne de l'article, juste au-dessus d'une mauvaise photo du défunt. Il y avait eu une autopsie. Le bureau du médecin légiste avait conclu à un infarctus foudroyant. Une cause naturelle, mince.

Dans l'univers bizarre et merveilleux de la médecine légale, une fois l'homicide et le suicide écartés, un cœur qui lâche est assimilé à un accident. Bon, ça procède d'une certaine logique, je suppose. Ce n'est pas comme si quelqu'un pouvait décider d'avoir un infarctus.

Cette information ne corroborait pas vraiment le sentiment grandissant que j'avais d'un complot concernant le jury. Alors que mon enthousiasme initial s'étiolait, je m'adossai à mon fauteuil en tapotant du bout des doigts le bord de mon bureau. Sur l'écran de l'ordinateur, le visage de Graham Keller me souriait et un frisson me parcourut le dos. Même le défunt semblait se moquer de mes soupçons, toujours infondés à ce stade. Je pouvais presque l'entendre glousser. Le bon sens et les renseignements que j'avais pu réunir jusqu'à présent paraissaient démontrer que Keller, Vasquez et Evans étaient morts de causes explicables ou d'accidents.

Mais je n'arrivais pas à faire taire ce picotement dans mon estomac. *Quelque chose* clochait. Moi, probablement.

Il était parfaitement possible que je sois en train de faire une montagne d'une souris. Je savais que le médecin légiste s'était penché sur les morts d'Evans et de Keller sans y trouver quoi que ce soit de suspect.

Je saisis mon téléphone en me disant que ça valait quand même le coup de vérifier les circonstances de l'accident qui avait coûté la vie à Vasquez. Dernière tentative avant de laisser tomber. Je parcourus les fiches de mon Rolodex d'une main distraite qui me révéla qu'il était grand temps que je rende visite à ma manucure. Mon vernis était toujours impeccable, mais j'étais une adepte inconditionnelle de la prévention en matière d'embellissement personnel.

Mon appel reçut une réponse au bout de la troisième sonnerie.

— Bonjour Trena, m'écriai-je soulagée, en constatant que c'était bien elle qui décrochait.

Trena Halpern était l'une des standardistes de la morgue et j'avais déjà eu l'occasion de lui parler des douzaines de fois. C'était ma carte maîtresse quand j'avais besoin d'un duplicata de certificat de décès en urgence ou de déterminer, avant leur annonce officielle, si les conclusions du légiste risquaient de me causer des tracas. Or, dans la mesure où nombre de compagnies d'assurance refusaient de débourser le moindre centime lorsque la mort de l'assuré résultait d'un suicide, Trena était devenue un contact incontournable au fil des ans. Elle se montrait sympa et peu avare d'informations, principalement parce que j'avais rédigé gratuitement les testaments de ses parents.

— Bonjour Finley, comment allez-vous ?

Je pouvais l'imaginer en train d'entortiller l'une de ses mèches auburn autour de son index. J'aurais moi-même probablement développé un certain nombre de tics nerveux si j'avais dû passer huit heures par jour cernée par des cadavres.

— Ça va bien, et vous ?

— Ma fille de 19 ans vient tout juste de s'offrir un piercing au téton et mon fils a fait une rédaction vantant le mariage gay dans le cadre de son cours d'anglais. On ne peut pas dire qu'il ait eu beaucoup de succès auprès des bonnes sœurs de l'école Saint Ignatius.

Ah. Mauvaise question.

— Euh… désolée.

— Oh, pas autant que lui. Je l'ai privé de sortie jusqu'à ce qu'il ait ses premiers cheveux gris parce que j'ai dû prendre une demi-journée de congé pour avoir le plaisir de me faire sermonner par le directeur principal et l'aumônier sur l'importance des valeurs familiales. Ils m'ont tout collé sur le dos en omettant le fait que c'est mon *mari* qui a demandé le divorce, expliqua-t-elle avant de pousser un profond soupir. Bon, qu'est-ce que je peux faire pour vous ?

— Je travaille sur une succession. *Ça n'était pas faux, techniquement.* J'espérais que vous pourriez me filer quelques tuyaux sur ce que vous avez sur le sujet. Officieusement, bien entendu.

— J'ai déjà, disons, partagé différentes informations avec une personne aujourd'hui, alors pas de problème. Quel est le nom ?

— José Vasquez, répondis-je avant de lui indiquer la date du décès que j'avais notée dans l'avis d'obsèques.

— Un instant.

Je coinçai le combiné du téléphone entre mon menton et mon épaule tout en faisant rouler mon siège jusqu'à la rangée de boîtes d'archives. Me rappelant que les questionnaires soumis aux jurés se situaient dans le premier carton, je mis peu de temps à retrouver la chemise qu'il me fallait et la déposai sur mon bureau.

Le dossier concernant José était situé en deuxième position. En attendant le retour de Trena, je parcourus les trois pages du document. Ce qui ressortait principalement des réponses de José était son épouvantable calligraphie. Je parvins malgré tout à déchiffrer qu'il venait du Guatemala et s'était fait naturaliser américain, qu'il était marié à Rosita, avait quatre jeunes enfants et qu'il avait ouvert son entreprise de paysagiste à peine un an avant le procès Hall.

À en croire ses réponses, il n'avait jamais fait l'objet d'une arrestation et participait pour la première fois à un jury de procès. Le seul lien qu'il avait jamais eu avec le système judiciaire résultait de la condamnation de son cousin pour violences conjugales, à la fin des années 1990. José avait d'ailleurs pris soin de griffonner qu'il s'était, pour l'occasion, porté témoin à charge.

— Je l'ai trouvé, dit Trena d'une voix un peu essoufflée, en reprenant le combiné. (Je l'entendis remuer divers documents avant de reprendre :) Mort des suites d'une hémorragie interne au niveau de la poitrine et du crâne. (Encore des bruits de papiers.) Les deux seuls témoins ont affirmé qu'il était en train de positionner un palmier royal dans son trou, quand celui-ci est tombé en l'écrasant. Les blessures constatées ont corroboré ces témoignages. Conclusion : accident.

— Des analyses toxicologiques ont-elles été pratiquées ?

— Taux d'alcool dans le sang : néant, lut Trena. Pourquoi ? Votre gars avait des antécédents d'alcoolique ?

— Pas que je sache.

— Bah, si vous voulez attaquer sa compagnie d'assurance, on a encore des échantillons de son sang au congélo. Mais ne tardez pas. Oh, je peux vous faxer une copie du rapport de police si vous voulez. Ça vous évitera un voyage jusqu'au commissariat de Riviera.

— Ça serait sympa. Merci.

Après avoir raccroché, je pris quelques notes. Si l'accident de José n'en était pas véritablement un, il me faudrait parler aux témoins.

À cette pensée, je levai les yeux au ciel en ravalant un grognement. Que connaissais-je de l'interrogatoire de témoins, au juste ? Allez, laisse tomber. Je ne savais même pas comment les retrouver. Et quelque chose me disait que je ne pourrais pas me borner à composer le 800-TÉMOINS sur le cadran de mon téléphone.

Mais… je disposais du document que Mary Beth m'avait adressé par courriel, plus connu sous le titre de « Guide complet de la gestion de litiges ». Une fois que j'eus ouvert l'énorme fichier, je le parcourus rapidement et finis par repérer une liste de questions, réparties en différentes colonnes : exécution de la loi, témoins oculaires, témoins experts, témoins de moralité, témoins-alibis, bla bla bla bla…

Après moult copiages, collages et autres bidouillages, j'obtins un document plus maniable dont j'allais pouvoir me servir, si toutefois je parvenais à localiser ceux qui étaient aux côtés de José quand il avait trouvé la mort. Je réussirais sans doute à retrouver sa femme sans trop de difficulté, mais la perspective de me pointer chez la veuve Vasquez ne m'enthousiasmait pas vraiment. Du moins, pas tout de suite.

En entendant que l'on frappait à ma porte, je levai les yeux pour découvrir l'une des stagiaires qui me tendait une petite pile de papiers. Je n'étais pas bien certaine de connaître son nom. En général, je n'avais pas de temps à consacrer à ce genre d'exercices, les stagiaires ne restant au cabinet que trois mois, tout au plus.

Je baptisai celle-ci – mentalement, bien entendu – du nom de Ripouillasse parce qu'elle avait la plus affreuse coupe de cheveux que j'aie jamais vue. Sa couleur était pourtant fabuleuse : un châtain léger avec des reflets dorés. Je paie l'équivalent d'une petite fortune toutes les six semaines pour avoir le même genre d'effets capillaires. Mais le minable carré qu'elle arborait escamotait presque complètement cette magnifique couleur dont l'avait parée la nature. En plus, elle avait une frange. Moche, elle aussi. Beaucoup trop courte, elle lui alourdissait le visage. Sa jolie silhouette l'autorisait à porter des jupes droites et des chemises cintrées et pourtant elle compensait son mètre soixante-dix par des talons plats. Inexcusable manque de style !

Bon, me ravisai-je, me sentant légèrement coupable de ce petit inventaire peu charitable, elle avait peut-être mal aux pieds, après tout. Dieu sait que les associés traitaient les stagiaires comme des esclaves. Ces infortunées passaient le plus clair de leur séjour chez Dane-Lieberman à remplir des formulaires et à courir dans tous les sens. Ma Ripouillasse ne devait pas échapper à la règle en manutentionnant des tonnes d'annexes provenant de chez l'imprimeur. D'ailleurs, je l'avais vue souvent en train de transporter des tas de schémas, organigrammes et autres tirages photo sur Clematis Street.

Mais rien de tout ceci n'expliquait pourquoi elle se tenait présentement dans l'encadrement de ma porte, puisqu'elle était normalement affectée au service de Vain Dane.

— Bonjour. Vous vous appelez Connie, n'est-ce pas ?

— Cami, me corrigea-t-elle. Un raccourci pour Camille.

— Désolée, Cami.

— Pas de problème. Tout le monde se trompe, me dit-elle gentiment en faisant glisser les documents dans ma direction. Ce fax vient d'arriver pour vous.

Je me levai et fis le tour de mon bureau pour examiner ce qu'elle m'apportait.

— Merci beaucoup. Comment se fait-il que vous vous occupiez de distribuer les fax ?

— Bah, je fais ce qu'on me dit de faire, me répondit-elle avec un léger soupir. Aujourd'hui, je distribue les fax, demain, je taillerai les crayons.

Je lui souris, surprise par son humour acéré.

— Vous n'aimez donc pas ce que l'on vous fait faire ?

— Eh bien, j'ai obtenu mon bac avec mention très bien. J'ai une mémoire photographique presque infaillible et, l'an prochain, je serai rédactrice en chef de la *Law Review* de ma fac. J'avais imaginé que mon premier stage serait, disons, plus stimulant.

Ce n'est qu'un stage, pas une nomination à la Cour suprême.

— Dites-vous que ça fera bien sur votre CV, dis-je pour la réconforter.

— Vous permettez que je vous demande sur quoi vous travaillez ?

— Je fais tourner la roue, répondis-je en revenant m'asseoir à ma place et en lui offrant un siège dans le même temps, puisque la procrastination est encore ce que je fais de mieux.

— J'ai cru remarquer que beaucoup de gens faisaient la même chose ici, observa Cami en dépliant sa longue et fine silhouette dans le fauteuil.

Après avoir jeté un bref coup d'œil au fax, je reportai mon attention sur la stagiaire. Ses yeux noisette firent le tour de mon bureau, avant de s'arrêter sur la photo encadrée de Patrick et moi-même.

— Votre mari ? s'enquit-elle.

— Non, mon petit ami, dis-je en secouant la tête.

— J'ai eu en tout et pour tout *un* rencard, depuis que j'ai commencé à bosser ici. C'est plutôt difficile de rencontrer des gens quand on est coincée au bureau jusqu'à l'aube et que l'on doit consacrer ses week-ends à classer des photocopies.

Prise de compassion pour la jeunesse exploitée, je lui offris une tasse de café. Qu'elle déclina. Je remplis mon propre mug et le portai à mes lèvres avec mes deux mains.

— Et votre dossier ? insista-t-elle.

— À vrai dire, le terme « dossier » est un peu exagéré, lui avouai-je. Ma mission consiste surtout à tranquilliser une veuve éplorée convaincue que la mort de son défunt mari n'est pas le fruit d'un accident. D'ailleurs, la veuve en question ne devrait pas tarder à m'appeler pour sa mise à jour pluriquotidienne.

— Mme Evans ?

Les cheveux sur ma nuque se hérissèrent immédiatement.

— Oui, comment le savez-vous ?

Elle haussa les épaules.

— Je suis une fondue de procès. J'ai vu le nom mentionné sur le fax et je me suis souvenue que José Vasquez faisait partie du jury au procès Hall. Et puis, c'est moi qui ai mis en ordre les informations concernant Evans pour vous les transmettre à la demande de M. Dane, lundi dernier. Je me rappelais que Marcus Evans avait siégé dans le même jury. Du coup, je me suis dit qu'il devait y avoir un lien.

Je décidai aussitôt que Ripouillasse était un peu effrayante et qu'elle appartenait à cette catégorie de personnes qu'il faut absolument éviter de se mettre à dos.

— Excellente déduction.

— Dommage qu'ils soient morts tous les deux. M. Vasquez avait l'air d'être un chic type.

Là, la surprise me laissa bouche bée deux bonnes secondes.

— Vous l'avez rencontré ?

— Tous, répondit Cami. J'ai assisté au procès. Il s'est tenu durant l'été, entre mes deuxième et troisième années de lycée. Je bossais comme serveuse le soir, du coup, mes journées étaient libres. Comme j'envisageais de m'inscrire en fac de droit, j'ai décidé d'assister à quelques procès pour voir si ça correspondait vraiment à ce que je voulais.

— Mais comment avez-vous rencontré les jurés ?

— Ils n'étaient pas maintenus en isolement ni empêchés de voir d'autres personnes. Alors j'ai pu les croiser à l'heure du déjeuner ou devant le tribunal, durant les pauses. L'un d'eux, Daniel Summers, m'a même draguée, une fois.

Jetant un coup d'œil à mes boîtes d'archives, je me dis que Cami pourrait fort bien constituer la solution à mes centaines de pages de comptes rendus en souffrance. Hmmm. Cette stagiaire allait peut-être pouvoir devenir mon *Que sais-je ?* personnel sur cette affaire… En tout cas, ça valait le coup d'essayer.

— Y a-t-il quelque chose qui vous a paru curieux, dans ce procès ?

Cami secoua la tête avec conviction.

— Tous les témoins, depuis les aides-soignants jusqu'à l'anesthésiste présent lors de la transplantation cardiaque, ont affirmé que le docteur Hall n'avait fait aucune erreur. Ensuite, une ribambelle de témoins appartenant au service postopératoire a insisté sur le fait que l'infection de Brad Whitley s'était déclarée très subitement et avec une grande intensité. Il n'y a guère qu'un miracle qui aurait pu le sauver.

— Dans ces conditions, pourquoi sa femme a-t-elle décidé d'intenter ce procès ?

— Le chagrin. Sara Whitley n'a pas cessé de sangloter durant tout son interrogatoire. J'ai eu l'impression qu'elle voulait juste pouvoir rendre quelqu'un responsable de la mort de son mari.

— Ça me rappelle beaucoup Mme Evans. *Ce qui signifie que je dois arrêter de chercher quelque chose qui n'existe pas.*

Cami se leva et défroissa les plis de sa jupe en lin.

— Bonne chance, Finley. Si vous voulez mon avis, la meilleure chose que vous puissiez faire pour Mme Evans, ce serait de lui dire la vérité, déclara-t-elle en indiquant du menton le fax sur mon bureau. Le fait de lui révéler que José Vasquez est mort ne fera que compliquer les choses.

Cami avait sans doute raison. Mieux valait que je convainque Stacy de laisser tomber. Je m'apprêtais à contacter la salle d'archives afin que quelqu'un vienne me débarrasser des cartons concernant le procès Hall, lorsque mon téléphone sonna. Vu ma chance habituelle, il devait s'agir de la veuve Evans qui venait réclamer sa mise à jour. Eh bien, j'allais lui en offrir une. Une mise à jour objective. Il était temps qu'elle accepte que la fin tragique de son mari n'était rien de plus qu'un accident.

— Finley Tanner, grognai-je presque au téléphone.

— Ouuuhla, c'est pas ton jour, dis-moi. Privation de café ?

La voix de Patrick dissipa ma colère.

— Oh, désolée, salut ! Quand es-tu rentré ?

— Très tard la nuit dernière.

Voilà donc pourquoi il n'avait pas appelé. Je commençai à jouer distraitement avec un crayon et entamai notre cérémonial habituel en demandant :

— Alors, où es-tu allé cette fois-ci ?

FedEx couvrait le monde entier, mais Patrick ne me disait jamais rien sur ses voyages. Au lieu de cela, il me rapportait des cadeaux choisis avec soin dans les pays qu'il traversait au cours de ses périples.

— Je tiens entre mes mains quelque chose que tu pourras porter et quelque chose que tu pourras manger.

Juste pour le faire enrager, je dis :

— Mmmmm, je pense qu'il s'agit de lingerie comestible.

— Maintenant que tu en parles, j'y pense aussi, me répondit-il avec malice d'une voix exagérément sensuelle.

Et voilà, j'avais de nouveau le sourire aux lèvres. L'imbroglio Evans s'évaporait peu à peu, à mesure que j'entrais plus avant dans notre danse. Il m'avait manqué. C'était mon roc, mon… Soudain, j'eus la vision d'une grosse boule métallique reliée à une chaîne qui se finissait autour de mon cou. Se pouvait-il qu'une animosité inconsciente m'amène à envisager Patrick comme une sorte de boulet pendu à mon cou ? Ça ne pouvait être le cas. Il m'adorait.

Je frottai mes yeux fatigués.

— Alors, quel est le programme ?

Patrick avait toujours un programme. La grande majorité des femmes aurait trouvé cette aptitude impressionnante et pleine d'attentions. Moi aussi, la plupart du temps. Mais ça ne m'aurait pas franchement gênée qu'il se laisse occasionnellement aller à une certaine spontanéité.

De toute façon, quelle était l'alternative ? Replonger dans les profondeurs de l'Enfer du Célibat ? Non merci. À mon sens, les rendez-vous galants avaient énormément de points communs avec les entretiens d'embauche pour un job que l'on ne convoitait pas vraiment, mais que l'on se sentait obligée de solliciter.

— Dîner puis sexe.

Je ris doucement.

— Je suis censée retrouver mes copines pour le dîner, ce soir.

— Mais tu les vois tout le temps, me rappela-t-il. Tu ne peux pas te décommander ?

— Bien sûr, dis-je en soupirant.

Je savais déjà que ça me vaudrait les commentaires mi-affligés, mi-compatissants de Becky, Liv et Jane. J'allais enfreindre l'un des principes fondamentaux de l'amitié féminine : une annulation de dernière minute pour un homme. Oh, elles comprendraient, bien sûr. Elles savaient très bien que Patrick et moi devions nous accommoder de son emploi du temps professionnel, mais ça ne les empêcherait pas de m'accuser d'infraction caractérisée à l'amitié.

— J'aimerais autant que tu passes d'abord par chez moi, suggéra-t-il. Je voudrais te donner tes cadeaux avant le dîner. J'ai fait une réservation pour 19 heures, alors ce serait bien si tu pouvais être ici vers 18 heures 30.

Je jetai un coup d'œil à la minuscule horloge située dans l'angle inférieur droit de mon ordinateur. Incroyable, il était plus de 13 heures, déjà. Manifestement, le labeur faisait passer le temps plus vite.

— OK, c'est possible.

— Bon, 18 heures 30 alors, répéta Patrick qui ne connaissait que trop ma propension à être en retard. À 18 heures 31, tu pourras dire adieu à tes cadeaux.

Un frisson d'excitation me parcourut à l'idée de retrouver Patrick. Le connaissant, il aurait fait sa réservation chez Fendu. Il savait combien j'appréciais leur carte et l'ambiance était top.

Je passai la demi-heure suivante à m'excuser auprès de mes copines pour mon annulation intempestive. Puis, je consacrai mon heure de déjeuner à courir chez Macy's pour y trouver quelque chose de nouveau à porter pour la soirée. J'y dénichai une adorable robe bustier ainsi que de magnifiques sandales en satin noir incrustées de cailloux du Rhin. Le tout en moins de quarante minutes. J'obtins une remise de la vendeuse car l'une des chaussures avait perdu une pierre et la robe était soldée à moins 50 % sous réserve que j'ouvre un compte dans le magasin – ce que je m'empressai de faire. Comme si j'avais besoin d'une nouvelle carte de crédit. Mais pour un rabais de 50 %, je pouvais bien me farcir un formulaire à compléter.

Sur le chemin du retour vers le cabinet, je m'achetai un café, ne m'arrêtant que pour déposer mes achats dans ma voiture. Margaret m'offrit son habituel sourire de faux cul et je sentis ses yeux sur mon dos tandis que je me dirigeais vers l'ascenseur.

J'avais hâte de revoir Patrick et j'étais très curieuse de savoir ce qu'il m'avait rapporté. Ses choix étaient toujours bien pensés et il maîtrisait à la perfection l'art d'organiser une soirée romantique. Un type comme Liam McGarrity en aurait été bien incapable.

Mais d'où ça sort, ça ?

Bérézina de la libido, sans doute. Car j'avais une liste longue comme le bras des raisons pour lesquelles un mec comme Liam devait rester dans la colonne « À éviter à tout prix ». Cela dit, quelque chose dans ses yeux bleu glacier ne cessait de me ramener vers lui.

Mettant mes fantasmes entre parenthèses, je m'installai derrière mon bureau et vérifiai ma messagerie électronique. Je faillis pousser un juron quand je vis le courriel de Mary Beth. Elle m'invitait à une réunion scrapbooking chez elle le jeudi soir. Le lendemain. Merde.

Une fois que j'eus appuyé sur l'icône « Réponse », il me fallut un certain temps avant de trouver une manière polie de l'envoyer aux pelotes. Je ne voulais pas mentir. D'abord, j'étais une très mauvaise menteuse et j'étais certaine d'être démasquée. De toute façon, si je lui racontais un truc du genre « Je dois rendre visite à une amie malade », Mary Beth me cuisinerait, puis elle lui ferait porter des fleurs, pour finir par une collecte de fonds. Je pouvais toujours essayer l'excuse du « J'ai d'autres plans », mais elle m'avait interrogée sur lesdits plans la semaine précédente et je ne me souvenais déjà plus de la salade que je lui avais vendue. De toute façon, je me serais trahie en bredouillant.

Truc… Je souris.

— Merci Liam, murmurai-je en tapant ma réponse.

Merci, Mary Beth, mais j'ai déjà un truc jeudi. Une autre fois peut-être. Bonne journée. Finley

Ce « truc » était décidément très pratique. Vague, mais efficace. Voilà, ça, c'était fait. Problème suivant.

Tout en reprenant son dossier, je composai le numéro de Stacy Evans et faillis m'évanouir de soulagement en constatant que mon appel était aussitôt transféré vers sa messagerie vocale. Je lui laissai donc un message disant que j'étais désolée de l'avoir manquée, mais que je la rappellerais le lendemain matin.

Ma messagerie électronique tinta. C'était Mary Beth qui regrettait que je ne puisse pas venir. Juste sous son nom, elle avait inséré un petit smiley d'où s'écoulaient de grosses larmes qui produisaient un *splash* sonore en tombant.

Je repoussai les informations concernant José Vasquez sur le côté de mon bureau et m'attaquai à la comptabilité de la succession D'Auria. Je vérifiai une bonne douzaine de fois les totaux de l'inventaire, sans pouvoir en réconcilier les chiffres. J'essayai de nouveau en jurant, avant de saisir mon téléphone.

Jane Spencer était plus qu'une amie. C'était aussi un conseiller en investissement doublé d'un expert en fiscalité. Jane était un paradoxe ambulant : l'un des membres les plus éminents de l'association Mensa[1], avec un physique de Spice Girls. Celui de Posh, plus exactement. Grande, élancée, avec de longs cheveux sombres et des yeux chocolat. Mais derrière cette apparence quelque peu clinquante d'accro de salle de gym, se dissimulait une intello pur jus. Et ce cerveau de *geek* allait me délivrer des affres de l'enfer comptable.

Son assistante me la passa immédiatement.

1. *NdT.* Association regroupant des personnes dotées d'un très fort QI.

— Patrick a annulé ? me demanda-t-elle aussitôt.

— Non. Je suis vraiment désolée pour ce soir. Mais si je me souviens bien, tu nous as toi-même posé un lapin hier midi ?

— Pour des raisons professionnelles ! Ça ne compte pas !

— Eh bien à propos de boulot, j'ai besoin de ton aide.

J'entendis Jane pousser un soupir.

— On est en pleine période fiscale, Finley. Je nage dans les déclarations de revenus. Ton cabinet de rupins n'emploie donc aucun comptable ?

— Si, mais ils ne sont pas assez sympas pour que je leur prête ma paire de Jimmy Choo préférée.

— Ça fait plus d'un an ! s'écria Jane en éclatant de rire. Je pense avoir déjà plus que remboursé ce modeste emprunt.

— Tu n'en auras pas pour longtemps, insistai-je. Il faudrait juste que tu m'aides à vérifier quelques chiffres.

Il y eut un court silence, puis elle répondit :

— OK. Je peux prendre un café avec toi… (Nouvelle pause durant laquelle je savais qu'elle consultait son agenda.) Lundi.

— Je dois le déposer au greffe vendredi, précisai-je en grimaçant.

— Bon sang, Finley, il faut toujours que tu attendes la dernière minute.

— Je sais, je sais. S'il te plaît, ne m'oblige pas à demander un report. Les héritiers attendent leur pognon et s'ils ne l'obtiennent pas, ils se plaindront à mon boss qui me virera. Je finirai SDF, sans rien à manger d'autre que des tartines au beurre de cacahuètes dont l'État me fera l'aumône.

— N'importe quoi.

Je me détendis.

— Parce qu'une très chère amie va m'aider ?

— Parce que l'État ne donne du beurre de cacahuètes qu'aux mères célibataires dans le besoin.

— S'il te plaît...

— De toute façon, ce beurre de cacahuètes ne pourrait qu'améliorer ton régime alimentaire habituel.

— Est-ce que tu vas m'aider ?

— Oui... Retrouve-moi demain matin devant la salle de gym. Je devrais en sortir vers 7 heures.

— Euh... 7 heures du *matin* ?

— Tu veux que je t'aide oui ou non ?

— Bien sûr, merci beaucoup ! Je serai là. Tu me reconnaîtras facilement, je serai en pyjama et pantoufles.

— Serre les dents, se moqua Jane. Alors à demain matin. Dis bonjour à Patrick de ma part.

Il était presque l'heure de partir et je commençai à rassembler les documents comptables dont j'allais avoir besoin pour ce rendez-vous matinal avec Jane. Il fallait que j'atteigne la porte de sortie du cabinet à 17 heures précises. Ensuite, j'aurais tout le temps voulu pour me doucher, m'épiler les jambes et coller un strass sur mes superbes nouvelles sandales avant de retrouver Patrick chez lui.

À 16 heures 59, mon téléphone sonna. C'était probablement Stacy Evans et je soupesai avec soin les avantages et les inconvénients de ne pas décrocher. Le pire des inconvénients résidait dans la possibilité tout à fait réelle qu'elle se plaigne à Vain Dane et que ça finisse très mal pour mon matricule. Il allait donc falloir que je m'épile très, très vite.

— Finley Tanner.

— Salut.

La voix chaude et sensuelle de Liam me titilla l'oreille.

— B… Bonsoir.

— J'ai quelque chose pour vous.

La réception n'était pas très bonne et je percevais des bruits de vent et de circulation. Il devait m'appeler d'un portable.

— Génial. Nous pourrions nous rencontrer…

— Je crois que vous allez vouloir voir ça ASAP.

— De quoi s'agit-il ?

— Du rapport sur la voiture et d'un sacré…

Le reste de ses paroles fut inintelligible.

— Il y a des interférences. Êtes-vous en route pour le cabinet ?

— J'ai un truc, répondit-il.

Je réprimai l'envie de lui indiquer où il pouvait carrer son fichu truc.

— Je vous le dépose chez vous…

— Je ne serai pas chez moi ce soir, l'interrompis-je, sans pour autant lui dire pourquoi (et sans bien comprendre pourquoi je le lui cachais).

— Demain matin première heure alors, insista-t-il.

— J'ai déjà un rendez-vous très tôt.

— Bon, j'ai ce truc avec moi. Je serai au Blue Martini entre 18 heures et 21 heures. Vous pouvez passer par là ?

Bon sang, il ne me laissait pas grand choix. Et son « truc » avait donc lieu dans l'un des bars de City Place les plus réputés pour la drague ? Il aimait donc jouer, hein ? Ce n'était encore pas ce soir que je profiterais d'un bon bain relaxant. Je fis un rapide calcul mental. *Si je pars maintenant, j'ai tout juste le temps de rentrer chez moi, me doucher, m'habiller, réparer ma sandale, passer par le Blue Martini et arriver chez Patrick juste avant 18 heures 30. Enfin, en principe.*

Les embouteillages eurent raison de mes plans. Je me précipitai dans mon appartement, ma robe et mes sandales à la main. Abandonnant mes chaussures sur le lit, je suspendis le vêtement sur le cintre accroché derrière la porte de ma salle de bains et ouvris le robinet de la douche afin que la vapeur dissipe les plis du tissu. À ce stade, il allait falloir que je démontre mes aptitudes multitâches.

Je fouillai dans le dernier tiroir de ma commode où je finis par retrouver ma boîte à trésors. Étant condamnée à hanter l'univers des défauts de fabrication, je conservais toujours à portée de main une pleine boîte de boutons, rubans, pierres et autres articles du même acabit pour les réparations d'urgence. Fort heureusement, il me restait un caillou du Rhin qui ferait l'affaire. Ça n'était pas parfait (la pierre avait un éclat légèrement rosé), mais il faudrait bien que ça aille.

Mon fidèle pistolet à colle – le *grey tape*[1] de la ménagère – se trouvait sous l'évier. Je le branchai avant de me mettre en quête d'une pince à cheveux pendant que la colle chauffait. Pour le moment, tout était sous contrôle.

Je fixai le caillou du Rhin en poussant un juron lorsqu'une noisette de colle brûlante atterrit sur mon pouce. Mince, ça laisserait une marque.

Malgré mon pouce douloureux, je parvins à me doucher, m'habiller et me passer un coup de fer à lisser dans les cheveux en un temps record. J'aurais dû penser à Patrick, mais, franchement, la voix profonde de Liam passait en boucle dans ma tête. De toute façon, j'allais être en retard. Je sautillai d'un pied sur l'autre en enfilant mes

1. *NdT.* Ruban adhésif entoilé extrêmement résistant utilisé par les bricoleurs.

sandales tout en essayant de repérer ma pochette favorite de chez Kate Spade. Ensuite, je consacrai plusieurs minutes dont je ne disposais déjà plus à me maquiller, en me demandant bien qui j'essayais d'impressionner. Je transférai enfin permis de conduire, porte-monnaie, téléphone portable, carte de crédit et rouge à lèvres dans ma pochette. Elle était fort jolie, mais elle n'était pas bien grande. Encore un attribut plus esthétique que fonctionnel, mais ça m'allait parfaitement.

Alors que je m'apprêtais à saisir mes clefs, posées sur le comptoir, je vis que la lumière de mon téléphone fixe clignotait. C'était tentant, mais je n'avais plus le temps. Je consulterais mes messages plus tard.

Il était presque 18 heures lorsque j'abordai l'entrée de la nationale I-95. Puisque je me dirigeais vers la ville, la circulation était plutôt fluide et je fis le trajet en moins de quinze minutes – mon record personnel.

La file qui menait au voiturier étant déjà interminable, je la dépassai et trouvai un stationnement à quelques centaines de mètres à l'ouest de City Place. Je m'étais tant dépêchée de quitter la maison que j'avais laissé mon pashmina chez moi. Je sentais maintenant l'air frisquet caresser mes épaules nues.

Le Blue Martini se trouvant au deuxième étage, je dus grimper les escaliers presque quatre à quatre, en faisant cliqueter les talons de mes sandales sur les marches de marbre. Avant même de pénétrer dans le bar, j'entendis le bruit des conversations étouffées, mêlé à de la musique. Comme d'habitude, l'endroit était comble.

Liam fut facile à repérer. Il était affalé sur le côté du bar. Je m'octroyai quelques secondes d'observation pour détailler son superbe profil avant de me faufiler entre les portiers. Je slalomai entre les tables, parfaitement consciente de récolter un nombre tout à fait honorable de coups d'œil admiratifs. Rien de tel qu'une nouvelle robe pour accroître sa confiance en soi.

Quand je m'approchai, je remarquai deux choses. D'abord, il portait un pantalon noir qui lui allait à merveille, avec une chemise de coton noir cintrée qui lui moulait le torse. Rien à jeter, parfait. Du moins, aussi parfait que puisse paraître un don Juan au bras d'une blonde à forte poitrine. C'était donc elle, le second « truc ».

J'eus quelques difficultés à conserver un visage neutre, surtout après avoir eu la possibilité d'observer sa radasse d'un peu plus près. Elle était plutôt jolie si on aimait les choses voyantes. Elle portait un dos-nu doré et brillant qui découvrait un dos parfaitement bronzé, ainsi qu'une jupe blanche, courte, qu'elle avait placée très bas sur ses hanches. Si elle avait une once de graisse, elle la dissimulait sacrément bien. Pourtant, croyez-moi, je cherchais. Son bronzage n'était pas naturel, mais appliqué à la perfection, tout comme son maquillage.

Elle était plus jolie que moi. Définitivement mieux faite. Liam n'avait, à proprement parler, jamais flirté avec moi et maintenant je comprenais pourquoi. Mon Dieu, à côté d'elle, j'avais l'air d'un troll. Mes joues s'enflammèrent, mais je l'attribuai à la bousculade. Liam choisit évidemment cet instant pour se retourner et il m'aperçut. En approchant, j'entrevis de temps à autre l'esquisse d'un sourire et je sus qu'il croyait que j'avais pris son appel pour une invitation. Je me mis aussitôt à ressembler à un troll *désespéré*. Désolant. Surtout dans la mesure où, pour une raison inconnue, je paraissais attribuer une certaine valeur à son avis de minable petite frappe dragueur de Barbie.

5.

Évoquer un problème de gestion de temps
n'est qu'une façon polie
de dire « je suis en retard, comme toujours ».

Tout va bien. Je contrôle la situation. Mais au cas où je ne serais pas parvenue à recouvrer le calme et la décontraction dont j'avais cruellement besoin, je fis passer ma pochette dans ma main droite. Une manière habile d'éviter une poignée de main que je tenais de mon maître en la matière : ma mère.

Trois pas supplémentaires et j'allais entrer dans le cercle olfactif de Liam et de Barbie qui buvait sa bière à même le goulot.

Liam m'adressa un sourire légèrement narquois. Ses dents semblaient encore plus blanches dans l'ovale de son visage bronzé. À ma grande surprise, Barbie Goulot se montra tout aussi amicale, ce qui lui valut de ma part un bon point. Dans la situation inverse, si j'avais eu l'impression qu'une autre femme draguait Patrick, je lui aurais décoché un sourire poli plutôt glacial, tout en programmant tranquillement sa mort.

Liam fit les présentations.

— Finley Tanner, je vous présente Ashley.

Elle m'offrit un large sourire en me tendant la main. Puisque je n'avais pas d'alternative, je fis remonter l'anse de ma pochette au-dessus de mon poignet.

— Ravie de vous rencontrer.

Liam saisit une enveloppe crème sur le bar et me la tendit.

— Il semble que la voiture de Marcus soit nette, dit-il en se penchant de manière à ne pas avoir à crier pour couvrir la cacophonie provenant d'un groupe de types rassemblés à l'autre bout du bar.

Un énorme écran de télévision, dont le son avait été coupé, diffusait un match de base-ball et, d'après ce qu'on pouvait en voir, ça n'allait pas trop bien pour les Marlins.

Barbie Goulot se rapprocha de Liam en se tortillant, sans se départir un instant de son large sourire. Se dressant sur la pointe des pieds, elle lui chuchota quelque chose, avant d'enlacer sa taille en un geste possessif.

Quel qu'ait pu être son petit secret, Liam ne réagit pas. Du moins, pas à ma connaissance. Il possédait ce type de faciès totalement indéchiffrable. Quelque chose me disait que, même s'il avait été ivre de bonheur, personne n'aurait pu le deviner.

Ces deux-là ne se connaissaient pas d'hier, j'en étais certaine. L'index de Barbie Goulot dessinait de petits cercles sur le tissu de la chemise du détective, juste au-dessus de sa ceinture. De l'histoire ancienne, tout ça. Ouais, regardons les choses en face, de l'histoire peut-être ancienne, mais loin d'être terminée.

Liam tapota d'un doigt le bout du nez d'Ashley.

— Je vais faire vite.

— T'as intérêt, dit-elle, tandis que son sourire avenant se muait en une moue tout à fait expressive. C'est censé être *notre* soirée, ne l'oublie pas.

— À vrai dire, je suis censée moi aussi en avoir une, intervins-je en lissant d'une main ma fabuleuse nouvelle robe.

Je me fichais totalement de son avis sur mes fringues, mais je ressentais le besoin puéril de signifier que, moi aussi, j'avais un mec dans ma vie.

Bon, pour être honnête, ma remarque n'était pas vraiment destinée à Barbie. Et j'aurais apprécié que Liam daigne me signaler qu'il avait remarqué ma mise. Je ne disposais certes pas de nibards chirurgicalement relookés jaillissant d'un marcel minuscule, mais j'étais plutôt gironde dans une version plus couture. En tout cas, suffisamment pour susciter pas mal de coups d'œil appuyés de la part de la moitié des clients masculins du bar.

Ma confiance en moi à demi restaurée, je finis par en conclure que Liam aimait les poufiasses. Bien. Encore un élément à ajouter à ma liste croissante de raisons pour lesquelles ce type était absolument contre-indiqué dans mon cas. Bon, on ne pouvait pas vraiment dire qu'il m'avait harcelée jusque-là, mais j'aimais anticiper.

Liam se pencha vers moi, m'envoyant une puissante bourrasque de son eau de Cologne. Il n'était pas difficile d'attribuer ce mélange de bergamote, citron vert et miel, avec une note de coriandre, d'ambre et de mousse sur une base de bois de santal, cuir et cèdre, à la patte de Hugo. Ça lui allait d'ailleurs très bien. Tout comme la boucle de cheveux qui lui barrait le front. Finalement, la seule chose qui ne collait pas dans le panorama, c'était cette envie quasi irrésistible de passer ma main dans cette mèche couleur de nuit pour la remettre en place. Trèèès mauvaise idée.

Je ne voulais surtout pas faire de scandale et pour être honnête, Barbie Goulot aurait eu le dessus. Mieux valait donc écourter cet entretien au plus vite.

— Quelqu'un m'attend, annonçai-je en calant l'épaisse enveloppe sous mon bras.

Je jetai un coup d'œil à ma montre en jurant intérieurement : déjà 18 heures 35.

— Lisez le rapport et visionnez l'enregistrement, commanda Liam. Je passerai vous voir à votre bureau demain matin.

Je savais parfaitement que mon agenda était vierge, mais je répondis, pour la forme :

— Passez-moi un coup de fil avant, d'accord ?

— Bien sûr.

— Attendez, intervint Barbie Goulot en plongeant dans les profondeurs de sa besace de chez Dooney and Bourke. Elle en sortit une carte de visite qu'elle me tendit. Le graphisme n'était pas mal et la qualité du papier tout à fait honorable, avec un effet vernissé.

— Merci, dis-je en m'efforçant de déchiffrer sa carte dans la pénombre du bar.

Je ne pus lire les caractères imprimés en mauve qu'une fois sortie du bar : « Beauté Éternelle – Soins complets de spa – Ashley McGarrity ».

McGarrity ? Je me souvins de sa main autour de la taille de Liam et en déduisis qu'il était impossible que Barbie Goulot soit sa frangine. À moins que ces deux-là n'appartiennent à la plus grande famille de pervers du sud de la Floride. Beaucoup trop câlins pour être cousins, même très éloignés. Pourtant, quelqu'un – mais qui ? – avait mentionné que Liam était divorcé.

— Un divorce sacrément consensuel, grognai-je en déverrouillant les portières de ma BMW, avant de jeter l'enveloppe sur le siège passager et de démarrer.

Il était possible qu'il soit divorcé, mais, à ce que j'avais pu constater, il avait encore le droit de profiter des parties les plus intimes de son ex. Bah, j'imaginais qu'avec un physique comme celui de Liam, on conservait à vie des droits de visite un peu spéciaux.

J'étais bien sûr en faveur de l'égalité sexuelle, mais j'avais un peu de mal à mélanger amour et amitié. Si j'avais voulu expérimenter l'amour libre et sans conséquence, j'aurais plutôt choisi un parfait étranger. Pas quelqu'un qui aurait pu m'appeler au milieu de la nuit pour un petit coup rapide, puis me téléphoner une semaine plus tard pour me convier à un barbecue sur sa terrasse. Ç'aurait été plutôt embarrassant, non ? Si, un jour, j'atteignais ce niveau de désespoir, je m'achèterais un vibromasseur pour l'utiliser devant mon DVD du *Flic de mon cœur* avec Dennis Quaid. À mon sens, le plus grand moment de séduction du cinéma.

Mon portable se mit à sonner au moment où je m'engageais sur l'A-1-A. Ce devait être Patrick qui voulait vérifier si je savais lire l'heure.

Ouvrant mon téléphone, j'expliquai aussitôt :

— Je suis en chemin. Je sors d'un rendez-vous qui…

— Mlle Tanner.

Stacy Evans avait le don de prononcer mon nom comme s'il s'était agi d'une maladie infantile.

— Oh, désolée, j'ai cru que vous étiez mon cop… mon prochain rendez-vous.

— Non, je suis votre cliente. Celle dont vous avez ignoré les appels toute la journée.

Bon sang, cette femme avait une capacité de culpabilisation qui aurait fait pâlir d'envie ma propre mère. À cet égard, je me dis qu'il ne fallait pas que je tarde à aller voir Ricardo pour la cérémonie de résurrection des orchidées.

— J'ai travaillé sur votre dossier, insistai-je. En fait, je viens de quitter l'enquêteur qui travaille sur l'affaire et il a découvert différentes choses.

— Comme ?

Et comment le saurais-je, hein ? Je n'ai pas encore eu l'occasion d'ouvrir cette fichue enveloppe puisque je suis en route pour un dîner romantique, suivi d'une nuit torride, avec mon petit ami.

— Je préfère ne pas évoquer ces éléments avant d'avoir pu obtenir un complément d'informations.

Soudain, ma conversation avec Trena me revint à l'esprit. Pourquoi m'avait-elle parlé de ses échantillons de sang ?

— Seriez-vous prête à signer une décharge à destination du bureau du médecin légiste ?

— Une décharge pour quoi ?

S'il vous plaît, faites que mon explication soit claire.

— Le médecin légiste conserve divers échantillons de sang pendant un certain laps de temps, après l'autopsie. J'aimerais qu'un laboratoire d'analyses indépendant effectue un test toxicologique plus poussé sur les échantillons de sang de votre mari.

— Il n'était pas ivre lors de l'accident, l'entendis-je siffler, son irritation augmentant perceptiblement à chaque syllabe.

— Je le sais, mais d'autres facteurs peuvent affecter la conduite d'un automobiliste. Votre mari était-il sous traitement médical ?

— Seulement quelques médicaments contre le cholestérol, mais il les prenait depuis des années sans jamais en avoir ressenti aucun effet indésirable.

— Aucune somnolence ? Rien de comparable ?

— Non. Où voulez-vous en venir, Mlle Tanner ?

— Pas de prescriptions pour une grippe ? Pour une allergie quelconque ? Rien de nouveau ou inhabituel ?

— Absolument rien. Êtes-vous en train de suggérer que mon mari a absorbé une drogue quelconque ?

— Je ne suggère rien. J'essaye simplement de ne rien laisser au hasard.

Dois-je lui parler des autres jurés décédés ? Je pesai longuement le pour et le contre de cette possibilité avant d'avancer :

— J'ai découvert plusieurs, disons, irrégularités et je souhaite seulement m'assurer que je couvre bien toutes les hypothèses.

— Je n'en attends pas moins de vous.

J'étais arrivée devant chez Patrick.

— Je vous appelle demain.

— Non, répliqua Stacy. C'est moi qui vous appellerai à 15 heures. Faites en sorte d'être disponible.

La communication prit fin. Je venais apparemment de me faire congédier. Ce qui ne me mettait pas exactement dans les meilleures dispositions d'esprit pour aborder mes retrouvailles avec Patrick. Ce moment aurait dû être envoûtant, mais vu le sermon que venait de m'infliger Stacy… Surtout que mon retard n'arrangeait rien à mon sentiment de culpabilité grandissant.

Mais d'autres choses me tracassaient aussi. Une chose, plus exactement. Même après m'être garée et avoir pénétré dans l'ascenseur, l'image de Liam avec son ex-femme continuait à me hanter. C'était carrément anormal. Un divorce était, de mon point de vue, censé marquer le point final d'une histoire. Bon sang, ceux de ma mère s'étaient révélés si définitifs qu'à partir de l'instant où l'encre avait séché sur les papiers officiels de séparation, nous n'avions plus jamais entendu parler de mes ex-beaux-pères.

Je passai mes doigts dans mes cheveux pour me recoiffer et appliquai une touche de gloss sur mes lèvres avant de sortir de l'ascenseur. Je pris une profonde inspiration pour me calmer en m'enjoignant de mettre tous les événements de cette journée derrière moi.

Arrivée à son étage, je pris sur la gauche, jusqu'à la troisième porte située sur la droite du couloir. Une fois que j'eus frappé, j'entendis des pas s'approcher, mêlé à la musique diffusée par sa chaîne hi-fi.

Patrick m'accueillit avec un large sourire, suivi d'un baiser fougueux. Tout autre garçon m'aurait durement reproché mon retard, mais pas lui. Il n'était pas du genre à râler. Encore une de ses nombreuses qualités. Je ressentis une certaine culpabilité lorsque sa langue vint chercher la mienne. C'était vraiment un mec bien et, ces derniers temps, je n'avais pas été très sympa avec lui. Liam avait sans doute du piquant, mais Patrick avait tout le reste.

Il passa ses mains sur mon visage, poursuivant sur mes épaules nues, mes flancs et enfin mes hanches. Ses yeux d'un bleu pâle scrutèrent les miens, avant de descendre lentement vers mes pieds. Ses lèvres s'incurvèrent en un sourire admiratif.

Je fus presque tentée de m'attaquer au premier bouton de sa chemise en soie bleu ardoise, mais me ravisai. D'abord le dîner, ensuite le sexe. C'était la procédure, le programme. Immuable.

— Tu m'as manqué, souffla-t-il en passant l'un de ses bras autour de mes épaules pour m'attirer à lui.

— Je suis désolée pour le retard, dis-je en appuyant ma joue contre sa poitrine. Il a fallu que je passe prendre un truc pour le boulot et ça m'a pris plus longtemps que prévu.

— Toi ? s'étonna-t-il. La fille qui se vante de ne jamais travailler au-delà de 17 heures ?

Ne voulant pas gâcher cette belle soirée, j'ignorai ce commentaire stupide. En plus, il ne m'avait pas encore donné mes cadeaux.

Patrick me conduisit dans le salon-salle à manger, décoré de manière tout aussi masculine que le reste de son petit appartement. Je n'étais pas vraiment en mesure de le critiquer sur ce sujet, vu que la décoration de mon propre logis appartenait encore à ma liste de choses à faire. Au grand dam de mon voisin, Sam Carter, j'avais toujours le pauvre canapé noir en simili cuir que j'avais acheté en attendant mieux… cinq ans auparavant.

Les goûts de Patrick étaient assez exclusifs. Tous ses meubles – depuis les lampes jusqu'aux tableaux, en passant par les oreillers et les tapis – avaient un lien avec l'aviation. Bon, le terme « tableaux » était quelque peu exagéré : des affiches, des couvertures de magazines et des coupures de presse sur Charles Lindberg couvraient trois murs sur quatre. Et l'unique raison pour laquelle la dernière cloison avait été épargnée par cette fièvre aéronautique tenait au fait qu'il s'agissait d'une immense baie vitrée.

Canapés, fauteuils et chaises étaient tout aussi mâles, dans des tons de blouson de pilote. Même la table était en cuir brun, tandis que les pieds de lampes en bronze représentaient des modèles réduits d'avions. Pas du tout mon goût, mais, de toute façon, notre relation n'avait pas encore atteint le point de partage d'une unique étagère et d'un tiroir commun. Pourtant, après deux ans, j'aurais normalement dû lui concéder au moins l'un des tiroirs de ma commode et réciproquement, non ? Même chose dans la salle de bains, sans doute. J'aurais même dû avoir dans mon armoire à pharmacie un petit baume pour soigner les coupures de rasage, en sachant que je pourrais trouver chez lui les produits de base de mon hygiène féminine. Mais non. Chacun de nous préservait l'exclusivité de ses tiroirs.

— Malgré ton retard, tu as le droit de recevoir tes cadeaux.

Comme si j'en avais jamais douté.

— Merci, m'enthousiasmai-je en souriant.

— Tu peux remercier cette robe, répliqua-t-il pour me taquiner, en s'éloignant pour gagner sa chambre à coucher (où j'aperçus sa valise, manifestement pas encore défaite).

Il revint une minute plus tard avec un paquet de taille moyenne et un autre plus petit. Les deux articles avaient visiblement été emballés par des mains professionnelles et je reconnus le logo de mon chocolatier suisse favori. Une boîte noire fermée par un ruban de satin doré.

— Ouvre d'abord celui-ci, me suggéra-t-il en indiquant le ballotin qui se balançait à son index.

J'aimais la façon dont son regard bleu pâle pétillait en attendant que je déballe son présent.

— Merci, dis-je en salivant devant la livre d'assortiment de chocolats que je possédais désormais officiellement.

— Et maintenant, ouvre ça, ajouta-t-il en me tendant le paquet le plus gros, attendant tout de même que je lui aie donné un rapide baiser avant de le lâcher.

À l'intérieur, je découvris une nuisette en soie rose. Mon ton de rose préféré. Il était peut-être nul en matière de déco, mais il savait choisir la lingerie. La saisissant par les bretelles, je la levai devant moi en me pâmant.

— Tu es fou. C'est magnifique. Merci. Veux-tu qu'on l'essaye tout de suite ?

— Ça me semble être un bon programme, répondit-il.

Mais il anéantit aussitôt mes fols espoirs en ajoutant :

— Nous le ferons après le dîner.

Pendant que Patrick partait à la recherche de ses clefs, je repliai ma nuisette et la remis dans sa boîte que je laissai sur le bord du lit. Je savais bien que je n'aurais pas dû m'en offusquer, mais la réaction de Patrick me donna le sentiment de ne pas être désirable. Le fait que nous ne nous soyons pas vus depuis des semaines, combiné à la palpable réalité de cette superbe pièce de lingerie, n'avait pas réussi à le faire dévier de sa routine.

J'étais sûre que Liam n'aurait jamais laissé passer une telle occasion. Bon sang, grognai-je intérieurement, à cette heure, Liam et Barbie Goulot étaient probablement en train de folâtrer sauvagement. Mon esprit fut brièvement traversé par plusieurs images sulfureuses et censurables de Liam au lit.

Et voilà que je ne savais plus si je devais ma subite irritation à la désespérante attitude de Patrick ou à l'effraction que venait de commettre le privé dans mon propre cerveau. À moins que je ne m'en veuille tout simplement de réagir ainsi.

Je chassai ces idées noires avec deux verres de Pinot Grigio avant même que le plat principal ne nous soit servi. Le restaurant Fendu était un lieu très feutré avec un service impeccable. On y dégustait des mets délicieux, artistiquement présentés, sur un air de piano.

Notre conversation fut principalement consacrée aux derniers endroits du monde visités par Patrick. Dès qu'il parlait d'avions, son discours s'animait et s'enflammait, mais à vrai dire, je ne l'écoutais que d'une oreille et mes pensées ne cessaient de s'égarer vers mon boulot. Dieu sait que ce phénomène était totalement *inédit*.

Cette distraction était peut-être attribuable au peu d'intérêt que je portais aux variations des flux d'air au-dessus de l'Atlantique ou à ce long monologue sur l'effet des dépressions atmosphériques. Quoi qu'il en soit, je ne cessais de réfléchir à mes trois jurés défunts. Je fus littéralement arrachée à mes pensées quand Patrick claqua des doigts.

— Tu es à des milliers de kilomètres de ce restaurant.

Surprise, j'avançai la main pour lui caresser les doigts.

— Excuse-moi, mais il y a un truc qui me turlupine (je ne pouvais prononcer ce mot sans entendre la voix de Liam). Un dossier que j'ai au bureau. Ça me rend dingue.

— Il s'agit de mathématiques ou d'héritiers avides ?

Je souris.

— J'ai effectivement un problème de maths à résoudre, mais Jane devrait m'aider à le faire dès demain matin. Je travaille par ailleurs pour un nouveau client depuis hier matin.

Je me tus pour admirer l'expression attentive qu'affichait son beau visage.

— Et ça se passe mal ?

Je haussai les épaules en caressant mon verre de vin.

— Ça ne ressemble pas à ce que je fais d'habitude. La veuve refuse de croire que la mort de son mari est accidentelle.

— Et, dans ce contexte, qu'attend-elle de toi au juste ? dit-il en riant.

— Que j'enquête, répondis-je, subitement sur la défensive.

— Mais n'est-ce pas plutôt le rôle des flics ?

— Elle a déjà essayé de s'adresser à eux, mais ils n'ont rien découvert qui puisse justifier une enquête.

— Alors je te repose ma question initiale, qu'es-tu censée faire ?

— Je le découvre progressivement.

— Tu la prends au sérieux ?

— C'est une copine de Dane. Il m'a refilé le bébé.

Patrick hocha la tête.

— Maintenant je comprends mieux. Comme cette veuve semble en plein délire, le grand Victor Dane a préféré te balancer la patate chaude.

— Peut-être, murmurai-je.

— Et se pourrait-il qu'elle ait raison ? Vraiment ? s'enquit-il en passant une main dans ses mèches blondes impeccablement coupées. Comment ça s'est passé ?

— Accident de voiture.

— Ce genre d'événement n'est-il pas, par nature, accidentel ?

— À moins que quelqu'un n'ait bidouillé les freins.

— Ton macchabée avait-il des ennemis ?

Je secouai la tête en signe de dénégation.

— Une maîtresse ?

— Non.

— Joueur, peut-être ?

L'approche très cartésienne de Patrick réduisait peu à peu mon enthousiasme initial.

— Non.

— Ça me semble être une affaire sacrément difficile. Ça devrait pas mal t'occuper. À ce propos… poursuivit-il en hésitant. J'ai accepté de faire un nouveau vol d'ici peu.

Je levai les yeux pour le regarder.

— D'ici peu comment ?

— Je pars demain à midi.

— Mais pourquoi ?

— Ça me permet d'engranger un peu plus de congés. Si je veux pouvoir participer à cette randonnée cet été, il me faut quelques jours supplémentaires, répondit-il en portant ma main à ses lèvres. Je sais bien que j'aurais dû t'en parler avant, mais c'était une opportunité de dernière minute et je n'étais pas en position de la refuser, dans la mesure où ça me vaut pas mal de jours de compensation.

Est-ce que j'étais vraiment en colère ? Non… juste un peu déçue.

— Bah, ce n'est pas grave. En plus, ma mère revient de vacances ce week-end. Tu éviteras le traditionnel brunch dominical.

— Je suis vraiment désolé de te faire faux bond, surtout pour une telle corvée.

Préférant éviter de réfléchir à mes « corvées » tout autant qu'aux « programmes » en cours, je décidai de saisir l'opportunité qui se présentait à moi avant qu'elle ne s'évapore. En vérifiant discrètement la délicate montre Liz (avec son étroit bracelet en croco) que j'avais rapportée de ma dernière excursion chez Vero, je vis qu'il ne me restait plus que dix à douze heures pour refaire le plein d'hormones de plaisir. J'offris donc à Patrick mon sourire le plus suave en caressant d'un doigt évocateur le pied de mon verre de vin, toutes phéromones dehors.

— Mais tu peux peut-être te racheter…

La tête de Patrick pivota aussitôt, à la recherche du serveur.

— L'addition, s'il vous plaît.

Nous quittâmes rapidement le restaurant pour regagner au plus vite son appartement. Patrick améliora largement notre trajet par de longues caresses sur mes cuisses et quelques délicieux effleurements sur ma peau nue.

Il démontra un contrôle impressionnant dans l'ascenseur, tandis que je peinais à contenir mon excitation. Patrick n'était pas grand amateur de démonstrations publiques d'affection. Mais je savais qu'aussitôt la porte de son appartement refermée, il m'arracherait mon bustier en un temps record. Le haut de mes cuisses était presque douloureux et la partie inférieure de mon abdomen était tendue comme la peau d'un tambour. Nos ébats étaient toujours très plaisants et mon corps impatient ne demandait qu'à le confirmer.

Dès que nous fûmes dans son appartement, mes doigts défirent prestement les boutons de sa chemise et je plaquai ma main sur sa peau nue, en me réjouissant du rythme saccadé de ses battements de cœur. À regret, Patrick relâcha son étreinte sur mes hanches et je m'écartai de lui légèrement.

Mes yeux parcoururent sans vergogne ses larges épaules en admirant la beauté de son torse. Je me repaissais avec une certaine effronterie de la puissance de ses cuisses et de ses abdominaux quasiment parfaits, et l'eau me monta à la bouche.

— Mon self-control ne saurait tarder à s'envoler, soufflai-je en me délectant de la façon dont son regard s'était assombri dans l'anticipation de ce qui se préparait.

Mon ventre s'était mis à palpiter lui aussi.

Dans le cercle protecteur de ses bras, je fermai les yeux et posai ma tête contre sa poitrine. J'étais prête à tout oublier : Marcus Evans, Vain Dane, José Vasquez, Graham Keller et même Liam McGarrity. Du moins pour quelques heures. Tout oublier hormis le plaisir d'être ainsi entre ses bras.

Ses doigts dansèrent le long de ma colonne vertébrale, générant une traînée électrique dans leur sillage. Une onde incandescente s'épanouit au plus profond de moi, m'emplissant rapidement d'un désir impatient.

Mais je connaissais les règles. Patrick était très attaché à un rythme mesuré. Pour ma part, je me serais volontiers passée des préliminaires pour entrer immédiatement dans le vif du sujet.

Il s'employa ensuite à effleurer le bout de mes tétons, déjà dressés depuis longtemps, et, l'espace d'une seconde, je fus incapable de toute pensée. J'aurais été prête à le supplier pour qu'il ne s'arrête jamais.

Patrick fit alors glisser sa main en une série de longs cercles sensuels jusqu'à ce qu'elle repose sur mon ventre, juste au-dessous de mes seins. Redressant la tête, je recherchai l'étincelle d'une passion sauvage dans son regard. Ses prunelles avaient certes un éclat plus sombre, mais était-ce suffisant ?

J'aurais parié ma plus belle lingerie La Perla que les yeux de Liam McGarrity se seraient embrasés dans des circonstances similaires. Mon Dieu, il fallait que j'arrête ça. Mettre en balance Patrick et Liam s'apparentait à comparer une Jaguar et une Volvo. Deux excellentes voitures, mais dont l'une seulement s'était bâti une réputation pour sa fiabilité.

Patrick appliquait maintenant le long de mes maxillaires de sensuels baisers qui me ramenèrent à l'instant présent. Ses lèvres étaient chaudes et fébriles contre ma peau. Mes bras glissèrent jusqu'à sa taille pour l'attirer à moi.

Il susurra mon prénom tout en suivant le contour de ma bouche, avant de m'attirer vers sa chambre. La nuisette en soie rose était toujours dans son emballage. J'étais certaine qu'il aurait adoré que je la passe, mais j'étais désormais beaucoup trop impatiente pour un défilé de mode.

— La prochaine fois, lui promis-je en retirant mes sandales.

Nos vêtements les suivirent de près, les miens en tas sur le sol, les siens correctement pliés sur le dossier d'un fauteuil.

Patrick ôta le couvre-lit avant de couvrir de baisers mon visage et mon cou dès que nos corps touchèrent le matelas. Ses lèvres cherchaient ce point si voluptueux situé à la base de ma gorge. Il laissa échapper un ronronnement de plaisir lorsque je me mis à caresser les muscles tendus de son ventre.

Saisissant mes deux mains dans l'une des siennes, il repoussa mes bras au-dessus de ma tête, me forçant à me cambrer dans l'une de ses positions favorites.

— Ça n'est pas du jeu, protestai-je. Tu pourrais me laisser inverser les rôles. On pourrait peut-être s'offrir une paire de menottes capitonnées ou un truc dans le genre ?

Sa réponse fut courtoise, mais sans appel.

— Crois-moi, mieux vaut pour toi et moi que je ne te laisse pas me toucher, répondit-il en accompagnant son sourire d'un baiser.

Je réagis en collant mon corps contre le sien et l'un de mes seins frôla son bras. Ses doigts ne furent pas longs à se refermer sur ce mamelon offert.

— À mon tour, insistai-je.

— Pas encore, chuchota-t-il en ignorant mes tentatives ridicules pour dégager mes mains de son étreinte, tandis qu'il plongeait encore vers ma gorge en feu.

Quand il libéra mes mains, je sentis ma peau s'enflammer, sensation qui s'intensifia à mesure que sa bouche descendait. Mes doigts s'enroulèrent dans ses cheveux tandis que mes entrailles prenaient feu. Je poussai un cri étouffé quand sa bouche parvint à destination. Il ne fallut pas plus d'une poignée de secondes avant que mon corps tout entier n'explose en un million d'étincelles orgasmiques.

Patrick remonta le long de mon torse et m'embrassa la joue avant de saisir un préservatif sur la table de chevet. Ceci fait, il s'insinua en moi. Je me cabrai et enfermai ses hanches entre mes mains. Il maintint un rythme lent durant lequel je mordillai son cou jusqu'à ce que je sente son corps se tendre.

Je n'avais jamais été très douée pour le babillage post-coïtal. Les « Ohhhh, mon chéri, c'était merveilleux » n'appartenaient pas vraiment à mon répertoire. Pas plus que les « Merci, c'était très bien » qui me paraissait un peu scabreux, comme si une centaine d'autres candidats m'avaient attendue dans la pièce voisine.

Je préférai jouer avec les poils clairs qui couvraient le torse de Patrick en écoutant les battements de son cœur. J'aurais dû me sentir comblée, mais je ressentais surtout une légère culpabilité. Était-ce tromper que de penser à un autre homme avant une nuit d'amour ? Et pendant ? Tout venait de se dérouler rien qu'entre Patrick et moi, comme d'habitude, mais avant cela…

Soudain, je n'eus plus le cœur à nos ébats et je me redressai sur le lit, appuyée sur un coude.

— Dis-moi, ça t'ennuierait de me donner un avis impartial ?

Je vis aussitôt une expression préoccupée se former sur son visage.

— De quoi tu parles ?

De culpabilité. Mais je venais de lui tordre le coup au profit du boulot, ne réalisant que maintenant que c'était une échappatoire tout à fait commode.

— Pour le truc des jurés, ça t'embêterait ?

Il secoua la tête et s'installa plus confortablement tandis que je lui exposais les détails quelque peu sommaires concernant la mort prématurée de mes jurés.

Il resta silencieux durant quelques minutes, puis demanda :

— Tu as dit à la veuve que tu allais demander des analyses de sang, sans même savoir s'il existe d'autres tests que ceux que le médecin légiste a menés ?

— Évidemment. Trena m'a dit qu'ils avaient seulement effectué des analyses concernant la présence d'alcool ou de drogues habituelles. Et si Marcus s'était fait administrer une potion un peu plus « exotique » qui l'avait conduit à l'accident ?

Patrick se mordit la lèvre inférieure et ironisa :

— Et depuis quand tu te prends pour l'Inspecteur Gadget ?

— Je ne fais que mon boulot, dis-je en m'écartant de lui et en tâchant de réprimer l'envie que j'avais de lui faire avaler mon oreiller et les avions qui étaient brodés dessus.

— Mon cœur, tout ça te cause manifestement beaucoup de tracas. N'oublie pas que ton *boulot* consiste à compléter des formulaires et à distribuer de l'argent à leurs bénéficiaires. Les enquêtes pour meurtre ne vont-elles pas légèrement au-delà de tes compétences ?

Adieu l'atmosphère magique de la passion assouvie et adieu toute idée de remettre le couvert avant son départ. Je commençai à rassembler mes vêtements répandus sur le sol.

— Il faut que j'y aille.

— Fin, chérie, je suis désolé, s'excusa-t-il en sortant du lit pour venir me prendre gentiment par le poignet. Je ne l'ai pas dit dans ce sens-là. Reste. Passe la nuit ici. Je te promets de me faire pardonner.

Mais mon corps désormais repu refusa de se laisser amadouer.

— J'ai un rendez-vous très tôt demain matin, dis-je en lui donnant un baiser sans chaleur sur la joue.

Sa bouche se tordit en une moue ironique que ses yeux confirmèrent.

— Dans un vieux hangar abandonné où tu devras frapper trois coups à la porte en annonçant « C'est Leo qui m'envoie » ?

Je dégageai mon poignet de sa main et m'habillai en ignorant ses pauvres tentatives de blagues et d'excuses. Je ne pouvais pourtant pas lui en vouloir. Je n'avais jusqu'alors jamais vraiment pris mon job au sérieux.

Nous nous quittâmes bons amis. Enfin, en pratique, j'admettais le fait qu'il avait réagi comme un con. Il resterait au loin durant environ une semaine et je savais, par expérience, que j'aurais tout oublié à son retour. Par ailleurs, j'avais entre les mains assez de chocolats pour m'aider à digérer cet épisode déplaisant.

D'ailleurs, avant même d'arriver chez moi, j'avais déjà replanifié la semaine à venir, en tenant compte de l'absence de mon chéri. Normalement, j'aurais dû essayer ma nouvelle nuisette immédiatement, mais, au lieu de cela, j'enfilai l'un de mes pyjamas les plus confortables et ouvris l'enveloppe que m'avait remise Liam.

Elle contenait une vingtaine de pages concernant les relevés bancaires de Marcus Evans. Au final, le patrimoine de sa famille s'élevait à plusieurs millions de dollars. Du moins sur le papier.

— OK, Liam, s'il y a un indice quelconque dans cette paperasse, j'avoue qu'il me passe au-dessus de la tête. Tu n'aurais pas un tuyau ?

Sortant la vidéo de l'enveloppe, je l'insérai dans mon lecteur et appuyai sur le bouton « Marche ».

Elle était en noir et blanc et de très mauvaise qualité. Même pas du niveau des vieilles cassettes de *Friends* que je n'arrivais toujours pas à jeter. Il n'y avait pas de son, juste une indication de la date et de l'heure dans l'un des coins inférieurs. Il me fallut plusieurs minutes avant de réaliser ce que j'étais en train de visionner. Il s'agissait d'un enregistrement effectué par une sorte de caméra de surveillance. Je devinai que ladite caméra devait être installée dans un distributeur de billets de banque. Quand elle eut pris fin, je me rapprochai de l'écran, rembobinai la bande et la regardai une nouvelle fois.

Alors je compris. L'enregistrement avait été réalisé le jour de la mort de Marcus. En supposant que la date indiquée sur le film soit exacte, elle couvrait un intervalle allant de 7 heures 16 à 8 heures 16, le matin de l'accident.

— Mais que suis-je censée y voir ? me demandai-je, quelque peu frustrée.

Aucun des visages des personnes qui avaient utilisé le distributeur ne m'était familier, même vaguement.

Je visionnai la cassette une troisième fois, puis une quatrième, sans rien découvrir de plus. Mes yeux commençaient à me faire souffrir et j'étais, à ce stade, vraiment épuisée. Peut-être qu'avec une injection de caféine…

Je sortis un paquet de café du congélateur et connus ma seconde étincelle de la soirée. Me précipitant vers le salon, je rembobinai le film en le faisant commencer au début. Le distributeur donnait sur un parking et l'objectif de la caméra permettait d'apercevoir une bonne partie des environs de celui-ci.

Juste en face de la banque se trouvait un café Starbucks. Usant de la télécommande, je fis avancer le film au ralenti jusqu'à environ 7 heures 46. À ce stade, j'appuyai sur pause. Bien qu'il apparaisse tout petit sur l'écran, je pouvais aisément me rendre compte que l'homme qui était assis seul à une table placée en devanture, en train de siroter un café, n'était autre que Marcus Evans.

Je réprimai l'envie d'appeler Patrick pour lui dire d'aller se faire voir avec son Inspecteur Gadget. Je décidai plutôt de poursuivre mon visionnage au ralenti. De temps à autre, quelqu'un obstruait l'écran en venant retirer de l'argent au distributeur. Et puis, je vis. Enfin, presque. Quelqu'un – grand, mince, avec une casquette de base-ball, un tee-shirt et un jean – heurtait la table de Marcus. Son café se renversait. Ils semblaient parler entre eux, mais je ratai plusieurs minutes de la suite parce qu'un handicapé de l'électronique mit un temps infini à essayer de retirer de l'argent. Son visage emplissait presque l'écran et quand, enfin, il abandonna, Marcus était à nouveau seul, en train de siroter un café et de déplier un journal.

— Quelque chose a changé, murmurai-je pour moi-même en rembobinant le film jusqu'à l'instant où l'inconnu se cognait dans la table.

L'excitation qui m'envahit me fit sourire : je tenais mon premier indice.

6.

On reconnaît les aptitudes multitâches de quelqu'un à sa capacité de rater plusieurs choses à la fois.

L'image de pieds de plomb aurait été insuffisante pour décrire mon état d'esprit tandis que je patientais à l'extérieur de la salle de gym que fréquentait Jane, affalée contre un mur de briques. La lanière de mon porte-documents (qui n'avait presque jamais servi) me tailladait l'épaule. Entre les documents relatifs à la succession D'Auria, les relevés bancaires de la famille Evans et la cassette, j'avais l'impression d'être un sherpa (et j'en avais sans doute l'air).

Je dégustais le café que je m'étais offert en chemin, en tapotant le pavé d'un pied épuisé. La température ne dépassait pas les quinze degrés – le pôle Nord, donc, selon mes standards. Je changeai mon porte-documents d'épaule en observant le ciel qui commençait à s'éclaircir. Il n'y avait que les pêcheurs et les accros du sport pour se lever à pareille heure. Pourtant, il devait bien y avoir quelques poissons qui faisaient la grasse mat', non ? Et pourquoi les salles de sport restaient-elles ouvertes jusqu'à minuit, si ce n'était pour éviter aux gens de se lever à pas d'heure ?

Mes yeux me démangeaient du fait du manque de sommeil et, bien que je fusse douchée, habillée et maquillée, je serais volontiers retournée aussitôt me coucher dans mon lit douillet. Ce tout nouveau zèle professionnel ne m'allait décidément pas au teint.

Je consultai le cadran de ma montre.

— Mince, grognai-je.

Avec toute cette histoire, j'avais oublié de vérifier le résultat de mes enchères sur eBay. Mon humeur s'améliora considérablement à la pensée que mon offre avait peut-être été la meilleure.

Abaissant les yeux, j'admirai la lumière qui se reflétait sur mes chaussures à bout ouvert de chez Enzo. Leur combinaison de cuir et de daim bronze les rendait vraiment confortables. Je les avais dénichées dans un tas d'articles soldés par Dillards, quelques semaines auparavant. J'étais en revanche moins heureuse d'avoir choisi de porter ma veste bleue et la jupe imprimée qui allait avec – également d'excellentes affaires – car la soie sauvage ne protège pas vraiment du froid.

Plusieurs voitures se garèrent sur le parking. En général, leurs conducteurs étaient des hommes et, en général, ils avaient un cou de la taille de celui d'un bison. La plupart d'entre eux étaient vêtus de shorts et de marcels de beaufs et ils traînaient un énorme sac en Nylon dans lequel aurait pu tenir un cadavre. Grelottante, je décidai de les ignorer, malgré les coups d'œil admiratifs qu'ils lancèrent dans ma direction. Je n'étais pas là pour la gaudriole. À vrai dire, si Jane ne ramenait pas son petit cul musclé incessamment, il faudrait que j'envisage de la rayer de ma liste d'amies. Aussitôt après qu'elle aurait résolu mon problème de compta.

— Hé ! me lança Jane d'un ton jovial en tournant au coin de l'immeuble. Désolée, j'ai perdu la notion de l'heure quand j'étais sur le vélo elliptique.

J'aurais dû la haïr et l'abandonner à son triste sort, non ? Sans doute n'y arrivais-je pas parce qu'en ma qualité d'amie parfaite, je connaissais le temps qu'elle devait consacrer à sa fabuleuse silhouette. J'imagine qu'à force, les exercices devenaient indolores. Mon amie était fort bien habillée d'une jupe noire extrêmement courte et d'un chemisier très ajusté de même couleur. Une ceinture à boucle en argent et turquoise ceignait ses hanches étroites, en chaloupant à chacun de ses pas. Elle ne pouvait d'ailleurs pas aller très vite car les talons de ses bottines devaient bien faire une douzaine de centimètres. Comme d'habitude, quelques mèches rebelles s'étaient échappées de sa coiffure et, comme d'habitude, cela lui allait à merveille.

J'agitai ma tasse de café vide dans sa direction.

— Du café. Il me faut du café.

Jane me sourit.

— Mais quand donc ne te faut-il *pas* de café ? Laisse-moi prendre mon sac dans le coffre de ma voiture et nous pourrons marcher jusqu'à Bailey's, pour ta dose. Tu es une junkie de la caféine.

Son truc à elle, c'était l'exercice physique, moi, c'était le Mocha Java. Après toutes ces années de franche amitié, nous continuions à faire les mêmes blagues. Je jetai alors un coup d'œil à ses cheveux.

— Pour quelqu'un qui vient de passer l'heure précédente à transpirer sur une machine infernale, tu as l'air plutôt fraîche et appétissante. Qu'est-ce que tu fais exactement dans cette salle ? Un soin du visage ?

— Ah ah, dit-elle en se frappant la cuisse qui, bien sûr, ne tremblota pas. Tout ceci demande du travail.

Jane avait attaché ses cheveux naturellement ondulés en queue-de-cheval. Toute autre personne aurait eu l'air d'une concierge, mais sur elle, ça produisait une sorte de décontraction sensuelle.

— OK, t'as gagné. Si je devais faire la même chose, ça risquerait de déclencher un tremblement de terre.

— Viens t'entraîner avec moi, proposa Jane en riant. Je peux t'avoir une inscription à moins 50 %.

Elle n'était pas beaucoup plus grande que moi, quelques centimètres tout au plus, mais ses talons lui permettaient de me regarder de haut.

— Jamais ! Mon Dieu, la nuit dernière ne s'est pas super bien passée, ajoutai-je sans transition avant de lui raconter par le menu mes retrouvailles catastrophiques avec Patrick.

— Bah, au moins, tu as pu profiter d'une bonne nuit d'amour, n'est-ce pas ?

Je haussai les épaules. Nous étions suffisamment proches du café pour que les effluves qui s'en échappaient m'incitent à accélérer le pas. L'odeur du café frais moulu agissait sur moi comme un rayon magnétique, surtout quand j'étais en position verticale avant même que le soleil ne se soit complètement élevé au-dessus de l'horizon.

Jane se commanda un café sans lait, sans sucre et sans plaisir, tandis que j'optai pour un *caffe latte* de luxe, avec un maximum de crème hyper-calorique. Nous choisîmes une table au fond de la salle, sachant que l'endroit ne tarderait pas à se remplir, à mesure que l'heure avancerait.

Une bonne copine vous donnera un coup de main pour établir la comptabilité d'une succession. Une *excellente* amie le fera intégralement à votre place. Jane appartenait à cette dernière catégorie. Ce qui m'avait pris des jours et des jours de dur labeur et qui m'avait laissé un cal sur le pouce, sans pour autant aboutir à une solution à la hauteur de mes efforts, prit environ quinze minutes à Jane.

Tapotant la feuille du bout de son stylo rouge, elle expliqua :

— Tu as interverti les deux derniers chiffres sur ce compte.

— Je me disais bien qu'il s'agissait d'un truc simple et bête comme chou.

Jane fronça les sourcils. Maintenant, elle pouvait le faire puisque sa dernière injection de Botox datait de plus de quatre mois.

— Ne te fais pas trop de reproches. C'était un truc facile à rater.

Je remis les papiers de la succession D'Auria dans mon porte-documents en me demandant si je devais ou non montrer à Jane les relevés bancaires des Evans. Après tout, pourquoi pas.

— C'est quoi, ça ?

Jane continua à siroter son café insipide tout en parcourant les documents que m'avait remis Liam en même temps que la cassette vidéo. Je me levai pour aller commander un autre café ainsi que quelques muffins aux cranberries. En revenant à notre table, je trouvai Jane adossée tranquillement à son siège.

Enfin des réponses et quelqu'un qui pouvait me les expliquer dans un langage compréhensible.

— Alors, qu'est-ce que tout ça veut dire ?

— Marcus et Stacy Evans sont à la tête d'un modeste magot. La plupart des actifs lourds – une résidence principale à Jersey, une résidence secondaire à Cape Cod et l'appartement de Palm Beach – sont en indivision. Marcus a conservé des parts dans la bijouterie de New York et dans un trust constitué pour pourvoir à l'éducation de ses petits-enfants. L'argent liquide, ainsi que quelques titres de créances, sont à la Bank of South Florida.

Une clochette tinta dans mon crâne. Mon maigre compte bancaire se trouvait également à BSF. Peut-être était-ce la raison pour laquelle ça me disait quelque chose.

Jane poursuivit en feuilletant les pages.

— Au cours des années précédentes, le généreux salopard a donné plus de 20 % de sa pension de retraite à diverses œuvres de charité. Comment se fait-il que je ne rencontre jamais de types comme lui ?

J'étais un peu découragée. J'imagine que, quelque part, j'espérais qu'elle découvrirait quelque chose de plus glauque. N'importe quoi.

— Bon, en pratique, tu es en train de me dire que ces papelards sont sans intérêt ?

— Tout dépend de ce que tu cherches. Il ne fraudait pas le fisc, du moins pas d'après ce que révèlent ces états financiers, mais il me faudrait plus d'informations que ces documents sommaires pour en être certaine. Pourquoi ?

— Trois jurés qui ont assisté à un procès pour erreur médicale ont trouvé la mort au cours des derniers mois. Marcus Evans était l'un d'eux.

Le visage de Jane traduisit un certain intérêt.

— Tu travailles sur une affaire de meurtre ? Wow, trop chouette !

— Ça le serait si, hormis la veuve Evans, je n'étais pas l'unique personne à estimer qu'il y a quelque chose de louche dans cette histoire. Même Patrick s'est fichu de moi.

— Le Grand Patrick ? demanda-t-elle en pressant une main sur son front dans un geste grandiloquent. Je suis tout à fait surprise, Finley. Nous parlons d'un fiancé de conte de fées. Il est gentil, n'oublie jamais un anniversaire ni une occasion spéciale et – énorme avantage – il est constamment au loin. C'est un peu comme si tu étais célibataire avec un filet. Dommage qu'il n'ait pas été cloné.

Est-ce que ma situation s'apparentait à un célibat ? Non, une célibataire était une célibataire. Moi, j'étais engagée dans une relation. Enfin, plus ou moins.

Elle détacha un bout de la croûte supérieure d'un muffin. Tout le monde sait que c'est la seule partie du muffin qui vaille le coup et Jane ne faisait pas exception à la règle.

— Quand as-tu changé d'orientation ?

— De quoi ?

— Ton passage du département patrimoine à celui des enquêtes.

Je haussai les épaules.

— Trois jurés morts, ça paraît un peu suspect, tu ne trouves pas ?

— Statistiquement parlant, c'est même très improbable, remarqua Jane en se levant et en commençant à débarrasser notre table. Bien sûr, n'importe quelle analyse statistique donnerait d'autres résultats si l'on considérait des facteurs comme la manière dont ces individus sont morts et le moment où leur décès est intervenu.

— Quelle intello tu fais, dis-je en ronchonnant.

Jane sourit.

— Ça ne te dérangeait pas trop, il y a quelques minutes, quand tu avais besoin d'un coup de main pour ta compta, dis-moi.

— C'est vrai. Merci encore, Jane. J'envisage même de te pardonner d'avoir de plus belles cuisses que moi.

Je raccompagnai mon amie jusqu'au parking de sa salle de gym. Je n'avais plus assez de temps pour repasser chez moi. Par conséquent, pour la seconde fois en une semaine, j'arrivai tôt au bureau. Plus tôt même que Margaret, chose qui aurait dû me procurer un immense plaisir, mais ne me fit ni chaud ni froid. C'était une étrange sensation. Un peu comme si j'étais en train de contracter une mauvaise habitude. Comme la fois où je m'étais mise à commander des *caffe latte* au soja pour avoir une vie plus saine. Ça ne pouvait pas durer plus d'une semaine.

Mon esprit, généralement prompt à se laisser distraire, était entièrement occupé par le dossier Evans. Jane avait raison, il me fallait quelque chose de plus concret que ces histoires de jurés, quelques accidents médicalement prouvés, une vidéo floue et une veuve éplorée. Sans parler de cette curieuse boule de suspicion au creux de mon estomac.

Tout ceci voulait dire que je ne pourrais pas échapper plus longtemps à la lecture des comptes rendus du procès. Et où se trouvait Cami quand on avait besoin d'elle ? Comme j'étais à peu près la première arrivée au cabinet, j'allumai les lumières à mesure que je progressais vers mon bureau. Je ne ressentis pas vraiment de frisson d'excitation en considérant la pile de cartons d'archivage qui tapissait mon mur. Néanmoins, je m'y plongeai bravement, sachant que c'était un mal nécessaire.

Vers 10 heures, j'avais consommé le contenu de deux cafetières et lu la partie des comptes rendus relative aux demandeurs. Enfin, « lu » était quelque peu exagéré. Je devais bien admettre quelques « diagonales », ainsi que diverses pauses de nature à reposer mes yeux fatigués et préserver mon cerveau d'un engourdissement total. Le mot « travail » était sans nul doute un très gros mot.

Ma lecture m'avait conduite à marquer différentes pages évoquant des points nécessitant des recherches ou des clarifications que je me proposais d'obtenir par le biais d'Internet. Et puisque je venais de cumuler pas mal d'heures, je me dis qu'une petite pause ne me ferait pas de mal. Mon récent surcroît de travail et des visites moins fréquentes à eBay m'avaient valu de perdre mon enchère pour le boîtier Rolex. Alors, tant que j'y étais, j'examinai les nouvelles annonces et en trouvai un autre. Il était en bon état sans être parfait et je fis une offre en conséquence. Je dénichai par ailleurs deux autres maillons de bracelet pour lesquels j'enregistrai également une enchère.

Et puis, tant qu'à faire, j'en profitai pour voir s'il y avait des articles de chez Betsey Johnson et découvrit une adorable robe vintage en mousseline bleue à ma taille. Elle n'était pas donnée, surtout quand j'eus converti les euros en dollars, et les frais de port étaient ahurissants, mais elle venait de chez Betsey et elle pouvait être mienne d'ici quatre jours, pour la modique somme de soixante-dix dollars – sous réserve que mon enchère reste la meilleure.

Une fois mes besoins de consommatrice comblés, je décidai de faire quelques recherches sur les personnes du monde médical qui avaient témoigné pour le compte de Hall. J'étais certaine que c'était tous des cadors et qu'ils coûtaient forcément bonbon. L'argent favorisait toujours le défendeur. Et un paquet d'argent – dans des proportions comparables à celles dont Hall disposait – garantissait avec une quasi-certitude un verdict favorable. Mais cela ne voulait pas dire qu'il avait effectivement fait une faute professionnelle durant la transplantation ou à la suite de celle-ci. S'il avait commis une erreur, il aurait probablement cherché à obtenir un compromis devant le tribunal. En tout cas, ç'aurait été l'option la plus intelligente. Et la plus sûre.

Le premier témoin avait été le docteur Carlton Peterman. Son CV comportait un bon millier de pages assorties de suffisamment de recommandations, de récompenses et de certificats pour postuler à une canonisation. En sa qualité de cardiologue initial de Brad Whitley, son témoignage avait pesé assez lourd dans la balance. Surtout la partie concernant l'infection et le fait qu'elle constituait une complication bien connue et prévisible d'une transplantation, ainsi qu'il l'avait personnellement exposé à Brad et son épouse, Sara.

L'autre expert était issu de l'université Johns Hopkins, soit la Mecque de la médecine occidentale. Bien que le docteur Zorner n'ait pas assisté à l'opération, il avait été dithyrambique quant à la qualité du travail accompli par son confrère Hall. Or, ses états de services pouvaient donner l'impression que le premier témoin était un gros branleur.

Je me frottai le front et fermai les yeux afin de faire la liste de ce que je savais être la vérité.

A. Brad Whitley devait absolument faire l'objet d'une transplantation cardiaque pour ne pas mourir.

B. La donneuse, Ivy Novak, avait subi de graves lésions à la tête lors d'un accident de moto et ses organes avaient été prélevés après qu'elle avait été déclarée cérébralement morte par le neurologue de service et le docteur Hall.

C. Tous les experts, de même que la totalité des membres de l'équipe de transplantation, avaient juré que Hall avait effectué l'opération à la perfection.

D. C'était l'infection postopératoire, et non pas une faute quelconque du chirurgien, qui avait causé la mort de Brad Whitley.

E. Trois des douze jurés avaient trouvé la mort en quelques semaines. Tous ces décès avaient été jugés accidentels par les médecins légistes.

— Le procès s'est déroulé il y a trois ans, rêvassai-je à voix haute. Pourquoi attendre si longtemps pour une revanche ? (Si toutefois il s'agissait bien de meurtres et que ceux-ci aient effectivement été motivés par une vengeance.) La seule personne qui pourrait avoir un mobile est Sara Whitley.

Je perçus l'eau de Cologne de Liam et j'ouvris aussitôt les yeux. Il se tenait dans l'embrasure de ma porte. Dieu qu'il était séduisant.

— B'jour, dit-il en pénétrant dans mon bureau et en s'asseyant en face de moi. J'imagine que la cassette que je vous ai filée envoie plus ou moins au panier l'hypothèse de meurtre soutenue par Stacy Evans.

Et Barbie Goulot, elle t'a aussi envoyé quelque chose au panier hier soir ? Mais quelle mouche me piquait ?

— Si c'est vraiment ce que vous pensez, vous me semblez être un bien piètre enquêteur.

L'un des coins de sa bouche s'incurva en un demi-sourire ironique et néanmoins incroyablement sexy.

— Il me semble que cette cassette prouve que le sieur Evans était en pleine forme moins d'une heure avant l'accident. Le mot « accident » étant bien entendu le terme officiel.

— En pleine forme *et* en train de boire un café, soulignai-je dans un effort pour prendre l'avantage. Qui donc piquerait du nez au volant, environ vingt minutes après une ingestion de caféine ?

Il afficha une mine lasse au lieu de paraître impressionné.

— Il a peut-être pris un déca.

Je pouffai.

— Prendre un décaféiné dans la matinée me paraît à peu près aussi aberrant que de commander un Virgin Mary[1] pour l'apéro. Par ailleurs, n'avez-vous pas noté le remplacement dudit café ?

— J'ai noté que quelqu'un avait accidentellement renversé son café. Puis, l'écran a été obstrué et, du coup, non, je n'ai pas vu qu'il y avait eu remplacement.

— Alors venez avec moi, dis-je en saisissant la cassette et en me dirigeant vers les ascenseurs. Je présume que vous ne fréquentez pas les cafés Starbucks ?

— Je suis plutôt du genre Seven-Eleven, répondit-il.

La cabine de l'ascenseur semblait plus petite quand il était à l'intérieur. Le parfum de son eau de Cologne, la façon dont il posait ses mains sur ses hanches, tout formait un tableau plutôt saisissant. En tout cas, un tableau qui promettait de m'exploser à la figure. Ravalant ma salive, je gardai les yeux fixés sur les boutons de l'ascenseur, craignant véritablement qu'un épisode psychotico-sexuel ne m'amène à enfoncer la commande d'arrêt d'urgence et à me jeter sur lui avant même que nous n'ayons atteint le quatrième étage où se trouvait la salle de réunion. C'était *quoi*, mon problème ?

La salle de conférence était déserte. Elle était par ailleurs parfaitement équipée et normalement réservée

1. *NdT.* Version sans alcool du Bloody Mary.

aux déclarations officielles et autres événements marquants dont le cabinet tenait à conserver la trace. J'y avais déjà diffusé plusieurs enregistrements filmés de vieilles peaux grincheuses qui désiraient avoir la satisfaction de déclarer à leur descendance, depuis leur sépulture, qu'elle ne toucherait pas un centime de leur pognon. J'avais d'ailleurs pu constater à cet égard, en observant les visages de l'auditoire, que l'amertume pouvait être héréditaire. Mais il est vrai que je n'étais pas certaine de beaucoup rigoler si j'apprenais que l'un de mes parents avait décidé de léguer plusieurs millions à une fondation pour la sauvegarde d'une obscure réserve ornithologique, au lieu de me permettre de me désendetter.

Je plaçai deux des fauteuils de cuir devant l'écran, en les espaçant de près d'un mètre afin de ne risquer aucun frôlement accidentel, puis je passai dans la salle attenante pour y insérer la cassette de Liam dans le lecteur.

Il ne faisait pas grand-chose pour me cacher qu'il considérait manifestement cet intermède comme une totale perte de temps. Je fis avancer la bande jusqu'à l'épisode où Marcus était attablé.

— Vous voyez, claironnai-je, tout en dirigeant le pointeur laser vers l'écran. Marcus est installé bien tranquillement, en train de boire un double café. Voici qu'arrive le mystérieux empoté. Et voilà la table qui vacille, ajoutai-je en réorientant le faisceau sur la silhouette un peu floue du maladroit.

Liam soupira.

— Vous imaginez bien que j'ai déjà visionné tout ça, n'est-ce pas ?

Ignorant sa question, j'attendis que le handicapé du distributeur veuille bien libérer l'écran, avant de réorienter mon fidèle pointeur vers l'image.

— Là ! Vous avez vu ?

— Évidemment. Marcus a un autre café.

— Eh bien ça, annonçai-je triomphalement, c'est un extralarge.

— Et alors ?

— Dans l'univers des amateurs de café, on ne change jamais de taille de café à mi-parcours. Il est envisageable – encore que tout à fait improbable – de passer d'un grand café à un moyen ou même un petit. Mais je ne connais personne qui ait jamais fait le contraire. Et si l'inconnu avait volontairement renversé son café pour pouvoir le remplacer par un autre, assaisonné avec… eh bien, avec le genre de truc que l'on verse dans une boisson ? C'est possible, non ?

— Dans un épisode des *Experts*, sans aucun doute.

Je le regardai avec de grands yeux.

— Il y a des trucs – des drogues – qui sont indétectables par les tests habituels. J'ai lu différentes choses là-dessus sur Internet.

— Il est parfois dangereux de se limiter à trop peu d'informations.

Faisant fi de son cynisme, j'éteignis mon rayon laser.

— C'est là que vous entrez en jeu, répliquai-je. J'ai obtenu la permission de St…

Cami passa la tête dans l'encadrement de la porte.

— Bonjour Finley. Désolée de vous interrompre.

Bien que ses paroles me soient destinées, les yeux de Cami et toute son attention semblaient comme aimantés par l'homme assis à mes côtés. Et j'étais à peu près certaine qu'elle n'était pas le moins du monde « désolée » de son interruption. Elle entra en tendant la main, comme si son bras était une baguette de sourcier spécialisée dans les Liam.

— Je suis Cami Hunnicutt.

— Liam McGarrity.

— Je, euh, eh bien, bégaya-t-elle comme si elle s'exprimait dans une langue étrangère.

— Vous avez besoin de quelque chose ? lui demandai-je, tentée de lui envoyer un coup de rayon laser en plein front.

Elle cligna deux fois des paupières, lâcha la main de Liam, avant de reporter à regret son attention sur moi.

— Oui, il faudrait que vous mettiez M. Dane en copie de la feuille de temps à saisir demain. Margaret a mentionné que vous aviez fait quelques heures supplémentaires et…

— Aucun problème, la coupai-je en tâchant de contrôler mon intonation.

— C'est quoi cette cassette ? demanda-t-elle sans transition.

L'intérêt qu'elle manifestait pour ce film était tout ce qu'il y avait de plus feint. Nul besoin d'avoir un QI de génie pour deviner que Cami voulait surtout gagner un peu de temps pour pouvoir mater Liam. Et que j'étais jalouse.

— Ça fait partie de l'enquête Evans, répondis-je.

— Vraiment ?

— Non, intervint Liam.

Merci, mec. J'adore passer pour une conne.

— Je veux dire, la succession Evans, corrigeai-je. Auriez-vous besoin d'autre chose ? *Avant de te prosterner à ses pieds en le suppliant de devenir la mère de ses enfants ?*

— Je vais dire à M. Dane qu'il devrait recevoir votre feuille de temps et vos notes de frais prochainement.

Une fois qu'elle eut quitté la pièce, Liam demanda :

— Ils craignent que vous gonfliez la facture parce que la veuve Evans est pleine aux as ?

Les hommes… Il ne s'était même pas rendu compte qu'il venait tout juste de faire l'objet d'un examen en règle et de recevoir son diplôme de « sujet de premier choix ». Bon, vu son attitude, il était possible qu'il soit tellement habitué à ce genre d'épisodes que ça ne lui faisait plus ni chaud ni froid.

— Je ne sais pas. Il faudra que vous me donniez vos notes de frais jusqu'à aujourd'hui. Pourriez-vous me les faxer d'ici demain après-midi ?

— Jusqu'à aujourd'hui ? s'étonna-t-il. Vous voulez dire que cette histoire va continuer ?

Je hochai la tête.

— Je voudrais que vous obteniez un échantillon du sang de Marcus auprès du bureau du médecin légiste. Stacy signera la décharge quand elle rentrera du New Jersey. Ensuite, il faudra faire la même chose pour José Vasquez (*en supposant toutefois que je puisse convaincre la veuve d'accepter*). On verra pour Graham Keller parce que je ne suis pas certaine qu'il ait fait l'objet d'une autopsie. Je reviendrai vers vous pour celui-là. Et je voudrais que tous ces échantillons soient analysés par un laboratoire sérieux.

— Vous êtes bien consciente de gaspiller inutilement l'argent de cette veuve et mon propre temps, n'est-ce pas ?

— Je me contente de suivre les instructions de ma cliente.

Et de faire plus ou moins le contraire de ce que m'a demandé mon boss. Qui était mon véritable employeur dans cette affaire ? Arrrgh, encore un gros mot !

— Comme vous voulez, soupira-t-il en vérifiant sa montre. Bon, c'est l'heure de déjeuner.

Mon professionnalisme passa directement aux oubliettes et mon estomac gargouilla. Je crois même que j'oubliai un instant de respirer : *invite-moi !*

— Je vous rappelle quand j'aurai eu les résultats des analyses, dit-il en se levant.

Peut-être devrais-je lui proposer de déjeuner avec moi. Un truc informel du style : « Bah, nous avons tous les deux besoin de nous alimenter, n'est-ce pas ? » Un déjeuner professionnel parfaitement innocent. Mmmh... Qui donc cherchais-je à berner ? Aucune de mes pensées à propos de ce type n'avait été innocente depuis que j'avais posé les yeux sur lui.

— Et pour la voiture, enchaînai-je, ne me résolvant pas à le laisser filer. Des nouvelles de votre expert ?

Il secoua la tête.

— Ça va lui prendre encore une bonne semaine au moins. Il va falloir qu'il démonte la bagnole.

— Et cette cassette ? Peut-on en améliorer la qualité de lecture ?

— Possible, répondit-il pour botter en touche, en se dirigeant vers la porte. Je pense que vous en faites beaucoup trop.

Il avait probablement raison, mais je n'étais pas encore prête à laisser tomber. Liam me suivit jusqu'à mon bureau. Je voulais faire une copie de ce que Trena m'avait faxé depuis le bureau du médecin légiste.

À ma grande surprise, j'eus la joie de découvrir que deux douzaines de roses nacrées m'attendaient dans mon antre. Ces fleurs me rappelèrent qu'il fallait que je voie Ricardo dans la soirée à propos de l'appart' de ma mère, pour mon histoire d'orchidées.

Sur la carte fixée au bouquet, je lus ce simple message : « Je pense à toi. » Romantique, sans l'être. Tout Patrick.

Dans mon dos, Liam siffla doucement.

— Eh bé, vous avez dû révolutionner quelqu'un hier soir.

Je sentis que mes joues s'empourpraient. Je lui en voulais un peu d'avoir lu le message par-dessus mon épaule, mais une partie de moi avait envie de tirer la langue en claironnant : « Moi non plus, je ne me suis pas embêtée, mon pote. Et c'était très agréable… »

*

* *

— Tiens, voilà Oliver Stonette, remarqua Becky, quand je la croisai par hasard devant les distributeurs automatiques, vers 14 heures 30.

— Va te faire voir, répliquai-je gaiement. Et d'ailleurs, qu'est-ce que tu veux dire au juste ?

— C'est au moins ton deuxième rendez-vous avec le détective, expliqua-t-elle en extirpant une boîte de biscuits du tiroir inférieur de la machine.

— Et alors ?

— Alors, poursuivit mon amie en baissant la voix jusqu'à chuchoter, tout en m'attirant dans une salle de réunion déserte, les associés du cabinet sont sur les dents.

— Pourquoi ?

— Ce cabinet travaille toujours pour le docteur Hall. Et entre ses dossiers perso et ses questions professionnelles, il contribue très largement au chiffre d'affaires.

— Mais je ne travaille pas franchement gratis pour Stacy Evans. C'est aussi une cliente qui paye des honoraires au cabinet.

— Oui, mais une cliente pour une *succession*, précisa Becky. Bon sang, Finley, d'après ce que j'ai entendu dire, il paraît que tu t'apprêtes à rouvrir le procès. Un procès que Victor a plaidé avec succès, je te rappelle.

— Mais ce n'est absolument pas mon intention ! *Enfin, pas exactement.* J'ai lu la plupart des comptes rendus et ils ne contiennent aucune preuve que Hall ait commis la moindre erreur médicale. En revanche, je commence à me demander si Sara Whitley n'est pas en train de se venger des jurés qui ont acquitté l'homme qu'elle tient pour responsable de la mort de son mari.

Becky poussa un profond soupir.

— Après tout ce temps ? Mais enfin, personne n'aurait une telle patience.

— Je le saurai samedi.

— Toi ?! Tu vas bosser un samedi ?! Qui es-tu et qu'as-tu fait de la véritable Finley ?

— J'ai rendez-vous avec elle à 10 heures 30.

— Avec qui ? Sara ? Mais pour faire quoi ? Tu vas faire irruption chez elle pour lui demander si c'est une meurtrière ? C'est ça ton plan ?

— Eh bien, effectivement, j'ai un plan. Un plan veuves. J'ai organisé des entrevues, demain, avec Rosita Vasquez et Martha Keller.

Becky se passa les doigts dans les cheveux.

— Hmmm, tout cela ne me dit vraiment rien qui vaille.

— Je n'ai pas le choix, renchéris-je. Il faut que Mme Vasquez me signe une décharge pour que je puisse obtenir les échantillons de sang de José, auprès du médecin légiste.

Je fronçai les sourcils en pensant à Keller. On lui avait peut-être fait un prélèvement sanguin dès son arrivée aux urgences, avant qu'il ne meure.

— Je crois que tu as les yeux plus grands que le ventre, me mit en garde Becky.

— Tu sais ce qu'il faut pour obtenir l'exhumation d'un corps ?

— Ouais, une pelleteuse et une paire de gros bras armés de pelles.

7.

Si vous ne voyez rien de gentil à dire… mentez.

Je fus un peu surprise de ne pas entendre parler de Patrick avant son départ. Bon, en pratique, j'avais entendu parler de lui, me dis-je en humant le parfum des roses qui ornaient mon bureau. Subitement prise d'un accès de paranoïa amoureuse, je me demandai si ceci n'était pas le début d'un Subtil Retrait tant redouté. Se pouvait-il qu'il s'agisse de l'étape numéro un d'un lâchage en règle ? Si c'était le cas, il me fallait un plan. Mieux vaut toujours être le lâcheur que le lâché. Dieu que je détestais ce genre de situations foireuses.

Non, non, non. J'étais stupide. Patrick était beaucoup trop délicat, trop gentil, pour mettre fin à notre relation sans m'en parler au préalable. Et il était beaucoup trop prévenant pour se prêter à ce genre de manipulations. S'il avait estimé que nous avions des problèmes relationnels, il aurait fait des suggestions pour y remédier. En tout cas, il ne m'aurait pas fait porter deux douzaines de roses pour me préparer au pire.

Heureusement, Stacy Evans appela, brisant ainsi la spirale infernale de mes conjectures oiseuses sur mes déboires amoureux. Dire qu'elle fut ravie de mes progrès aurait procédé de la litote. Elle manifesta un immense enthousiasme – du moins autant que puisse en être capable une bourgeoise coincée sur le retour – quand je lui relatai mes diverses découvertes à ce jour.

— Je prendrai contact avec les autorités, demain, dès mon retour.

— Je ne saurais trop vous le déconseiller pour le moment, l'avertis-je.

— Pourquoi pas ? Il faut que la police arrête Sara Whitley pour le meurtre de mon mari.

Puis, après coup, elle ajouta :

— Et pour avoir tué ces autres personnes.

— De simples soupçons ne peuvent justifier une arrestation, lui expliquai-je, impressionnée de me souvenir de ce principe de droit pénal (je m'étais bornée à suivre le cours obligatoire, nécessaire à l'obtention de mon diplôme).

— Mais ne devrait-on pas, au moins, la soumettre à un interrogatoire ?

Bon, ça ne s'arrangeait pas.

— Oui, bien sûr, mais nous devons d'abord prouver que la mort de votre mari n'est pas accidentelle.

— Et ça va prendre encore combien de temps ?

Je coinçai mes cheveux derrière mes oreilles et m'adossai à mon fauteuil pour essayer de ne pas me laisser gagner par l'impatience de cette femme.

— En premier lieu, il faut que je fasse analyser l'échantillon de sang et ça nous aiderait si je parvenais à convaincre les deux autres familles de se joindre à notre action.

— Voulez-vous que je les appelle ?

— Je vous propose d'attendre de voir comment vont se passer mes entrevues avec elles. Juste pour ma gouverne, votre mari allait souvent prendre un café dehors ?

— Chaque matin, répondit Stacy avec une pointe de tristesse dans la voix. Ça faisait partie de son rituel.

Ben tiens, me dis-je intérieurement. Nombre de gens âgés tombaient dans un système d'habitudes. Ce genre de pathologie semblait prospérer au moment de la retraite. Surtout en Floride, temple des mardis à moins 10 %. J'enviais toutes ces têtes grises qui bénéficiaient de rabais supplémentaires une fois par semaine chez Dillards, même sur des articles déjà soldés. Ce n'était pas juste. La plupart d'entre eux possédaient suffisamment d'argent pour payer le prix fort. Bon sang, il faudrait que je songe à me procurer une perruque blanche et des chaussures orthopédiques et que je tente le coup un de ces jours.

— Finley, me hurla Stacy dans l'oreille.

— Excusez-moi, bredouillai-je. Pourriez-vous répéter s'il vous plaît ?

— J'ai *dit* que je n'avais jamais compris pourquoi il s'obstinait à aller chez Starbucks, alors qu'il pouvait avoir un excellent café à la maison. Une perte de temps et d'argent, si vous voulez mon avis.

En baissant les yeux vers ma corbeille à papier, je comptai pas moins de quatre tasses en carton portant le fameux logo vert. Je fis un rapide calcul. Arrgh, mon petit vice me coûtait quotidiennement la modique somme de vingt, voire trente dollars. À ce rythme, il allait falloir que je me fasse soigner. Ou que je trouve un second boulot. Au plus vite.

— Et donc, il y allait chaque jour, à la même heure ? demandai-je.

— Oh, vous auriez pu régler votre montre sur lui.

Stacy consacra la majeure partie des dix minutes suivantes à me questionner sur ce que j'allais demander aux autres veuves, avant de m'informer des détails de son vol de retour. À son crédit, je dois ajouter qu'elle se fendit également d'un « bon travail, Finley » avant de raccrocher. Cela signifiait-il qu'elle en avait fini avec ses « Mlle Tanner » ? On était copines alors ? Naaan, c'était juste un su-sucre. Mieux valait ne pas s'y habituer.

La confirmation du rituel matinal de Marcus constituait mon deuxième indice. Fait absolument exceptionnel, j'étais presque guillerette en créant un nouveau document sur mon ordinateur. Sans aucune imagination, je l'intitulai « Indices » et y enregistrai les renseignements que j'avais vérifiés.

Bon, il était temps de passer à autre chose. J'adorais truTV[1]. Pas la partie sur les procès, généralement soporifique, mais les émissions consacrées à la médecine légale, tout à fait différentes. J'aimais tout spécialement « Cadavres à conviction ». Dayle Hinman… Elle était intelligente, séduisante et capable de déchiffrer le pire du pire. C'était aussi une fille de chez nous – enfin, presque. Elle venait du nord de la Floride, un endroit qui, à mon avis, n'appartenait pas vraiment à cet État. Ils avaient un hiver, avec du gel et tout et tout.

Quoi qu'il en soit, sa voix résonnait dans mon crâne, me rappelant que les gens qui ont des habitudes constituent des cibles faciles. Quelle que fût la personne qui avait tué Marcus – la veuve Whitley, selon toute vraisemblance –,

1. *NdT.* Chaîne de télé-réalité consacrée à la couverture médiatique de procès pour meurtre et autres sujets liés à l'univers du crime.

celle-ci avait dû le suivre (il est vrai que je n'avais toujours aucune preuve qu'il ait été assassiné, mais on ferait avec). L'assassin avait dû observer sa routine et élaborer son plan.

Un sacré bon plan, d'ailleurs : filature jusqu'au Starbucks, mascarade pour renverser son café, substitution par une autre tasse contenant… contenant quoi, au juste ? Avec un peu de chance, l'analyse de sang répondrait à cette question. Je n'étais pas exactement une encyclopédie des poisons.

La patience n'était pas non plus mon fort. D'ailleurs, en y réfléchissant, j'avais pas mal de lacunes dans la catégorie des verbes du premier groupe : patienter, marcher, travailler… Mais récemment, j'avais notablement amélioré la partie travail. C'était moi qui avais remarqué le détail de la tasse dans la cassette vidéo. Pas trop minable, si l'on tenait compte du fait qu'il s'agissait de ma première enquête. Et pourquoi pas fêter cet événement avec un autre *caffe latte*, tiens ?

Liv m'appela au moment où je m'apprêtais à quitter le cabinet. Elle proposait d'organiser une réunion copines de dernière minute dans le quartier de Delray. Becky et Jane avaient déjà accepté et je me ralliai à cette idée sans me faire prier. En cette fin de journée spécialement active, mon tout nouveau zèle professionnel commençait à s'effriter. Une soirée entre filles : voilà exactement ce qu'il me fallait.

Nous convînmes de nous retrouver vers 19 heures dans notre librairie préférée, Meurtre sur la plage. Cette boutique était géniale avec ses larges fauteuils confortables et ses employés hors pair. La propriétaire, Joanne, organisait toutes sortes d'événements, des groupes de lecture et des soirées à thème désopilantes. Liv travaillait avec elle à un weed-end suspense, ce qui signifiait que moi et mes copines, nous aurions le plaisir de déjeuner au Boston's, l'un de mes restaurants favoris.

Mais avant de décompresser, il fallait que je retrouve Ricardo à l'appartement de ma mère. Ce que je fis, en prenant soin d'utiliser les photos que j'avais stockées sur mon portable, afin de m'assurer que chacun des nouveaux plants que ce voleur me vendait pour un prix tout à fait obscène, serait placé au bon endroit. À défaut, ma mère ne manquerait pas de me le faire savoir lors du Brunch Dominical Obligatoire.

Ma mère insistait pour que nous partagions un tel moment chaque fois qu'elle rentrait de voyage. Il ne s'agissait pas tant de partage que d'un débriefing circonstancié et humiliant. J'aurais une fois de plus droit au récit détaillé de ses exploits exotiques, lesquels précéderaient nécessairement des considérations plus générales sur différents thèmes : « Finley, tu n'exploites pas la moitié de ton potentiel », « Finley, comment se fait-il que Patrick ne t'ait toujours pas demandée en mariage ? », « Finley, pourquoi n'es-tu pas comme ta sœur ? »... Rien que d'y penser, j'en avais la nausée.

Je retournai ensuite chez moi et fis l'inspection de mes armoires, en arrêtant finalement mon choix sur un corsaire rose pâle et un polo en lainage gris anthracite de chez Marc Jacobs. D'ordinaire, ce n'était pas ma couleur de prédilection, mais, grâce à un léger – et facilement réparable – défaut sur la couture du tricot ajouré, j'avais pu l'obtenir pour un prix dérisoire. Enfin, dérisoire pour du Marc Jacobs. (À ce jour, je bavais encore sur une paire de chaussures de sa dernière collection printemps-été, mais il faudrait que je rembourse une partie de mes factures, avant de pouvoir ne serait-ce qu'envisager cette folie.) Je complétai ma tenue par une ceinture incrustée de pierres et des sandales de corde de chez Rack Room.

Quand j'eus retransféré le contenu de mon sac dans mon cabas Chanel rose, je m'aperçus que le voyant de ma messagerie téléphonique clignotait. Un coup d'œil à la pendule installée au-dessus du micro-ondes me révéla qu'il me restait quelques minutes pour la consulter. J'empoignai donc le combiné et entrai mon mot de passe.

Deux messages de mon voisin, Sam Carter. Dans le premier, il me demandait de le rappeler parce qu'il avait quelque chose d'important à me dire. Sachant que sa propre définition du terme « important » était à des années-lumière de la mienne, je ne pouvais que tenter de deviner ce qui l'agitait ainsi, mais je craignais que ça n'ait trait à mon appartement. Plus spécifiquement, à ma décoration – ou sa criante absence. Chaque fois qu'il pénétrait chez moi, il poussait les hauts cris. Il serinait que mon canapé en faux cuir était une abomination et prétendait que sa seule vue lui filait de l'urticaire.

Mais pourquoi les homos faisaient-ils de si bons amis ? La réponse me vint instantanément : contrairement aux hétéros, ils écoutaient. Je pouvais (et je ne m'en étais pas privée) confier à Sam nombre de mes secrets, pleurer sur son épaule et me blottir contre lui dans un solide abri, lors d'un ouragan.

Dans son second message, le sujet « important » était devenu « urgent ». Je notai mentalement qu'il faudrait que je le rappelle. Nous étions très proches et je l'aimais énormément.

Ensuite, la messagerie avait enregistré le bruit de trois appels écourtés (le correspondant ayant raccroché sans parler). Je fis défiler la liste des appels reçus et m'aperçus que les numéros étaient en mode secret. Je vouai silencieusement tous les télémarketeurs de la terre aux gémonies.

Il ne fallait pas plus d'une demi-heure pour aller de chez moi à Delray, *si*, toutefois, vous empruntiez la nationale I-95, ce que je ne fis pas. La rocade m'obligeait à un détour, mais elle était beaucoup plus agréable car elle m'évitait les ralentissements dus aux inévitables travaux routiers, tout en m'autorisant une vitesse moyenne de cent vingt kilomètres à l'heure, sans risque d'amende. En outre, il existait un Starbucks dans le centre commercial de West Palm Beach. Cet unique élément amortissait le prix du péage.

Bien que le soleil se fût couché, il faisait encore suffisamment chaud pour que j'ouvre le toit de ma voiture. J'avais à dessein laissé mes cheveux détachés. Le restaurant Boston's se situait juste en face de la plage. Dans ces conditions, mes mèches un peu folles seraient bien plus pratiques qu'une coiffure sage et lissée qui risquait de ne pas résister à l'air salin.

Je pris la sortie d'Atlantic Avenue et mis le cap à l'est. J'avalais les dernières gouttes de mon Frappuccino à la vanille quand je vis, un peu plus loin devant moi, des lumières rouges clignotantes. J'avais décidément un très mauvais karma ferroviaire. Les barrières rouge et blanc qui encadraient la voie de chemin de fer s'abaissèrent juste au moment où j'atteignais le passage à niveau. En bonne Floridienne, je mis ma voiture au point mort, bien obligée d'attendre que ce fichu train passe. Et, comme tous les autres locaux, je comptai un à un les wagons pour passer le temps.

Cent six wagons taggés plus loin, le signal sonore et lumineux s'arrêta et la barrière se leva.

— C'est pas trop tôt, murmurai-je entre mes dents, en enclenchant une vitesse.

J'arrivai à la librairie dix minutes plus tard. Pas si mal. Becky et Jane s'étaient installées dans l'espace de lecture de Meurtre sur la plage. Liv était encore dans le fond de la boutique en train de parler avec la propriétaire. Comme je venais assez souvent, celle-ci me fit un petit signe en m'apercevant.

Je m'assis dans le fauteuil voisin de Jane. Nous échangeâmes les salutations d'usage, puis mon amie me dit :

— Liv doit encore finir un truc. Je meurs de faim.

— Moi aussi.

Je n'avais rien mangé de toute la journée, hormis quelques M&M's. Un régime assez peu exceptionnel dans mon cas.

Becky feuilletait un exemplaire dédicacé du dernier roman d'Edna Buchanan.

— Je vais aussi prendre celui-ci, décida-t-elle, en l'ajoutant au petit tas de livres empilés sur la table basse devant elle.

Je continuai à discuter avec Jane tandis que Becky allait payer ses achats et que Liv finalisait les détails du week-end suspense. Dix minutes plus tard, nous marchions sur Pineapple Grove Way. Il fallait attribuer l'idée de cette balade à Jane. Pour ma part, j'aurais volontiers utilisé les services du voiturier, mais j'avais été mise en minorité. À l'exception de Liv, nous avions toutes des boulots plutôt sédentaires. Par conséquent, ce petit exercice n'était sans doute pas une mauvaise chose, même effectué à contrecœur.

La soirée était chaude et nous acceptâmes de prendre une table en terrasse, à l'étage. Je salivai en humant une odeur de petits pains chauds. Suivant Liv, nous traversâmes le rez-de-chaussée bondé. J'en profitai pour reluquer l'assiette des clients déjà attablés. Le mahimahi sur son lit de risoni au safran, accompagné de petits légumes à la vapeur obtint la palme. Et quand nous nous installâmes à notre table, j'avais déjà plus ou moins fait mon choix.

Pour des raisons pratiques, les sièges étaient en teck. La table, quant à elle, était en mosaïque de couleurs vives, avec un motif floral, et bénéficiait de la lueur d'un chandelier à trois branches. Une légère brise soufflait de l'océan et je percevais le clapotis délicat des vagues et le bruissement des palmiers. L'endroit était parfaitement apaisant et le devint encore un peu plus lorsque le serveur arriva avec mon Cosmo. Oui, je sais, ça manquait d'imagination mais, pour ma défense, l'arrière-goût de citron vert me permettait de nettoyer mon palais avant un bon repas. La version alcoolisée d'un électrochoc pour papilles.

Liv sirotait un verre de vin tout en consultant le menu. Défiant les lois de la nature, sa chevelure châtain clair avait conservé tout son volume, comme immunisée contre l'air salin. Encore un nouveau sujet d'envie.

Évidemment, Jane, adepte de vie saine, avait commandé une eau minérale avec un zeste de citron. Il était rarissime qu'elle s'offre un cocktail, principalement parce qu'elle avait suffisamment de volonté pour résister à la tentation de calories superflues, mais aussi parce qu'elle prétendait que l'alcool lui faisait perdre toute son énergie, durant ses séances de gym matinales. Et moi ? J'avais arrêté la gym. Mais, une fois encore, je n'avais pas besoin de raisons majeures pour éviter les salles de sport.

Comme moi, Becky avait pris un cocktail, un Martini vert fluo. Elle n'avait pas ouvert son menu et se concentrait pour l'heure sur la cerise qui oscillait au fond de son verre et qu'elle essayait de piquer avec un cure-dent. Apparemment, elle avait quitté le cabinet assez tard, puisqu'elle portait encore les mêmes blouse taupe et jupe rouille qu'au bureau. Je l'aimais bien en rousse. Ça allait parfaitement à son teint et à sa personnalité.

— Jean-Claude et moi avons un nouveau client, annonça Liv en reposant son menu, avant de passer un ongle magnifiquement manucuré le long du pied de son verre.

— Formidable ! s'enthousiasma Jane. Raconte !

Liv tourna son regard violet vers Becky.

— Rendez-vous Fantasmatiques.

— On dirait une agence d'hôtesses coquines, remarqua Becky.

— Il s'agit plutôt d'une agence de rencontres, la corrigea Liv. Une agence de luxe, bien entendu. Et j'envisage de t'y inscrire.

Becky ne chercha même pas à réprimer le grognement qui monta de sa gorge.

— Si tu fais ça, je te tue. Lentement.

— Allons Becky, c'est exactement ce qu'il te faut. C'est un peu comme un service de mise en relation, mais avec un niveau de revenus minimum obligatoire. Tous les mecs sont des cadres triés sur le volet. La société qui gère ça effectue toutes les recherches nécessaires sur leurs antécédents, leur patrimoine, etc.

— Des abrutis bourrés aux as ? railla Becky. Non merci. D'ailleurs, si c'est aussi génial que ça, pourquoi ne renvoies-tu pas le petit garagiste dans ses foyers pour… Mais non, suis-je bête, il n'a pas de foyer. Il va falloir que tu le renvoies chez sa môman, poursuivit-elle en soupirant théâtralement.

Excuse-moi, mais ça ne génère pas le même enthousiasme chez moi.

Jane et moi échangeâmes un regard amusé.

— Et toi aussi Jane, ajouta Liv. Ça va être super. Dès qu'une femme choisit un homme, j'entre en jeu et je m'occupe des détails. Uniquement les meilleurs restaurants, des places de théâtre, n'importe quoi. Choisissez un type, formulez vos vœux les plus fous et je les transforme en réalité.

— Ces mecs sont forcément de sacrés loosers, intervint Becky. Je présume qu'ils doivent zozoter, loucher, avoir les pieds palmés, ou un truc dans le genre. S'ils étaient normaux, ils ne seraient pas obligés de payer pour un rendez-vous galant.

— Combien ça coûte ? demanda Jane, ce qui lui valut un coup de coude de la part de Becky. Ben quoi ? Je suis curieuse.

— Non, tu es désespérée, répliqua Becky.

Ignorant le mépris affiché par son amie, Liv expliqua :

— L'homme paye une inscription annuelle de cinq mille dollars auquel il faut ajouter le coût des rendez-vous.

— Ouch, ponctuai-je avec une grimace. Il faut avoir les aptitudes relationnelles d'un hareng saur pour accepter de payer autant pour une rencontre.

— *Six mois* de mises en relation, la corrigea Liv. C'est une idée géniale ! Bon, bien entendu, les femmes doivent répondre à, disons, certains standards physiques.

— Ah bah, maintenant, ça ressemble *vraiment* à un service d'hôtesses ! pouffa Becky.

— Les types retenus ne sont pas non plus des nabots, se défendit Liv. Les femmes doivent être raisonnablement séduisantes et avoir un travail. Les mecs beaux sortent avec des nanas belles. Tout le monde en sort gagnant.

— Ah c'est sûr, si ça ne te dérange pas de sortir avec un mec à six doigts ou un truc dans le genre.

— Mais où est passé ton sens de la romance ? lui demanda Liv.

— Je suis avocat. Nos âmes nous sont chirurgicalement ôtées au cours de la troisième année de fac de droit.

J'éclatai de rire :

— Il me semble que cette idée n'est pas si mauvaise.

— Merci, déclara Liv en levant son verre à ma santé. Je peux aussi t'inscrire, si tu veux.

— Bah, je présume que je ne suis pas sur le marché.

— Comment ça, tu « présumes » ? s'enquit Liv, les sourcils froncés.

— Quelque chose s'est passé avec Patrick, la nuit dernière ?

La question venait de Becky mais trois paires d'yeux me scrutaient.

Je haussai les épaules.

— On a dîné puis fait l'amour.

Liv se pencha vers moi, les deux mains autour de son verre.

— Et en quoi cela te conduit-il à « présumer » ?

Je leur fis un vague récit de nos retrouvailles.

— Mais il n'a pas appelé pour me dire au revoir. Il m'a fait porter des fleurs.

— Des vraies fleurs ? Ou le bouquet d'adieu d'Interflora ? demanda Jane.

— Des roses, répondis-je.

Becky roula des yeux.

— Des roses. Un type qui songe à te jeter envoie un truc moins fort sur l'échelle de Richter florale. Des œillets, par exemple. Patrick a beaucoup de qualités, au nombre desquelles la prévisibilité et la prévenance. Il ne serait pas du style à te laisser tomber sans avertissement.

— Elle a raison, renchérit Jane. Même si ça pourrait être une bonne chose.

— Changement de sujet ! annonçai-je en levant les mains devant moi.

Je n'avais surtout pas besoin qu'on me fasse la leçon sur les pour et les contre de ma relation avec Patrick. Même bien intentionnée. Sans doute ne me mettait-il pas en transe, mais c'était peut-être aussi bien ainsi. Il était parfaitement possible que nous ayons tout simplement atteint ce stade où la passion diminue au profit d'un échange affectueux et confortable.

Mais le nouveau sujet se révéla tout aussi déprimant, si ce n'est plus, que mon improbable statut amoureux. Mes copines se mirent à organiser leur week-end à la plage sans moi. Elles prévoyaient de s'alanguir dans de confortables chaises longues, tandis que je travaillerais et/ou bruncherais avec ma mère.

Je sauvai ce qui restait de ma bonne humeur en commandant une farandole de desserts.

*
* *

J'adorais le vendredi. Vers minuit, mon salaire serait directement versé sur mon compte bancaire. Par conséquent, au cours des six jours suivants, j'allais pouvoir faire chauffer ma carte de crédit, sans avoir à craindre que le Croquemitaine du Distributeur ne me la dévore. Une fois de plus. Ah oui, ce jour marquait par ailleurs le commencement officieux de mon week-end. Le vendredi, j'essayai en général de m'éclipser discrètement du bureau après le déjeuner, en déjouant savamment la surveillance vigilante de Margaret.

Mais aujourd'hui, ce serait différent. Très différent, en fait. J'avais des réunions avec les veuves des deux autres jurés décédés.

Martha Keller arriva à 11 heures précises. Cami la Stagiaire l'escorta jusqu'à mon bureau. Elle était apparemment devenue un élément incontournable de mon panorama, et un signal d'alarme se déclencha dans ma tête. Est-ce que je devenais paranoïaque ? Comme je ne pouvais en être certaine, je la remerciai avant de refermer la porte.

Martha Keller n'avait rien de remarquable. Sauf, peut-être, la profonde tristesse qui alourdissait son regard sombre. Elle était dans la moyenne : taille moyenne en hauteur et en largeur. Le genre de personne qui se fondait dans le paysage, sans déranger.

L'odeur du parfum Happy[1] de chez Clinique emplit mon bureau, formant un contraste saisissant avec le sentiment de perte insupportable qui émanait de la pauvre femme.

J'avais lu dans le dossier qu'elle avait une petite cinquantaine, bien qu'elle semblât plus jeune. Peut-être était-ce le fait d'avoir attaché ses longs cheveux en une queue-de-cheval décontractée ? Sa peau était presque sans défaut. Bon, si l'on oubliait les cernes sombres qui soulignaient ses yeux gonflés. À mon avis, elle avait dû pleurer au moins

1. *NdT.* Heureux, en anglais.

une fois par jour, durant les trois mois qui s'étaient écoulés depuis la mort de son mari. Mon cœur se serra. D'habitude, j'étais plutôt indifférente à ce genre de situations, mais quelque chose dans le chagrin palpable de Martha Keller me touchait.

Une fois qu'elle se fut installée dans son fauteuil, j'entamai le cérémonial habituel en lui proposant une boisson. Elle accepta un café, mais, quand je le lui eus servi, elle le laissa refroidir sur le bord de mon bureau.

— Votre appel m'a surprise, commença-t-elle timidement, sans lâcher le petit sac à main de cuir qu'elle tenait presque contre sa poitrine. Mon fils m'a dit que dans la mesure où mon mari et moi possédions tout conjointement, je n'avais pas besoin de recourir aux services d'un avocat spécialisé dans les successions.

— Je ne suis pas avocate, Mme Keller.

— Mais vous avez dit que vous vous occupiez d'héritages.

Il est vrai que j'étais restée un peu vague au téléphone, surtout parce que je voulais éviter de dire : « Bonjour, je suis Finley et j'ai bien l'impression que votre mari a été assassiné. » Ça n'aurait sans doute pas été une excellente approche.

— Notre cabinet représente les intérêts de Stacy Evans, dis-je, avant d'ajouter, voyant qu'elle ne réagissait pas : Je m'occupe de la succession de son époux.

— Et en quoi cela me concerne-t-il ? s'étonna-t-elle, les doigts toujours accrochés à la bandoulière de son sac. Je ne connais pas de Mme Evans.

— Son mari a siégé dans le jury du procès Hall, aux côtés de votre mari.

Elle cligna des paupières.

— Mais ça s'est passé il y a des années.

— Votre mari et M. Evans sont-ils restés en contact après le procès ?

— Grands dieux, non ! répondit-elle, tandis que ses frêles épaules se détendaient un peu. Pourquoi ?

— Simple vérification.

Elle me lança un regard suspicieux.

— Qu'essayez-vous de me cacher ?

— M. Evans est mort dans des circonstances, disons, curieuses. Un peu comme votre mari.

— Mon mari est mort d'une crise cardiaque.

— Mais il n'y a pas eu d'autopsie, n'est-ce pas ?

Son visage se tordit et elle avala sa salive péniblement.

— Bien sûr que non. Les médecins n'en ont pas vu l'utilité et, pour être franche, je trouve l'idée d'une autopsie plutôt révulsante.

Alors j'imagine que vous n'allez pas vouloir que je déterre les restes de votre époux.

— Oui, madame, je comprends parfaitement. Savez-vous si votre mari a subi une prise de sang ou si on lui a fait des analyses quelconques ?

— Mais où voulez-vous en venir exactement ? demanda-t-elle.

Sa question était assortie d'un regard accusateur et elle s'agitait nerveusement, croisant et décroisant les jambes.

— Avez-vous connaissance du fait qu'outre votre mari et M. Evans, une troisième personne ayant appartenu au jury du procès Hall a également trouvé la mort, au cours des trois derniers mois ?

Ses yeux s'embuèrent de larmes.

— Oh, mon Dieu. J'ai dit à mon fils que quelque chose ne tournait pas rond quand je l'ai découvert.

Découvert *quoi* ?

Martha Keller s'était mise à pleurer en silence.

— Il ne cesse de me dire que je suis dans le déni de sa mort parce que Graham est parti trop subitement, hoqueta-t-elle en portant un mouchoir en papier à ses yeux. Mon mari était très nerveux durant les semaines qui ont précédé sa mort. J'ai cru… (Elle fit une pause pour prendre un nouveau mouchoir et se moucher.) J'ai cru que c'était lié à son travail. Il était distrait et distant, mais jamais je n'aurais pu penser que ça causerait sa mort. Je veux dire, je sais bien que le stress peut provoquer des crises cardiaques, mais Graham prenait si grand soin de lui-même. Je n'aurais jamais imaginé qu'il puisse mourir. Je vous le jure, je n'en savais rien.

Incapable de me contenir plus longtemps, je lui demandai :

— Qu'avez-vous découvert ?

Elle renifla.

— Tout cet argent.

8.

La vie consiste à découvrir ce qui vous importe, puis à le faire délibérément.

— Et de quel genre de somme parlons-nous ? demandai-je.

— Pardon ?

— Combien d'argent ? Où l'avez-vous trouvé ?

— Dans le coffre-fort de notre domicile, répondit Mme Keller. Après la mort de Graham, mon fils m'a demandé de réunir tous les papiers importants. Quand mon mari et moi avons fait construire la maison, nous avions fait installer un coffre-fort résistant au feu dans l'armoire de la chambre principale.

Allez, dis-m'en plus sur ce pognon !

— Nous voulions y placer l'acte de propriété de la maison, nos testaments, nos titres en Bourse, ce genre de choses.

L'argent, concentre-toi sur l'argent.

— J'y conserve aussi mes bijoux de valeur. Des pièces qui me viennent de ma famille, la broche que m'a donnée la grand-mère de Graham le jour de notre mariage.

Je m'enfonçai dans mon fauteuil, inquiète de devoir écouter l'histoire sans fin de la vie et de l'œuvre de

Graham et Martha Keller, ainsi que l'origine de chacun des bijoux de « valeur » qu'elle possédait. Je n'osais cependant pas l'interrompre. Avant qu'elle ne se décide à répondre à ma question, je n'avais d'autre choix que de la laisser radoter. Elle était d'ailleurs tout à fait douée pour ce genre d'exercice, notai-je en jetant un coup d'œil à la pendule de mon ordinateur.

Une demi-heure plus tard, je savais, entre autres, que pas moins de deux cent vingt-cinq convives avaient assisté à leur mariage. Elle sourit en me confiant que Graham Junior était né neuf mois après ce jour mémorable. Ensuite, elle passa fièrement en revue tous les succès professionnels de son mari (elle-même avait choisi de ne pas travailler pour rester auprès de mini-Graham).

La Bank of South Florida avait engagé Graham Senior en qualité de guichetier. À l'issue d'une série de promotions méritées, il avait fini vice-président de la division banque privée de l'établissement.

— En quoi cela consiste-t-il au juste ? demandai-je, connaissant mal ce milieu.

— La banque privée est réservée, disons, aux clients importants.

Je doutais, vu son volume, que mon pauvre compte bancaire réponde à ce critère. Je n'avais jamais réussi à arracher à ces rapaces une réduction du taux d'intérêt exorbitant qu'ils prélevaient sur ma carte de crédit.

Elle poursuivit.

— Son bureau était situé à West Palm Beach, juste au-dessus du pont, à l'intersection de Flagler et d'Okeechobee.

Je connaissais bien ce quartier. Il s'étendait tout près du chenal Intracoastal et bénéficiait d'une vue magnifique sur

Palm Beach, ainsi que d'un accès facile au pont séparant ceux-qui-avaient-tout de ceux-qui-avaient-beaucoup. Plusieurs résidences de luxe se partageaient la zone, avec quelques immeubles de bureau du meilleur goût (dont voiturier) et l'hôpital St Mary. Nombre de médecins renommés et hors de prix du comté de Palm Beach exerçaient dans les premiers étages des immeubles locatifs. Ils s'étaient même regroupés pour pouvoir offrir à leur clientèle un service d'accueil médical collectif. Pour la modique somme d'environ deux mille dollars, leurs abonnés n'avaient jamais besoin d'attendre un rendez-vous, le tour des petites gens se voyant le cas échéant reporté, voire tout bonnement annulé à cet effet. Pour mille dollars de plus, vous pouviez même profiter de visites à domicile. Le capitalisme est une magnifique chose, encore que quelque peu inéquitable.

Je réfléchis un instant avant de demander :

— Je ne me souviens pas d'avoir remarqué une agence BSF à cet endroit.

— C'est normal. C'est exactement l'objectif de la banque privée. Ça ne serait plus très privé s'il y avait un panneau mentionnant son nom, un distributeur de billets et un guichet, non ?

— Je présume que non, dis-je en souriant. Que faisait précisément votre mari ?

— Son département gérait le portefeuille de titres de grandes sociétés et de particuliers fortunés.

— Gérait ?

Elle haussa les épaules.

— Vous savez, tout ça me passait un peu au-dessus de la tête, mais je sais qu'il effectuait des placements et qu'il était en quelque sorte le gérant de certains fonds dont la plupart bénéficiaient à la jeunesse dorée qui habite de l'autre côté du pont.

— Il s'occupait donc de fortunes personnelles ?

— Bien sûr, répondit Mme Graham qui fronça les sourcils, réalisant enfin combien nous nous étions éloignées de notre sujet de départ. Mais pourquoi me posez-vous ces questions ? En quoi tout cela peut-il avoir un lien avec son infarctus ?

*Je n'ai aucune certitude, mais il me semble qu'un coffre-fort plein de liquide est un peu suspect. L'argent et le crime vont souvent de pair, du moins, c'est le cas dans les épisodes d'*Arabesque.

— Comme je vous l'ai dit (*il y a des plombes de cela*), ma cliente, Mme Evans, craint que la mort son mari n'ait pas été accidentelle. Ma mission consiste à prouver ou infirmer la justesse de ses soupçons. Tout ce que je sais, à ce stade, c'est que trois jurés ayant participé au procès Hall sont morts au cours des trois derniers mois. J'espère donc que vous me donnerez la permission de vérifier si votre mari a pu faire l'objet de prélèvements sanguins à l'hôpital, durant la nuit où il a trouvé la mort.

Puis, ouvrant mon tiroir de bureau, j'en retirai trois exemplaires d'un formulaire de décharge couvrant à peu près tout et n'importe quoi.

— Si vous voulez bien signer ce document, je m'occuperai de tout le reste.

Elle observa le papier d'un air suspicieux, tandis que je le faisais glisser vers elle.

— Mais que pourront vous apprendre ces échantillons de sang ? Il a eu une crise cardiaque. Tous les secouristes ainsi que trois docteurs l'ont confirmé.

— Vous savez, c'est juste une vérification de routine.

— Pas de mon point de vue.

Parfois, la meilleure tactique consiste à faire croire à votre interlocuteur qu'il a raison.

— Je sais que cette démarche est intrusive et déplaisante. Je ne vous en aurais même pas parlé si, eh bien, si je n'avais le sentiment que Mme Evans refusera d'accepter la mort de son mari tant qu'elle ne sera pas absolument certaine que son accident d'auto n'a rien de suspect.

Martha Keller se détendit visiblement et prit un stylo sur mon bureau.

— Je lui souhaite bonne chance, soupira-t-elle en apposant sa signature au bas de chaque page, sans même en prendre connaissance. Accident ou pas, ça ne change rien à la situation. Tous les matins, quand je me lève, je continue à regarder la place vide en face de moi, à la table du petit déjeuner.

Elle me tendit les documents et son expression se transforma subitement. Un sentiment d'incertitude et de crainte assombrit son regard.

Je craignais qu'elle ne change d'avis et ne me reprenne les décharges qu'elle m'avait signées, les déchire et en jette les morceaux dans ma poubelle. Dans cette hypothèse, je retournai à la case départ.

— J'apprécie beaucoup votre coopération, l'assurai-je. Je suis également certaine que Mme Evans vous en sera très reconnaissante.

— Et pour l'argent ? s'enquit-elle d'une voix hésitante. Mon fils m'a dit de n'en souffler mot à personne.

Eh bien, dites à Junior que l'obus est déjà lancé. En supposant que je puisse prouver le meurtre, il faudrait bien que quelqu'un rende des comptes à propos du magot secret de son mari. Or, cette petite caisse noire pouvait fort bien constituer le mobile de son assassinat.

— Je ne m'intéresse pas à la situation financière de feu votre époux. *Pas encore.*

Mme Keller jaillit quasiment de son siège.

— Mon fils avait raison. Je vais lui parler et je reviendrai vers vous à propos du dossier conservé par l'hôpital.

Elle quitta précipitamment mon bureau et je ne la raccompagnai pas. Ce n'était pas nécessaire : Martha Keller avait laissé les décharges dûment signées sur mon bureau. Je jetai un coup d'œil à ma montre de chez Liz Claiborne (celle avec le bracelet rose vif et le cadran rectangulaire) et constatai qu'il me restait tout le temps voulu pour faire ce que j'avais à faire, avant que la veuve Keller ne puisse m'arrêter dans mon élan.

— Et voilà, grand retour de la bête de somme, grognai-je en pénétrant dans l'ascenseur.

Mon porte-documents était plein à craquer, à cause, principalement, de la comptabilité du dossier D'Auria. Dans l'une des poches latérales, j'avais par ailleurs glissé les papiers dont j'aurais besoin pour mes autres missions. J'avais déjà enregistré dans mon Palm Pilot les indications nécessaires pour me rendre au domicile de Rosita Vasquez. Je n'allais pas chômer cet après-midi.

En plus, il faisait particulièrement chaud. Je fis un détour par le distributeur de boissons pour m'offrir un Diet Coke. Il faudrait bien que ce dérivé de caféine fasse l'affaire jusqu'à ce que je trouve un vendeur de café sur mon chemin.

Mon *timing* s'avéra plus que parfait. Une jeune femme brune était assise à la place de Margaret. Elle était censée prendre les appels pendant la pause déjeuner de la réceptionniste. Je lui décochai un sourire en ressentant une pointe de culpabilité parce que j'avais évidemment oublié son nom.

— Finley, j'ai besoin…

— Une seconde, lui lançai-je par-dessus mon épaule, en lui montrant mon sac et la bandoulière de mon porte-documents en guise de preuves. Je prends juste une boisson.

Ignorant son « mais… », je fis passer le poids de mon sac sur ma hanche et m'engouffrai dans l'alcôve où se trouvaient les distributeurs de boissons et l'entrée de la salle réservée aux employés.

Comme de bien entendu, la machine commença par rejeter mes billets, sans doute pas assez neufs. Dans un geste d'irritation, je déposai mes affaires par terre et fouillai dans mon porte-monnaie pour tâcher d'y dénicher deux billets en parfait état, avec autant de soin que celui que je consacrais au choix d'un bon vin. C'était tout de même beaucoup de boulot pour un malheureux soda. Mais le distributeur consentit à recevoir mon offrande et c'était l'essentiel.

Tandis que la bouteille en plastique s'acheminait vers le tiroir inférieur de la machine, je captai quelques bribes de conversation provenant de la salle des employés. Je reconnus aussitôt la voix de Margaret, avec son intonation au moins aussi autoritaire que celle que Dieu avait dû employer à l'intention de Moïse. J'empochai mon Coca et je m'apprêtais à décamper lorsque j'entendis que l'on prononçait mon nom.

Bon, ce n'était pas tout à fait mon nom.

— Fat[1] va se faire virer, déclarait Margaret à quelqu'un.

---

1. *NdT.* Initiales de Finley Anderson Tanner, *cf.* note p. 12.

Comme je ne pouvais apercevoir l'intérieur de la salle, je ne pus identifier la ou les personnes qui bénéficiaient d'une telle confidence. En revanche, je percevais très bien la colère, teintée d'un soupçon d'angoisse, qui s'était insinuée en moi. Virée ?!

Pour la première fois depuis que j'avais été embauchée, je travaillais. Pas du remplissage en regardant ma pendule jusqu'à 17 heures, non, un véritable investissement professionnel, dévoué et sincère, dans mon dossier.

Un fait presque aussi déplaisant que celui de savoir que Margaret et sa clique parlaient de moi durant leur déjeuner sur le pouce. Quand donc m'étais-je inscrite au concours de l'employé du mois ?

— … M. Dane ne la licencierait pas, remarqua l'une des autres femmes présentes dans la salle. Fat a été personnellement embauchée par M. Zarnowski.

— Dont le nom ne figure plus sur le papier à en-tête qu'à titre honoraire, répliqua Margaret d'un ton sans appel. Il a plus de 80 ans, maintenant. L'intégralité de la gestion de ce cabinet repose désormais sur M. Dane et Mlle Lieberman. Or, ils n'apprécient pas vraiment le manque de discipline dont fait preuve Fat. Je connais ce genre de filles, poursuivit Margaret. Elle s'estime au-dessus des règles. Elle ne fait que ce qu'elle veut et quand elle le veut. C'est pour cette raison que M. Dane m'a demandé de noter tous ses appels et ses rendez-vous.

Quoi ?! Je réprimai l'envie que j'avais de faire irruption dans la salle pour dire à Margaret et ses gnomes ce que je pensais d'elles. Cela m'aurait procuré une satisfaction immédiate, mais, à long terme, ça risquait de m'exploser à la figure.

Il fallait que je prenne des contre-mesures. Licenciée, mince ! Je ne pouvais pas me le permettre. J'étais à peu près certaine que Dillards n'accepterait pas la promesse de mon futur héritier mâle en guise de paiement. De même que les émetteurs des cinq autres cartes de crédit que j'avais utilisées jusqu'à leur limite. Si je me faisais virer, comment parviendrais-je à vivre en respectant le ridicule plafond de mille dollars que m'imposait ma nouvelle carte Visa, en attendant de trouver un autre job ? Merde.

Réfléchis, réfléchis, réfléchis. Je pris deux profondes inspirations avant d'expirer lentement. Elle notait mes appels et mes rendez-vous ? J'analysai cette donnée avec une irritation croissante et un salutaire mépris. Durant toutes ces années chez Dane-Lieberman, personne n'avait jamais osé ne serait-ce que s'interroger sur mes allées et venues. Alors pourquoi maintenant ? À un moment où j'accomplissais véritablement mon travail ? Enfin, bon, une partie de celui-ci. Je ne m'étais autorisé que deux escapades personnelles, cette semaine – un déjeuner avec les filles et une rapide excursion shopping – que j'avais largement compensées en arrivant au cabinet aux aurores et en travaillant durant ma pause déjeuner. À deux reprises.

Quand je revins dans le hall d'accueil avec ma bouteille de soda à la main, la réceptionniste adjointe m'attendait.

— C'est à quel sujet ?

Elle fit glisser un bloc de papier sur le meuble de réception, en ayant la décence d'adopter un visage embarrassé.

— Il faudrait que vous signiez ceci à chaque sortie du cabinet et à chaque retour. Une sorte de nouveau règlement.

C'est ça, ouais, le Règlement Anti-Finley.

Le formulaire était divisé en quatre colonnes : nom de l'employé, heure de départ, heure d'arrivée, motifs du rendez-vous extérieur. Je vis que deux personnes l'avaient déjà complété avant moi. Bon, ça n'était pas idiot. Si les associés m'avaient réservé un traitement particulier, ils se seraient exposés à une plainte pour harcèlement et/ou un procès pour licenciement abusif. Pas cons, ces abrutis.

Je déposai mon porte-documents au sol et sortis un stylo de mon sac. J'apposai ensuite ma plus belle signature et complétai le formulaire. Dans le brouillard de fureur qui m'entourait, je perçus un effluve de citron, cèdre, musc et pin… Basile. Je connaissais ce parfum masculin parce que j'en avais offert un flacon à Patrick pour son dernier anniversaire.

Mais cette odeur fut rapidement couverte par une puissante brise de Bal à Versailles. Pas mon préféré. C'était le parfum de ma mère et le plus ténu de ses relents pouvait emplir mon cœur d'un profond sentiment d'échec.

Je fis glisser le bloc de formulaires sur la gauche afin de permettre au couple qui se tenait derrière moi de s'adresser à la réceptionniste. Dans la colonne « Motifs du rendez-vous », j'écrivis « Succession D'Auria et réunion Evans ». Certes, en pratique, je n'avais pas rendez-vous avec Stacy Evans, mais plutôt Rosita Vasquez. Je justifiai néanmoins le choix de mes termes par la maladresse avec laquelle ce document avait été conçu. Il ne permettait pas une description détaillée et mon explication me parut, dans ces conditions, tout à fait acceptable.

Je venais de prendre le bloc pour le déposer sur le bureau de la réceptionniste, lorsque l'homme situé à ma droite annonça :

— Docteur Hall et madame pour Victor Dane.

Les formulaires m'échappèrent et tombèrent à terre en claquant sur le sol impeccable. Le bruit résonna à travers la réception, pendant que je tournai prestement la tête pour profiter de ma première rencontre avec le fameux docteur.

Kent Hall ne ressemblait en rien à ce que j'avais imaginé. Le médiocre cliché en noir et blanc qui avait fait la une des journaux ne lui rendait pas justice. Il n'était pas grand, pas plus d'un mètre soixante-dix. Pas bon ça : les hommes de cette taille avaient en général des personnalités détestables et des tendances dictatoriales. Ça remontait à Napoléon. Ils compensaient leur frêle stature par un ego surdimensionné.

Vraiment dommage parce que Hall était sacrément bel homme pour un petit modèle. Il possédait des yeux marron clair plutôt doux et des cheveux gris (bien que, d'après mes recherches, il ne fût âgé que de 49 ans). Avec quelques centimètres de plus, il aurait eu l'air distingué. Surtout dans cette chemise grise sur mesure qu'il avait ornée d'une cravate en soie à rayures mauves et grises de chez Hermès. Son pantalon était d'un gris plus sombre, presque bleu ardoise. Il avait plié sa veste sur son avant-bras, la température extérieure ayant déjà dépassé les vingt-sept degrés à la mi-journée.

La femme à ses côtés me surprit également. J'aurais imaginé que Hall était du genre à s'offrir une femme-trophée, comme celles que l'on voyait fréquemment à Palm Beach. Mais non, ce n'était pas une blonde tout en jambes, ayant vingt ans de moins que lui.

Ils se tenaient la main et ce n'était pas évident compte tenu de la taille du caillou qui ornait l'annulaire gauche de la dame. Je devinai qu'il devait faire dans les quatre-vingts carats – un peu trop gros pour une personne dotée de si petites mains. Meredith Hall était en effet une miniature, surmontée d'une chevelure châtain clair élégamment coiffée et expertement éclairée par des mèches. Sa coupe flattait la forme de son visage en cœur. Elle était également fort bien maquillée.

D'après mon expérience, plus une femme avait de l'argent, plus son crayon à lèvres était foncé. Les super-méga-riches assortissaient généralement un crayon chocolat avec un rouge sang. Mais Meredith se démarquait de cette tendance. Elle était aussi impeccable qu'un mannequin.

— Superbe montre, remarquai-je.

Elle avait la Rolex Jubilé avec le pourtour en diamants et je fis tout ce qui était en mon pouvoir pour ne pas baver.

— Merci, répondit-elle avec gentillesse, tandis qu'un bruit de sandales claquant sur le sol détournait mon attention du couple pour s'attarder sur la jeune femme qui venait de les rejoindre.

C'est la fille, décidai-je. Elle avait les mêmes yeux marron clair que Hall et la frêle silhouette de Meredith.

— Zoe, tu as pensé à verrouiller la voiture ? lui demanda Meredith d'un ton docte tout à fait maternel.

— Bien sûr.

Pas de « ouais » ni de « Hm hm ». Cette fille était bien élevée et courtoise. Sans doute une exigence de son école dont je reconnus l'uniforme à sa jupe en tissu écossais bleu et l'emblème brodé sur la poche de poitrine de sa chemise blanche immaculée : la Friends' Academy de West Palm Beach. Une année dans ce prestigieux lycée coûtait plus que les quatre années que j'avais passées dans le mien.

Le docteur Hall ramassa le bloc que j'avais laissé tomber et me le tendit avec un sourire affable.

— Voilà, mademoiselle… ?

Nos regards se croisèrent l'espace d'une seconde.

— Tanner. Finley Tanner. Je vous remercie docteur.

La réceptionniste nous interrompit.

— M. Dane est prêt à vous recevoir, annonça-t-elle, avant de tendre la main en direction des ascenseurs. Son bureau se trouve…

— Nous connaissons le chemin, dit le docteur Hall. Je vous remercie.

Il posa une main sur les reins de sa femme, l'autre s'immobilisant au niveau des omoplates de sa fille, pour les guider à travers le hall d'accueil.

J'attendis que les portes de la cabine se soient refermées sur eux pour rassembler mes affaires.

— Je reviens dès que possible, mentis-je.

Je n'avais toujours pas décoléré de devoir pointer pour quitter le bâtiment. Je décidai de prendre ma voiture pour aller jusqu'au tribunal pour deux raisons : d'abord parce que cela m'éviterait de devoir revenir au cabinet pour y prendre mon véhicule, après avoir déposé au greffe la comptabilité de ma succession ; ensuite, parce que j'avais le pressentiment que Margaret surveillerait mes allées et venues.

Il faut reconnaître que ma paranoïa n'était pas tout à fait infondée.

— Noter mes appels, grommelai-je en m'installant derrière le volant. Tiens, note donc ça ! ironisai-je en sortant mon téléphone portable de mon sac avant de composer différents numéros.

Je laissai un message à Liv, Becky, Jane et Stacy Evans, leur demandant de m'appeler sur mon portable jusqu'à nouvel ordre.

Il fallut que j'attende d'être garée devant le tribunal avant de retrouver le numéro de Liam. Après l'avoir enregistré dans la mémoire de mon téléphone, j'appuyai sur la touche d'appel et attendis que sa messagerie me réponde.

— McGarrity.

Ces quatre syllabes suscitèrent un frisson immédiat qui parcourut mes veines et je me sentis aussitôt coupable. *J'ai un petit ami. J'ai un petit ami. Il couche avec son ex-femme.* Équilibre restauré.

— McGarrity à l'appareil, insista-t-il avec une pointe d'irritation dans la voix.

— Bonjour, c'est Finley Tanner.

— Oui ?

Manifestement, lui n'avait pas suivi les cours de la Friends' Academy.

— D'abord, je voulais vous dire qu'il faudra m'appeler sur mon portable à partir de maintenant, d'accord ?

— Pourquoi pas. Quel est votre numéro ?

Je le lui récitai de mémoire et enchaînai :

— J'ai obtenu une décharge de Mme Keller et je devrais disposer de celle de Mme Vasquez d'ici deux heures. Pouvons-nous nous voir ?

— Pourquoi ?

Ce fut à mon tour de m'énerver.

— Afin que vous puissiez demander à un laboratoire indépendant de déterminer si l'un ou l'autre a été drogué ou empoisonné. Ça vous rappelle quelque chose ?

— Je pense que vous perdez votre temps.

Rien de bien nouveau donc.

— Ça me convient.

Je l'entendis soupirer.

— Mais sur la base de quoi ? L'expertise préliminaire du véhicule n'a rien donné. Si vous voulez mon avis, Marcus Evans est mort dans un accident de voiture. Fin de l'histoire. Dites à la veuve de mettre un point final à ce roman et de passer à autre chose.

— C'est un peu tard pour le faire, dis-je. Stacy sait maintenant que d'autres jurés ont trouvé la mort. Je le lui ai dit.

— Mon Dieu, quelle bêtise.

La réflexion fit mouche et je me plaçai instantanément sur la défensive. Mais, bien que je fusse tentée de lui dire d'aller se faire voir, j'avais besoin de lui.

— Pour être honnête, je débute dans ce genre d'affaires. C'est la raison pour laquelle j'ai besoin de vos services. Je m'occupe d'obtenir les décharges nécessaires et vous trouvez quelqu'un pour effectuer les analyses. Ça s'appelle l'esprit d'équipe, comme Starsky et Hutch, Cagney et Lacey…

— Beavis et Butt-Head, enchaîna Liam d'un ton ironique. Et c'est moi Beavis, au cas où vous n'en seriez pas sûre.

— Écoutez, je ne vais pas vous supplier. Après tout, vous êtes payé pour ça.

— Très bien. J'ai un…

Tais-toi !

— … truc ce soir. Alors vous réunissez ce que vous pouvez obtenir et je passe par chez vous avant de rentrer chez moi.

— OK. J'habite au…

— Je trouverai bien.

Je contemplai mon téléphone désormais muet en faisant la liste des nombreuses façons dont j'aurais voulu lui dire d'aller se faire foutre. Puis, je réfléchis à mes propres points faibles. Liam s'était moqué de moi, m'avait fait tourner en bourrique, m'avait éconduite, critiquée et… j'étais plus que jamais intriguée par sa personnalité. Mon Dieu, j'avais touché le fond ou quoi ?

Ayant refermé mon téléphone un peu plus violemment que nécessaire, je pris mes affaires et mon soda désormais tiède, avant de me diriger vers le tribunal.

Le soleil de ce milieu d'après-midi cognait fort et dans le passage vitré qui enjambait la rue entre le parking et le tribunal, il régnait une atmosphère de serre. Heureusement, j'avais choisi une robe en coton toute simple, dans un ton turquoise que j'affectionnais tout particulièrement, et je sortis sans dommage de ce bref intermède équatorial.

Après trente minutes de réunion fort productive avec l'un des greffiers affectés aux successions, je fus en mesure de considérer la comptabilité D'Auria comme officiellement clôturée. Il ne me restait plus qu'à envoyer leurs chèques aux héritiers et à attendre en retour leurs manifestations de gratitude pour ma diligence. Ça faisait partie des bons côtés de mon boulot. Les gens adorent recevoir de l'argent sans rien faire et, quand ce jour béni arrive, même les pingres les plus crasses découvrent la générosité. Jusqu'à présent, le plus beau cadeau que m'avait fait l'un de ces heureux bénéficiaires consistait en une semaine tous frais payés à l'Atlantis Hotel, sur Paradise Island. Cela dit, la plupart du temps, ça se résumait à un bel assortiment de fruits ou de chocolats.

Mon deuxième arrêt fut pour l'état civil sur la 45e Rue. Dans un brillant effort pour me couvrir – du moins, je le voyais comme ça –, j'appelai Margaret, sachant pertinemment que le système téléphonique lui permettrait de me localiser. Il fallait que je me procure des copies officielles des certificats de décès de Vasquez et Keller. Je lui demandai donc si d'autres personnes au bureau avaient besoin de quelque chose dans cette administration. Bien entendu, ce ne fut pas le cas (comme je le savais déjà), mais j'eus ainsi la satisfaction d'avoir assuré ma couverture.

— J'ai un message pour vous, m'annonça Margaret, juste avant que je ne raccroche.

— Oui ?

— Sam Carter a appelé et demandé que vous le rappeliez le plus tôt possible, me récita-t-elle pendant que j'entendais ses ongles tapoter son clavier. Son nom ne figure pas dans notre base de données clients.

Sans blague.

— Il fait partie du syndicat de copropriété de mon immeuble, lui expliquai-je.

Ce n'était pas faux, mais Sam savait très bien qu'il aurait été vain de chercher à me faire participer à ce genre de comité. Il n'ignorait pas que je me fichais complètement de savoir qui enfreignait les règles de stationnement et qui n'emballait pas correctement ses ordures.

— Autre chose ?

— M. Dane souhaiterait savoir quand vous estimez pouvoir être de retour à votre bureau.

— D'ici une heure environ. *J'espère.* J'ai encore une chose à faire et j'aimerais m'acheter quelque chose à manger. Il est bientôt 14 heures et je n'ai rien mangé de la journée. *J'espère que tu culpabilises, espèce de sorcière mangeuse de sandwichs aux restes.*

— Je le lui ferai savoir.

— Merci.

Quelques minutes plus tard, je revins vers ma voiture où je parcourus les certificats de décès avant de démarrer. La seule chose qui en ressortait était que le corps de Graham Keller avait été transporté à l'hôpital JFK, près de Congress Street, lequel – heureux hasard – se trouvait sur le chemin du domicile de Rosita Vasquez. Et puisque je disposais de la décharge signée par la veuve Keller dans mon porte-documents, je me dis que je pourrais en profiter pour demander une copie du dossier médical de son mari et me renseigner sur l'existence éventuelle d'échantillons de sang ou de tissus.

Comme je connaissais plusieurs des employés affectés aux archives concernant les patients, je pus obtenir mes copies en moins de dix minutes. La demande au labo me réclama un peu plus de temps, mais ils promirent d'y répondre avant le mardi suivant.

Reste le plus difficile, songeai-je avec angoisse, en tâchant de trouver mon chemin au milieu d'un quartier de modestes résidences de West Palm. Quand j'eus enfin localisé l'adresse que je cherchais, je me garai devant une maison de style hispanique. Le fantôme d'un magnifique jardin disparaissait désormais sous la végétation, probablement négligé depuis la mort de José.

Un vieux modèle de Volvo était garé dans l'allée, cerné par une ribambelle de vélos et autres skate-boards. Une statue en ciment de la Vierge Marie avait été installée au milieu d'un petit parterre de gazon et entourée de gravillons blancs.

En m'avançant vers la porte d'entrée de la maison, j'entendis des enfants qui jouaient alentour et une légère musique – un rythme de salsa – qui provenait d'une résidence voisine. Mme Vasquez m'attendait, sa main retenant la moustiquaire de l'entrée, et elle m'accueillit avec un sourire prudent mais chaleureux. Elle était vêtue d'un short et d'un tee-shirt à l'effigie de la fête du Soleil de l'année précédente. De longs cheveux d'un noir d'ébène retombaient bien au-dessous de ses épaules. Ses yeux étaient également noirs et, tout comme Martha Keller, ils semblaient irrémédiablement tristes. Sa peau avait une couleur située entre le caramel et le café au lait.

L'intérieur de la maison était décoré de couleurs vives, avec de nombreuses photos dans des cadres. L'une d'elles retint particulièrement mon attention.

— C'est vous ? demandai-je, en espérant ainsi briser la glace.

— Pour ma *quinceanera*, m'expliqua-t-elle avec un fort accent. Mon quinzième anniversaire.

Je lui souris, ne connaissant pas bien ce genre de célébration.

— Votre robe est magnifique.

— Ma tante et ma mère y ont travaillé durant des mois, me répondit-elle.

Leurs efforts en valaient la peine. Les robes de *quinceanera* ressemblent beaucoup à des robes de mariage – immaculées et richement décorées. Et pour respecter la tradition, un photographe avait fait le portrait de Rosita.

— Asseyez-vous, me suggéra-t-elle en s'arrêtant pour déposer un jouet en peluche sur le plancher. Vous êtes ici à propos de José ?

Je lui répétai plus ou moins ce que j'avais dit à la veuve Keller.

— Je crois… Veuillez m'excuser, m'interrompis-je pour attraper mon téléphone qui sonnait dans mon sac. Allô ?

— Finley, c'est Stacy Evans.

— Je suis en réunion, lui dis-je en adressant à mon hôtesse un sourire gêné.

— Je ne vous retiendrai pas longtemps. Je voulais juste vous dire que j'ai pris contact avec les autres jurés, pour les prévenir qu'ils s'attendent à un coup de fil de votre part.

Je fis la grimace.

— C'est un peu prématuré, je pense.

— Ils pourraient disposer d'informations. Ou être eux-mêmes en danger.

— Mme Evans, je...

— J'ai faxé à votre bureau leurs numéros de téléphone. Appelez-moi quand vous aurez fini vos entretiens. Je ne vais pas vous retenir plus longtemps. Au revoir.

Merde, merde et triple merde. Je refermai mon téléphone et tâchai de dissimuler ma colère. Margaret passait au peigne fin mon emploi du temps et Stacy organisait mes rendez-vous. Comment avais-je fait pour perdre aussi complètement le contrôle de la situation ?

Les paroles de Liam tournaient en boucle dans mon crâne. Il avait raison. Il devenait clair qu'il avait été totalement stupide de révéler à Stacy Evans le sort des autres jurés.

Je passai près de vingt minutes avec Rosita et la quittai avec deux choses : une décharge signée en double exemplaire et, si j'en croyais l'insistance avec laquelle elle me l'avait affirmé, la certitude que son mari n'était pas quelqu'un de négligent. Bien qu'elle semblât s'être résignée au caractère accidentel de sa mort, elle n'avait cessé de me répéter qu'il fallait que je parle avec Tomas Montoya. C'était le chef de l'équipe de José et il avait dû être à ses côtés, le matin du drame.

Je retournai au cabinet Dane-Lieberman avec un sachet de frites tièdes que je posai sur le formulaire de pointage, quand je le signai. Je connus un plaisir infantile en constatant que l'huile avait, comme prévu, transpercé l'emballage et taché la feuille.

Le fax de Stacy m'attendait sur mon bureau, assorti d'un Post-it de Cami m'indiquant l'heure à laquelle il était arrivé sur le télécopieur. Une fois de plus, je ressentis un léger picotement entre les omoplates. Comment se faisait-il que Cami soit subitement devenue omniprésente ? La réponse logique était qu'elle s'ennuyait. Mais la réponse parano était qu'elle me fliquait.

D'ailleurs, pouvait-on véritablement parler de paranoïa dans la mesure où, de fait, tout le monde surveillait mes moindres faits et gestes ?

Je m'accordai quelques minutes pour manger mes frites, tout en complétant ma feuille de temps. Puis, j'envoyai par courriel le décompte de mes heures facturables au département comptable. Enfin, je parcourus les boîtes d'archives du procès Hall et prélevai les comptes rendus que j'emporterais chez moi pour le week-end.

— Je suis en train de perdre la boule, grognai-je en plaçant les diverses chemises que j'avais sélectionnées dans un seul et même carton d'archives.

Moi qui n'emportais *jamais* de travail à la maison, voilà que je multipliais les écarts. Non seulement j'allais voir Liam le soir même, mais je devais rencontrer la veuve Whitley le lendemain, sans compter que j'allais me farcir des centaines de pages de comptes rendus de procès durant le week-end. Ah oui, j'allais presque oublier. Je devais aussi me taper un brunch avec ma mère le dimanche. Je ne voyais pas comment cette fin de semaine aurait pu être pire.

Bien que la pendule de mon ordinateur indiquât bien plus de 17 heures, je pris le temps de faire une copie des documents de la succession D'Auria, imprimai une liste des chèques à faire partir et préparai les lettres à adresser aux héritiers. Et puisque j'étais sur la liste des employés du mois, je m'arrangeai pour que le tout soit signé et scellé à temps pour la dernière tournée du type chargé des envois postaux.

Quand j'en vins à charger le coffre de ma voiture, Margaret avait déjà terminé sa journée et quitté le cabinet.

— Feignasse, murmurai-je en repassant devant son comptoir pour la deuxième fois, des dossiers plein les bras.

Du fait de ce départ tardif, le soleil se coucha avant que j'atteigne mon appartement et je ne me souvins que j'étais censée rappeler Sam qu'une fois garée devant chez moi. Le connaissant, je savais qu'il devait être plutôt fâché à cette heure.

J'étais fatiguée et assez peu enthousiaste à l'idée de devoir transférer mes boîtes pleines de comptes rendus, mon porte-documents et les dossiers médicaux, de ma voiture à mon appartement. De plus, je n'avais pas du tout envie d'ajouter la mauvaise humeur de Sam à la liste de mes tourments.

Quand j'arrivai devant ma porte, j'oubliai totalement Sam. J'oubliai tout en découvrant le petit bout de papier punaisé sur ma porte. Mon cœur cessa de battre en lisant les mots qui y avaient été griffonnés au marqueur rouge vif :

Vous voulez mourir, vous aussi ?

9.

Décrocher la timbale, c'est déjà bien,
mais c'est encore mieux
si elle vous tombe toute cuite dans le bec.

Une à une, comme des paupières qui se seraient ouvertes, les lumières s'allumèrent dans mon immeuble. Puis, des têtes passèrent par les fenêtres, me donnant l'impression que j'allais participer à un jeu de casse-bouteilles grandeur nature.

— Ça va ? me demanda en levant son unique sourcil, l'occupant de l'appartement 4B.

— Et si ça ne va pas ? Qu'est-ce que tu comptes faire, Herman ? ronchonna sa femme. Ferme donc cette fenêtre avant que les moustiques ne rentrent. Tu sais bien que j'ai horreur de ça.

En m'entendant crier (enfin, c'est ce que j'imaginais), Sam Carter était accouru auprès de moi. Ses premières paroles en apercevant le message accroché à la porte furent :

— Mon Dieu, Finley, qui donc t'es-tu encore mis à dos ?

— Aujourd'hui ? Ou en général ? lui demandai-je pour essayer de détendre l'atmosphère, même si mes genoux s'entrechoquaient encore.

Sam ramassa le contenu de la boîte que j'avais laissée tomber en lisant la note et tâcha de remettre le tout dans le carton d'archives, tandis que je m'efforçais d'introduire ma clef dans la serrure de ma porte d'entrée. Mes mains ne tremblaient pas trop, mais je ne cessais de regarder derrière moi, en direction du parking, m'attendant presque à voir en surgir un monstre encagoulé, prêt à me sauter dessus. Puis, je me rappelai que tout cela n'était pas un film d'horreur de série B et je commençai à me décontracter. Les méchants avaient dû repartir depuis longtemps.

Une fois ma porte ouverte, Sam m'emboîta le pas, comme collé à mon dos, pendant que je faisais le tour de toutes les pièces en allumant le plus de lumières possible.

— Mais qu'est-ce qui se passe ? s'inquiéta-t-il. Tu crois que tu devrais appeler les flics ?

Sans m'interroger sur ma réticence à contacter la police, je laissai parler mes tripes.

— Bah, c'est sans doute une farce. *Enfin, je l'espère.* Personne n'a pénétré dans l'appartement.

— Pas très étonnant, surtout s'ils ont jeté un coup d'œil par la fenêtre et vu tes abominables meubles. Il n'y a que des éboueurs pour accepter d'embarquer de telles horreurs, ajouta-t-il en frisant le nez de dégoût, pas des voleurs.

Les battements de mon cœur retrouvèrent un rythme normal.

— Va plutôt me chercher mon porte-documents dans le coffre de ma voiture, au lieu de dire des bêtises, lui demandai-je.

— Non mais, tu me prends pour le portier ou quoi ? s'indigna-t-il.

Il s'exécuta malgré tout. Sam n'aimait pas trop recevoir des ordres. Ça expliquait d'ailleurs pourquoi il avait changé aussi souvent d'emplois que moi, de vêtements. Mais la comparaison s'arrêtait là, car contrairement à moi, Sam avait réussi à épargner, taper ses relations et emprunter suffisamment d'argent aux banques pour pouvoir ouvrir sa propre entreprise de décoration, certain de sa vocation. Il avait sans aucun doute très mauvais caractère, mais il était extraordinairement doué pour son boulot. Par conséquent, son affaire était florissante et ne cessait de se développer. Dans ces conditions, il ne se gênait vraiment pas pour exprimer ses opinions sur mes meubles au rabais.

Sam n'hésitait pas à forcer le trait de son homosexualité. Il estimait que ça lui donnait un air de sophistication sympathique. Les gens étaient persuadés que cette « flamboyance » un peu extrême – dans son habillement et sa gestuelle – s'expliquait par le fait qu'il avait dû, trop longtemps, cacher sa véritable personnalité, à un milieu enclin aux préjugés. En réalité, Sam était issu d'une famille nombreuse de Philadelphie qui n'avait jamais eu aucun problème pour admettre son orientation sexuelle.

Assurément, il en rajoutait. Pas plus tard qu'en cet instant. Il était vêtu d'un jean et d'une chemise en coton – rien d'extravagant jusque-là – qu'il avait cru bon d'agrémenter d'un ascot. Hormis quelques membres vieillissants de la famille royale d'Angleterre, je ne voyais pas qui pouvait encore porter ce genre de foulards.

Il resta absent trente et une secondes. Montre en main, j'attendis son retour en regardant la porte, plus impressionnée par mon aventure que je ne voulais l'admettre. Une fois qu'il eut balancé mon porte-documents sur le bar, il alla chercher le message punaisé sur la porte pour le rapporter à l'intérieur.

Je l'observai passer une main dans ses cheveux impeccablement coiffés. Il utilisait tellement de gel que j'étais sûre qu'il finirait par mourir d'empoisonnement aux produits capillaires. En tout cas, ce serait probablement le premier drame dans l'histoire de la coiffure.

Outre sa chevelure artistiquement domptée, Sam était un homme très séduisant : grand, mince sans être frêle, 25 ans environ, blond, les yeux gris-bleu, bronzé et intelligent. Pour ne rien gâcher, il adorait faire du shopping et démontrait un sens très aigu des couleurs, sans parler de son incroyable aptitude à repérer les bonnes affaires. S'il n'y avait eu ce léger problème de préférence sexuelle, je l'aurais volontiers choisi pour légitime époux. Mais n'était-ce pas toujours ainsi ? Les meilleurs étaient soit gays, soit mariés. Mon cerveau m'envoya à cet instant l'image de Liam et de son ex-femme en pleins ébats.

— Qu'est-ce qu'il y a ? s'enquit Sam en s'installant sur l'un de mes tabourets de bar (dépareillés). Tu es toute pâle. C'est ce message ? Tu ne crois pas qu'on devrait appeler la police ?

Pour témoigner d'un faux divorce ? Je ne pense pas que ça puisse donner lieu à condamnation, pas plus d'ailleurs que ces meurtres que je n'arrive pas à prouver. Je secouai la tête.

— Je suis sûre qu'il ne s'agit que d'une mauvaise blague.

— Est-ce que ça ne pourrait pas être un coup de ces petits morveux du troisième ? Je sais que c'est eux qui ont écrit « PD » sur ma porte, le mois dernier. Ce n'est pas pour ça que leur mère les a punis, quand je suis allé me plaindre à elle, d'ailleurs.

— Tu étais en larmes, quand tu as frappé à sa porte, lui rappelai-je. Elle a été complètement décontenancée par ton effondrement. Et je me souviens parfaitement qu'elle t'a fait parvenir un chèque pour te rembourser les frais de peinture.

Sam soupira, rechignant à se départir de sa moue aussi facilement.

— Je veux bien admettre quelques larmes de colère, insista-t-il en prononçant ces mots comme s'il s'était agi d'un monologue shakespearien. Parce que je suis… unique, j'ai dû endurer tant de moqueries et d'agressions au cours de ma vie.

Je levai les yeux au ciel.

— Quel comédien ! Ni ta famille ni tes amis ne t'ont jamais repoussé. Grands dieux, Sam, tu as même été élu reine de l'année par tes camarades, dans ton lycée tout à fait libéral et progressiste. Épargne-moi à l'avenir tes histoires de « pauvre homo ». Nous savons tous les deux que tes larmes étaient simplement dues au fait que tu détestais la couleur qu'ils avaient utilisée pour leur forfait.

— Ça aussi, admit-il avec une étincelle de malice dans les yeux.

Son expression devint un peu plus sérieuse et il pointa le doigt vers la note manuscrite.

— C'est quoi ça, Finley ? Ça me file les chocottes. C'est une menace.

Je me passai une main dans les cheveux. Je n'arrivai pas à déterminer ce que je devais faire – rien peut-être. Mais il me semblait que le fait de ne pas réagir du tout équivalait à baisser les bras – chose dont je n'étais que trop coutumière.

— Je suis sûre que ce n'est rien, dis-je en essayant d'introduire un semblant de raison dans cette situation – à l'intention de Sam et de moi-même.

J'étais très agitée et mon cerveau turbinait à plein régime. En fait, j'avais le trouillomètre à zéro et – Dieu me pardonne – je crois bien que ma fébrilité procédait également d'une sorte d'excitation perverse. Parce que, si quelqu'un avait cherché à me menacer, ça signifiait que ma petite enquête commençait à gêner quelqu'un.

Maintenant, il ne me restait plus qu'à déterminer la prochaine étape.

— Ça ne peut pas être « rien », objecta Sam. Mais, après tout, ce sont tes oignons. Et c'est quoi tous ces trucs ? ajouta-t-il en indiquant les documents que j'avais rapportés du bureau.

— Du boulot.

Il cligna des paupières comme si je venais de lui réciter le nombre atomique de tous les éléments répertoriés dans l'univers.

— Toi ?! s'étonna-t-il en arquant les sourcils. Mais que se passe-t-il, Finley ? Les week-ends sont sacrés pour toi. Il faut que tu aies carrément merdé au bureau pour qu'ils t'imposent de passer un week-end au Purgatoire des Paralégales.

Je souris.

— C'est un choix délibéré. Il faut que je fasse des recherches pour un dossier.

— Un dossier ? répéta-t-il. Mais tes clients sont tous morts !

Je consacrai quelques minutes à le mettre au parfum. Sam resta silencieux jusqu'à ce que j'en aie terminé avec mon récit, puis il émit un petit sifflement.

— Mais pourquoi Sara Whitley aurait-elle attendu si longtemps pour se transformer en meurtrière de sang-froid ? Et pourquoi s'en prendre aux jurés ?

Une question que je me posais depuis le début.

— Et, poursuivit Sam avec effervescence, pourquoi ne pas tuer les docteurs et les infirmières qui n'ont pas réussi à soigner à temps l'infection postopératoire ?

Je n'avais pas de vraies réponses. Simplement des impressions.

— Je serai peut-être capable de comprendre tout cela, une fois que je l'aurai rencontrée demain.

— Pour l'amour du c… Finley, tu ne devrais pas aller la voir ! En tout cas, pas toute seule.

Je fus touchée par sa sollicitude.

— Tu veux venir avec moi ?

— Je ne peux pas. C'est d'ailleurs la raison pour laquelle j'ai cherché à te joindre ces derniers jours.

— Excuse mon silence. Je n'ai pas pu retourner tes appels.

— Il faudrait que tu prennes soin de Butch et Sundance, ce week-end.

Puis, lisant dans mes pensées, il ajouta :

— Je dois rendre visite à un nouveau client. Mais c'est seulement jusqu'à dimanche soir. Lundi matin au plus tard.

Butch et Sundance étaient les chats de Sam. Ils n'avaient pas vraiment besoin qu'on les surveille, vu que leur vie se résumait à manger, dormir et se lécher. Ah oui, il y avait tout de même cette histoire de litière qui me dégoûtait au plus haut point.

— Mais tu sais bien qu'il n'y a aucun problème.

Puis, fatiguée de toutes ces histoires de comptes rendus, de veuves et de travail, j'ajoutai :

— Un nouveau client ?

— En quelque sorte, répondit-il pour se dérober.

— Un nouveau fiancé ? ricanai-je.

— Je n'en suis pas encore certain, confessa-t-il, visiblement perplexe. Il est vraiment séduisant, mais je crains qu'il ne soit bi. Et moi, tu vois, ce n'est pas trop mon truc. Bon sang, c'est déjà bien assez difficile de choisir un sexe et de s'y tenir.

— Qu'est-ce qui te fait dire qu'il aime aussi les femmes ?

— J'ai vu des photos dans son bureau. Des photos de *famille*. Des mômes, un chien, enfin tout le package du banlieusard.

Je mis en route la cafetière.

— Peut-être s'est-il déclaré après son mariage ? À moins qu'il ne s'agisse de nièces et de neveux ?

— Alors ça devrait être indiqué sur les photos. Il n'a pas cessé de me reluquer pendant notre réunion. Il fait restaurer un vieux cottage dans les Upper Keys. Et puis il a insisté pour m'emmener personnellement là-bas et pour tout un week-end, afin que je « sente mieux l'atmosphère de l'endroit ». Tout ceci semble bien indiquer qu'il s'intéresse à moi, non ?

— Sans doute. Ou alors, il joue un petit jeu : il n'est pas encore sorti du placard et il préfère t'attirer en dehors de la ville pour que tu ne risques pas de tomber sur sa femme et ses enfants.

— On ne peut pas dire que tu me sois d'une grande aide.

— Je viens d'accepter de gérer les besoins de tes chats durant ton absence. Que te faut-il de plus ?

— Pourquoi les hommes sont-ils si compliqués ?

— Mince, n'es-tu pas le plus qualifié de nous deux pour répondre à cette question ?

Je n'attendis pas que ma cafetière dernier cri finisse de crachoter. Je pris une tasse et, me tournant vers Sam, je lui demandai :

— Un café ?

— Non merci, répondit-il en descendant de son tabouret. Il faut que je prépare mon sac.

— Bonne chance avec ton mystérieux client. Tu me raconteras comment ça s'est passé, lui lançai-je, tandis qu'il disparaissait dans le couloir et passait la porte.

Je partis à sa suite quelques secondes plus tard pour enclencher le verrou et installer la chaîne de sécurité.

J'allai ensuite dans ma chambre à coucher, retirai ma robe et la laissai retomber sur le tas de vêtements destinés au teinturier, enfilai un boxer-short et un caraco en satin. Après avoir relevé mes cheveux en un semblant de chignon, j'attrapai un mini-kimono en soie derrière la porte et retournai dans la cuisine.

Avant de décider du menu du dîner, je vérifiai le contenu de mon porte-monnaie : dix dollars. C'était assez pour une portion de Mi Xao au poulet, service compris. Ça, plus un reste de Lucky Charms et je pouvais aisément tenir tout le week-end. Surtout si j'humiliais ma mère en demandant un *doggy bag* après le brunch.

J'appelai le traiteur chinois pour passer ma commande, avant de m'installer avec un café devant le dossier médical du sieur Vasquez. Il était possible que quelqu'un à l'hôpital ait raconté à quelqu'un d'autre que je posais des questions, et que cette autre personne l'ait à son tour dit à celui qui avait punaisé cet effrayant message sur ma porte. J'avais bien du mal à me concentrer sur le jargon médical en sachant qu'un individu mal intentionné avait pris la peine de m'adresser une telle menace. Mais, une fois encore, il se pouvait que ce ne soit qu'une méchante farce. Un collègue de bureau, peut-être ? Margaret avait quitté le cabinet avant moi. Mais j'avais du mal à l'imaginer en train de s'introduire dans mon immeuble pour coller un mot vengeur sur ma porte.

Retour au dossier médical. C'était exactement ce genre de paperasses qui expliquaient mon orientation professionnelle : éviter au maximum les mathématiques et les matières scientifiques. Et si je ne savais pas ce que « cc » voulait dire (sauf pour désigner la cocaïne), c'est parce que seules les professions médicales l'utilisaient.

Mais si j'excluais les poids et mesures, les notes prises par les médecins urgentistes, au matin de la mort de José, me semblaient plutôt claires. À l'exception de quelques termes et abréviations dont je ne saisissais pas parfaitement le sens, je compris, pour l'essentiel, de quoi il était mort. Il avait subi un choc énorme au niveau de la poitrine, du fait de la chute d'un palmier. L'impact avait été suffisamment violent pour lui casser les côtes, lesquelles avaient transpercé l'un des ventricules du cœur. Bon, le rapport médical ne le disait pas aussi simplement, mais, au final, José avait saigné à mort du fait de cette blessure interne.

J'humidifiai mon index pour feuilleter le document jusqu'au formulaire d'admission aux urgences. La signature de Tomas Montoya y avait été apposée, ainsi que son numéro de téléphone que je notai. Malgré tous ces détails, je ne voyais toujours pas comment Sara Whitley avait pu se débrouiller pour faire tomber un arbre sur quelqu'un.

En attendant que l'on me livre mon repas, l'estomac gargouillant, j'allai chercher mon ordinateur portable. Quelques minutes plus tard, je tenais ma petite théorie, si ce n'était ma réponse. Apparemment, compte tenu de sa taille, la variété de palmier que plantait José au moment du drame aurait dû être taillée. Plus exactement, l'ensemble de ses palmes aurait dû être cisaillé afin que la majeure partie de son poids soit concentrée au pied de l'arbre.

Pourtant, en examinant la photo de la scène publiée dans le journal et prise quelques heures après que le corps de José avait été évacué, je constatai que le palmier avait encore toutes ses frondaisons. Pourquoi un horticulteur expérimenté aurait-il pris un tel risque ?

Avant que je puisse y réfléchir, on sonna à ma porte. Mon estomac faillit exploser de joie. Je saisis mon porte-monnaie sur le comptoir du bar et me dirigeai vers la porte, que j'ouvris sans retirer la chaîne de sécurité.

Je réalisai aussitôt deux choses : un, ce n'était pas le petit Coréen qui me livrait habituellement mes commandes, mais Liam ; deux, ma tenue n'était absolument pas adéquate. Le livreur n'y aurait en aucun cas prêté attention, mais rien n'était moins sûr en ce qui concernait le détective. Il prendrait sans doute ça pour une ridicule tentative de séduction ou un truc dans le genre.

— Un instant, lui lançai-je en refermant la porte, avant de balancer mon porte-monnaie sur la table et de courir dans ma chambre.

Le temps et les options étant comptés, j'ôtai précipitamment mon boxer-short pour passer un jean – tant pis pour la culotte (de toute façon, je serais la seule à le savoir). Mon caraco possédait un soutien-gorge incorporé, mais, pour plus de sûreté, je pris un sweat-shirt à capuche dans mon armoire et l'enfilai à la hâte. Voilà, mon armure était complète.

Je me précipitai alors vers la porte d'entrée, en ôtai la chaîne et l'ouvris, en essayant de ne pas avoir l'air trop essoufflée. Je m'effaçai pour le laisser entrer, tout en tâchant de défaire mon pauvre chignon.

— Excusez-moi, j'avais oublié que vous deviez passer.

Liam était du genre à remplir l'espace. Je n'aurais su dire si ce phénomène était attribuable à ses proportions ou à son charisme. La seule chose dont j'étais certaine, c'était que j'avais un accès de claustrophobie depuis qu'il se tenait dans l'étroit passage allant de ma cuisine au salon.

À cette occasion, je pris conscience d'autre chose : je ne reconnaissais plus son eau de Cologne. Celle-ci était subtile, masculine et totalement envoûtante. D'accord, rapide confession : cette subite défaillance olfactive n'était pas la seule cause de mon trouble. La totale indifférence qu'affichait Liam bousculait mon ego. Il s'était contenté d'un bref aller-retour entre ma tête et mes pieds. Ça n'aurait pas dû me gêner, mais ce n'était pas le cas. Et je me détestais pour ça.

Il parcourut l'appartement des yeux comme un agent d'assurance venu pour un inventaire. Son visage resta parfaitement impassible jusqu'à ce qu'il se pose sur le message de menace. Sans me demander la permission (mais je ne suis pas certaine qu'il existe des règles d'étiquette bien définies en matière de lettres de menace), il fit pivoter la note du bout de son index, la lut et se renfrogna instantanément.

— C'est quoi, ça ?

— Un message Interflora peut-être ? blaguai-je pour qu'il ne pense pas que j'étais une grosse trouillarde (évidemment que j'en étais une, mais là n'était pas la question).

Il tourna un visage sombre vers moi et je sentis de plein fouet la puissance intimidante de ses yeux gris-bleu.

— Rejouez.

— C'était punaisé sur ma porte, dis-je, heureuse que ma voix ne trahisse pas la peur qui ne m'avait pas encore tout à fait quittée.

— Vous avez appelé la police ?

— Non. Il y a une bande de gamins dans la résidence et ils ont souvent des idées assez bizarres sur ce qui est drôle ou pas.

— Du genre à coller une menace de mort sur votre porte ?

— Bah, l'ennui rend parfois les gens stupides.

— Vous vous ennuyez ? demanda-t-il.

— Moi, non, pourquoi ?

— Alors quelle est la raison *stupide* qui vous pousse à ne pas appeler les flics ? demanda-t-il en secouant la tête. Ne vous creusez pas, je connais déjà la réponse. Vous n'êtes pas certaine que ce n'était pas les mômes et vous préféreriez mourir plutôt que de passer pour une idiote.

Je baissai les yeux.

— Quelque chose comme ça.

— Avez-vous montré ça à quelqu'un ?

— Sam.

Il entrelaça ses doigts et fit craquer ses phalanges. Je sais bien que ce n'était pas le moment, mais je ne pus me retenir et un fantasme aussi bref que graphique impliquant ses mains me traversa l'esprit : emmêlées dans mes cheveux, caressant mes flancs, soulevant ma chemise… *Stop !*

— C'est mon voisin.

— Des problèmes quelconques entre vous ?

— Problèmes ? répétai-je lentement comme si c'était un nouveau mot de vocabulaire.

— Il est du genre jaloux ?

— Très.

Je l'observai tandis que la curiosité arquait l'un de ses sourcils.

— Suffisamment pour vous laisser un message aussi désagréable ?

— Certainement. Mais seulement si je m'appelais Franck ou Fred.

Il me jeta un regard sévère qui me révéla qu'il ne goûtait pas vraiment mon humour.

— Et lui ? poursuivit-il en montrant du doigt les photos de Patrick dispersées dans le salon.

— Non. En plus, il n'est pas là. Il doit même être dans un autre pays.

— Vous ne savez pas où se trouve votre petit ami ? Vous devez être sacrément proches l'un de l'autre.

— Allez vous faire…

La sonnette de la porte d'entrée tinta et, soudain, Liam eut un revolver dans une main, pendant que, de l'autre, il me faisait passer derrière lui. Je poussai un grognement lorsque mon épaule heurta le mur, suffisamment durement pour me couper la respiration.

Ayant dissimulé son arme derrière son dos, jambes tendues, et d'un pas décidé, Liam se dirigea vers la porte qu'il ouvrit en grand.

Je vis le doigt qu'il avait posé sur la gâchette se tordre, puis se détendre.

— Une livraison pour Mlle Finley.

Reconnaissant la voix de Kim, je pris mon billet de dix dollars dans mon porte-monnaie et me frayai un passage en repoussant du coude le torse d'acier de Liam.

— Merci, dis-je en échangeant mon argent contre le sac en papier qui contenait mon dîner.

— Vous voulez la monnaie ?

— Non, non, répondis-je précipitamment avec mon plus beau sourire, avant de refermer la porte.

Je venais de gratifier Kim d'un pourboire de 40 %. Je levai les yeux vers Liam et lui demandai :

— C'est quoi ce flingue ? C'est un vrai ?

— Oui. En général, ceux-là sont plus efficaces que les modèles en plastique.

— Mais vous auriez pu blesser quelqu'un.

Utilisant son pouce, il repoussa ce que je devinai être le cran de sûreté (mais je ne m'étais encore jamais approchée d'aussi près d'une arme à feu, alors je n'en étais pas complètement sûre) et remit le machin dans l'étui qu'il portait à la cheville.

— C'est exactement pour cela qu'on porte une arme. Mais ce n'est pas comme si je n'étais pas bien entraîné. Jamais je n'aurais tiré sur ce Chinois.

— Coréen.

— Quoi ?

— Kim est coréen. Même s'il travaille pour un restaurant chinois.

— Ça alors ! répondit Liam tandis que les commissures de ses lèvres se relevaient légèrement. Si j'avais su ça avant, ça aurait tout changé.

— D'où vous vient ce besoin de vous payer ma tête continuellement ?

Il haussa ses larges épaules.

— Parce que c'est plutôt facile de vous faire grimper au rideau.

L'odeur du Mi Xao emplit l'appartement, tandis que Liam traversait le salon et prenait place dans le canapé.

Étais-je censée lui offrir à dîner ? Non. Certainement pas. C'était une entrevue professionnelle.

— J'ai les dossiers médicaux, les certificats de décès, ainsi que la liste des numéros de téléphone des autres jurés et…

— Vous parlez toujours aussi vite ?

— Oui. Et puis, je suis certaine que vous avez un autre *truc*, ironisai-je en prenant soin de prononcer ce mot d'un air aussi pincé que possible.

Ayant vérifié sa montre, il se renfonça dans le canapé en croisant les bras derrière sa nuque.

— J'ai le temps.

Avant quoi ? Ou, plus vraisemblablement, avant *qui* ? Je me frottai les tempes pour tenter de repousser une migraine inévitable, vu le volume de café et le peu de nourriture que j'avais ingurgités.

— Alors, c'est quoi votre théorie dans ce dossier ?

— Sara Whitley prend sa revanche sur les jurés parce qu'ils ont refusé de confirmer la responsabilité du docteur Hall pour la mort de son mari.

Il me lança le même regard que celui avec lequel un instituteur aurait considéré un élève lui affirmant que le chien avait mangé ses devoirs. Ma tension augmenta.

— C'est une bonne théorie, insistai-je.

— Pour un mauvais feuilleton de télévision, peut-être.

— Peut-être, mais dans la mesure où vous bossez pour moi, il faudra faire avec.

— Vous n'avez pas tort. Alors, quel est votre plan ?

— Les analyses de sang sont essentielles. Les échantillons ne seront pas disponibles avant lundi.

— Je peux accélérer le processus.

— Comment ?

— J'ai mes réseaux. Ne vous tracassez pas pour ça. Quels hôpitaux ?

Il sortit un minuscule bloc-notes de la poche arrière de son jean. Un crayon à papier était fiché dans la spirale du carnet. Il y inscrivit les noms que je lui énonçai.

Saisissant l'une des chemises que j'avais prises au bureau, je lui en tendis l'une des feuilles qui comportait la liste des témoins du procès.

— J'ai besoin de l'adresse actuelle de toutes ces personnes. Et aussi de leur numéro de téléphone.

— OK.

— Oh, et comment pourrais-je connaître l'origine des fonds qui sont dans le coffre-fort de Graham Keller ?

— De quel genre de somme parlons-nous ?

— Je n'ai pas demandé.

Il me lança un regard en coin.

— Une femme vous dit qu'elle a découvert un trésor secret et vous ne prenez même pas la peine de la questionner à ce sujet ?

— Il était banquier. Je n'étais pas certaine que ça ait un lien avec notre affaire.

— Je présume que vous avez assez peu d'expérience en matière d'interrogatoires ?

Ma colonne vertébrale se tendit instantanément.

— Il se trouve que j'ai travaillé pour un journal pendant un an. J'ai interrogé énormément de gens.

— Vraiment ?

Mes oreilles entendirent « menteuse ».

— Quel genre de *gens* ? s'enquit-il.

— Des gens importants. J'ai même interviewé le président, une fois.

Il pencha la tête de côté.

— Le président de quoi ?

Mince.

— Le, euh, président du chenil local.

— Bien, bien, bien. Vous êtes une sorte d'Erin Brockovich, alors ? Je vais fouiner autour du magot de Keller.

Je voulais qu'il s'en aille avant que je ne me ridiculise un peu plus.

— Parfait. N'oubliez pas les analyses du labo et les adresses.

— Compris. Quel est votre programme ?

— Je dois rencontrer Sara Whitley, demain.

— Vous pensez que c'est une meurtrière, n'est-ce pas ?

— Oui. Peut-être. Je ne sais pas.

— Mais vous comptez y aller seule ?

— Elle n'a aucune raison de me faire du mal.

— Ni de se confier à vous. Je viendrais avec vous, déclara-t-il en se levant. À quelle heure ?

— Dix heures.

Au moment où il passa près de moi, je saisis son bras. Un bras dur comme le granit.

— C'est vraiment gentil de votre part.

Il était si près de moi que je pouvais sentir son haleine, chaude et mentholée, sur mon visage. Si j'avançais d'un minuscule pas, mon corps serait contre le sien.

— Gentil ? dit-il en ricanant. Pas vraiment. Vous serez facturée à mon taux habituel.

Et il me laissa en plan au milieu du salon : une masse tremblotante d'hormones incandescentes se sentant complètement idiote.

— N'oubliez pas de refermer la porte derrière moi.

— Je n'oublierai pas, parvins-je à articuler d'une voix rauque. *Et ensuite, il se peut que je m'ouvre les veines.*

10.

Les amis vont et viennent,
les ennemis s'accumulent.

Toute la nuit, je fis des rêves sensuels à la limite de l'inavouable, même à mes plus proches amies. Ces fantasmes avaient tous un point commun et celui-ci s'appelait Liam McGarrity. Une conclusion s'imposait : dans l'univers de l'inconscient, j'étais une femme adultère.

Pourtant, ça n'avait absolument aucun sens dans la mesure où Liam avait été, en paroles comme en actes, tout ce qu'il y avait de plus clair en s'apercevant à peine que j'étais une femme.

J'avais entendu le bruit de la valise à roulettes de Sam rouler dans le couloir bien avant l'aube. Inutile de tendre l'oreille, il vivait au-dessus de chez moi. J'appuyai mes paumes sur mes yeux avant de poser le pied par terre et de consulter l'heure sur la pendule digitale installée sur la table de nuit. J'avais engrangé sept bonnes heures de sommeil d'affilée et il fallait que je me bouge.

Un demi-litre de café et une douche brûlante plus tard, je contemplais mon armoire, inhabituellement indécise. Bien qu'elle eût perdu plusieurs millions de dollars dans le cadre de son procès contre le docteur Hall, Sara Whitley était encore pleine aux as. Je ne pouvais par conséquent pas me pointer chez elle en ayant l'air d'une pauvresse. Mais, d'un autre côté, je ne voulais pas non plus que Liam puisse imaginer que je m'étais mise sur mon trente et un pour lui.

Je reportai le moment de ma décision en enfilant un justaucorps de yoga et me dirigeai vers la cuisine en avalant la quatrième tasse d'une deuxième cafetière, pour y vérifier que mon tiroir à bazar incluait bien les clefs de l'appartement de Sam. Il n'était parti que depuis quelques heures, mais je ressentais déjà le besoin compulsif d'aller voir ses chats. Je savais que si je m'abstenais de le faire, je passerais le restant de la journée hantée par l'idée qu'ils aient pu renverser leur gamelle d'eau et qu'ils soient en train de se dessécher sur le sol, trop déshydratés pour arriver à se traîner jusqu'à la cuvette des toilettes.

Mais, quand je pénétrai chez mon voisin, je trouvai les deux matous enroulés l'un contre l'autre sur l'une des superbes méridiennes en cuir italien. C'était des siamois bleus, d'après ce que Sam m'avait dit, et, à mon humble avis, ils étaient également homos. Ils étaient constamment en train de se faire des mamours – des chats de *Brokeback Moutain*, sans doute. Butch, à moins qu'il ne s'agisse de Sundance – ils étaient complètement interchangeables à mes yeux –, leva la tête à mon arrivée, en me lançant un regard méprisant.

Quelqu'un de gentil leur aurait gratouillé l'arrière des oreilles, mais je me contentai, pour ma part, d'aller vérifier dans la cuisine qu'ils avaient de l'eau fraîche et un peu de nourriture à disposition. Je passai ensuite dans la salle de bains pour évaluer l'état de leur litière. Sous le lavabo, je découvris une boîte de gants jetables, en enfilai une paire, et me mis au boulot. Un observateur peu attentif aurait pu croire que je manipulais des déchets toxiques car j'avais une sainte horreur de ce genre de corvées.

Avant de redescendre chez moi, je balançai mon colis piégé à la poubelle. J'avais fait mon devoir et, durant les douze prochaines heures, Butch et Sundance devraient se débrouiller tout seuls.

D'ordinaire, j'avais un assez bon instinct question fringues, mais il semblait que Liam ait également affecté cet aspect de ma personnalité. J'appelai donc Liv pour un conseil.

— Faisons vite, je suis censée retrouver Becky et Jane dans vingt minutes. Tu es sûre que tu ne veux pas te joindre à nous ? Ça va être une journée splendide, idéale pour la plage.

— Je sais, pleurnichai-je en jetant un coup d'œil par la fenêtre.

Le ciel était bleu turquoise, sans un nuage, et le soleil étincelait. Était-il possible que ma dernière escapade à la plage remontât à une semaine ?

— Le week-end prochain, peut-être, soupirai-je, avant de lui exposer mon cas de conscience.

— Facile, me répondit Liv avec enthousiasme. Mets donc cette robe blanche en broderie anglaise, avec la bordure fuchsia. Elle provient de chez Lilly, n'est-ce pas ? Avec du Lilly, pas de faux pas possible.

Bien sûr que si, songeai-je. *Tu peux être sûre que quelqu'un va faire une tache de maquillage dessus.*

— Ajoutes-y un *shrug* et tu seras fin prête. Décontractée, mais sophistiquée.

— Et les chaussures ? demandai-je, en coinçant le combiné téléphonique entre mon menton et mon épaule pour pouvoir retirer les vêtements sélectionnés de leurs cintres.

— Qu'est-ce que tu recherches : style ou confort ? Plat ou…

— Pas plat !

Ça, j'en étais certaine. Liam était vraiment grand et je n'avais pas envie de devoir tendre le cou toute la matinée, simplement pour le regarder dans les yeux.

— Alors choisis les sandales en gros-grain. Celles avec les rubans multicolores.

Je souris en attrapant les chaussures en question.

— Tu es géniale. Vraiment merci.

— Eh bé, tu l'as dans la peau ce Liam.

— Absolument pas, m'écriai-je. C'est Mme Whitley que je veux impressionner, pas Liam.

Ma soi-disant amie éclata de rire, avant d'ajouter :

— Mais oui, bien sûr.

J'aurais pu insister, mais à quoi bon.

— OK, convins-je avec réticence. Je n'aime vraiment pas me sentir ridicule. Or, Liam a le don de me faire croire que je suis… invisible.

— Certains mecs sont très doués pour ça.

— J'imagine. Amusez-vous bien à la plage.

— Désolée que tu ne puisses pas venir.

Et moi, donc.

Les conseils de Liv avaient tapé dans le mille. Quand j'eus assemblé le tout, j'étais élégante, sans être endimanchée. Et, miracle des miracles, j'étais en avance. *Très* en avance. Profitant de ce temps libre inopiné, j'allumai mon ordinateur et cliquai sur le site d'eBay. J'étais toujours en pole position pour la robe de chez Betsey Johnson, mais les enchères pour les maillons du bracelet Rolex avaient atteint des sommets qui excédaient de très loin mon budget. De toute façon, le processus ne prendrait pas fin avant plusieurs heures. J'étouffai un juron et me mis en quête de nouvelles annonces.

— Comment se fait-il que personne n'ait besoin d'argent ? interrogeai-je mon écran, après avoir fait chou blanc.

J'aurais eu grand besoin d'une divorcée dans la dèche. Et si possible une divorcée abandonnée à son triste sort avec, pour seul souvenir, la Rolex de son premier rendez-vous. Je n'eus pas cette chance.

À ce stade, j'aurais dû éteindre mon ordinateur. Je savais que je m'apprêtais à faire un truc idiot, tout à fait féminin, mais je ne pouvais pas m'en empêcher. Je cliquai donc sur le moteur de recherches de Google et y entrai le nom de Liam. Le savoir, c'est le pouvoir, et j'en avais cruellement besoin en ce qui le concernait. Si je pouvais au moins apprendre un tout petit secret sur ce type, je parviendrais peut-être à me sentir moins bête quand j'étais en sa présence.

« Officier de police muté aux services administratifs à l'issue d'une fusillade mortelle », lus-je en parcourant un article de journal vieux de cinq ans.

Le document ne fournissait pas énormément de détails, mais j'appris que Liam et son partenaire étaient arrivés sur les lieux d'un cambriolage en cours et que ça s'était terminé par la mort de son collègue, James Roberts.

Je trouvai divers autres articles sur les suites de cette affaire, mais ils n'étaient guère plus détaillés et mentionnaient qu'il avait été mis un terme à l'enquête. Le dernier texte précisait qu'aucune plainte ne serait déposée pour la mort de l'officier Roberts, mais que le lieutenant Liam McGarrity devait démissionner de la police, avec effet immédiat.

Ma curiosité s'emballa. Pourquoi faire une croix sur sa pension de la police, puisqu'il semblait avoir été lavé de toute faute ?

Bon, il y avait « lavé » et « lavé ». Ça n'aurait pas été la première fois qu'on offrait une retraite anticipée à un officier de police pour éviter des ennuis à l'institution.

Je fermai la session, lasse de la vie et l'œuvre de Liam McGarrity. Enfin, pas si lasse que ça, mais je ne voulais pas franchir la frontière qui séparait l'intérêt de l'obsession. Je savais qu'il était assez ordinaire, voire prudent, de vérifier les antécédents de quelqu'un sur Internet, mais j'estimais que ce principe ne devait s'appliquer qu'aux fiancés et employeurs potentiels.

Ayant refermé mon ordinateur, je me concentrai sur le dossier médical de Graham Keller. Je l'avais parcouru la veille au soir jusqu'à ce que ma vision se trouble et, s'il contenait quoi que ce soit de suspect concernant son décès, je ne l'avais pas vu.

La plus grosse lacune de ma petite théorie résidait dans mon incapacité à expliquer comment Sara Whitley aurait pu faire en sorte que cet arbre tombe sur José. Et maintenant, je me trouvais face à un autre mystère : tous les médecins, les infirmières, les secouristes et même l'électroencéphalogramme, confirmaient que Graham Keller était mort des suites d'un infarctus foudroyant.

Quant à Marcus Evans, j'étais désormais capable de réciter de mémoire ses antécédents médicaux. Et bien que tout portât à croire qu'il s'était endormi au volant – fin de l'histoire –, je disposais de la cassette vidéo.

Un vague picotement au niveau de la nuque ne cessait de me susurrer que j'étais en train de passer à côté d'une évidence. Or, j'avais tendance à faire confiance à ce type d'intuition. Elle m'avait déjà avertie une fois que Mike Mattioli me trompait, des semaines avant que je ne le surprenne en train d'escalader cette serveuse poitrinaire dans notre propre lit. Je l'avais immédiatement jeté, de même que le lit. De toute façon, je n'aurais jamais dû permettre à cet abruti d'emménager chez moi. Toutes mes amies me l'avait fortement déconseillé, mais j'avais bêtement ignoré leurs avertissements. D'ailleurs, voilà très exactement où se situait le cœur du problème : les hommes réveillaient la bêtise qui sommeillait en moi.

Sauf Patrick.

Je ressentis un nouvel accès de honte pour mes rêves de la nuit passée. Fermant les yeux quelques secondes, je décidai qu'il n'était pas nécessaire d'explorer plus avant mon subconscient. En tout cas, pas aussi tôt un samedi.

Je retournai donc sur un terrain où je me sentais beaucoup plus à l'aise : les macchabées. Je savais qu'il faudrait probablement que je contacte la police au sujet du message de menace, mais je n'étais pas encore prête à répondre aux questions qui s'ensuivraient immanquablement. Je n'avais pratiquement aucune réponse concernant les « qui ? », encore moins concernant les « pourquoi ? » et ils estimeraient sans aucun doute que je faisais une montagne d'une souris.

De toute façon, à part ce léger problème avec les mecs, je n'étais pas stupide. Dorénavant, j'allais faire extrêmement attention. J'aborderais chaque trajet en dehors de mon appartement comme une mission de repérage chez Macy's après Thanksgiving : coudes écartés, menton pointé, yeux grands ouverts. Je décidai de conserver l'angoissante note dans le tiroir de ma cuisine jusqu'à plus ample information.

J'aurais vraiment, vraiment aimé découvrir quelque chose d'un peu substantiel avant le lundi matin. Une confession détaillée de Sara Whitley aurait été idéale, mais là, je prenais mes désirs pour des réalités. Il me fallait au moins un fait concret. Il n'était pas nécessaire qu'il soit sensationnel – juste suffisamment probant pour me couvrir. Surtout si Margaret et ses âmes damnées avaient raison et que mes heures chez Dane-Lieberman étaient comptées. Je resserrai mon *shrug* autour de mes épaules et me concentrai sur la marche à suivre pour sauver ma peau.

Par chance, ma table basse était carrée, au lieu du traditionnel rectangle – au grand dam de Sam, d'ailleurs, qui prétendait qu'elle déséquilibrait le volume du salon. Mon raffiné voisin avait peut-être raison, mais cette forme me permettait de m'étaler et d'organiser, à ma façon toute personnelle, les différents éléments de ce dossier.

Stacy Evans m'avait fait parvenir les doubles des photographies prises par la police sur le lieu du crime.

— Tiens tiens, quand ai-je donc décidé qu'il s'agissait d'un crime ? murmurai-je en tapant le sol du bout de ma sandale et en contemplant mes piles de documents. *Environ cinq secondes après avoir découvert le message de menace sur ma porte.*

Il n'y avait pas de fumée sans feu : pourquoi chercher à m'effrayer si cette affaire n'était qu'un banal accident ?

Je fus parcourue d'un frisson, mais refusai de rendre les armes.

La nationale I-95 était en perpétuels travaux et je dus visuellement slalomer entre les barrières de sécurité orange et blanc disposées le long de la voie pour distinguer la voiture sur la photo. Elle reposait sur le toit et l'avant disparaissait partiellement dans un canal peu profond. J'examinai trois autres photographies montrant plus ou moins la même scène, mais selon des angles et des distances différents. Mon estomac fit un bond à la vue du cliché suivant. Il montrait Marcus Evans, suspendu en l'air par sa ceinture de sécurité. Il y avait aussi un peu de sang, mais pas trop.

Je me sentis soudain… indiscrète, irrespectueuse, en faute même. Les gens ordinaires ne sont pas censés observer les morts. Surtout les tout « frais ». De telles expériences sont, normalement, réservées aux médecins, aux infirmières, aux pompes funèbres et à tous ceux qui ont fait le choix d'une profession aussi morbide.

Il n'y avait qu'un seul mort que j'avais vu d'aussi près : Beau-Père Numéro Deux avait bénéficié d'un cercueil à ciel ouvert. Voilà bien une tradition répugnante. J'avais une certaine sympathie pour lui, mais le fait de le voir dans cet état, les bras croisés et le visage recouvert de maquillage… Ça m'avait carrément calmée. Après une telle expérience, dès que je pensais à John Rossi, mon cerveau affichait cette image macabre du funérarium : John, gris, poudré et mort. C'était vraiment dommage. Et puis, il y avait eu l'épisode de la mouche : durant tout le service funèbre, une mouche s'était baladée dans la salle, atterrissant occasionnellement sur le bout du nez de John. Quand je mourrai, je veux qu'on suspende au plafond un cordon de rubans antimouches autour de mon corps.

J'alignai avec soin les différentes photographies sur la table et les observai dans le moindre détail. J'étais au courant des travaux sur l'échangeur de Jupiter. Ils refaisaient la route pour y ménager une voie de sortie plus grande, afin de faciliter l'accès à l'autoroute. Du moins, c'était le projet initial. Car, comme la plupart des programmes de travaux, celui-ci avait pris du retard. Au moment de l'accident de Marcus, seules les deux voies de gauche étaient ouvertes et d'énormes bidons bloquaient une bonne portion de celle de droite, qui avait été décapée dans l'attente d'un nouveau revêtement.

Mais ces clichés étaient pris de beaucoup trop loin et je dus aller fouiller dans mon fidèle tiroir à bazar pour y chercher la loupe en plastique qui m'avait été gracieusement offerte par un magasin de bricolage, pour avoir demandé à souscrire sa carte de crédit. Certes, celle-ci m'avait été finalement refusée, mais je ne l'avais pas pris comme un affront personnel, vu ma faible propension à faire du shopping dans des magasins dotés de sol en ciment.

En émule parfaite – et admirablement vêtue – de Sherlock Holmes, je me tenais devant les photographies, en scrutant chaque centimètre carré. Un sourire se dessina sur mes lèvres. Pas parce que je venais de découvrir quelque chose, mais plutôt le contraire.

Cette belle euphorie ne m'avait pas encore quittée quand Liam arriva.

— Je ne vous aurais pas imaginée si matinale, remarqua-t-il en passant devant moi.

Il sentait le savon, le shampoing et le café et, à mon corps défendant, je pris une profonde inspiration pour en savourer l'effluve. Comme à son habitude, il portait un vieux jean élimé qu'il avait cette fois agrémenté d'une chemise de coton de chez Tommy Bahama qui devait bien avoir fait trois étés. Ça ne me dérangeait pas vraiment et je trouvais même plutôt sexy la façon dont elle tombait sur ses larges épaules, avant de disparaître dans la ceinture de son pantalon. Ses cheveux sombres étaient encore un peu humides et il semblait avoir utilisé les mains plutôt que le peigne pour les coiffer. Et bien que ses orteils menacent de percer incessamment le cuir de ses Docksides éculées, il avait globalement belle allure.

De mon côté, on ne pouvait pas en dire autant. Du moins dans l'intimité de ma conscience. Je le suivis dans le salon en répétant désespérément un mantra : *PatrickPatrick-Patrick…*

— C'est quoi tout ça ? demanda-t-il en apercevant les photos, puis en se tournant vers moi.

Aaah, ces yeux… On aurait dit des lasers bleus, capables de me sectionner en deux au niveau des rotules.

Ignore-le !

— Je crois avoir découvert quelque chose, dis-je, incapable de dissimuler mon excitation.

— Et ça ? poursuivit-il en passant le doigt dans la lanière en Nylon orange de ma ridicule loupe.

Je la lui arrachai de l'index.

— J'ai dû improviser, répliquai-je.

Je m'approchai de lui – erreur – et plaçai la loupe au-dessus de la première photo.

— Ça fait quoi, ça ? Dix centimètres de dénivelé entre la route et la voie en travaux ?

— À peu près.

— Et ça ? demandai-je en passant au second cliché, pris de plus près. Vous voyez l'ornière dans le gravier ? Elle forme une diagonale parfaite avec l'endroit où la voiture de Marcus a décollé, passant au-dessus des plots de sécurité, pour atterrir dans le canal.

Liam m'emprunta la loupe pour effectuer son propre examen des photos.

— Putain…

Je me sentis… vengée.

— Vu le dénivelé, même s'il s'était endormi au volant, il est impossible qu'il n'ait pas réagi après avoir quitté la route. À cet instant, il aurait dû, à tout le moins, se réveiller en sursaut et faire quelque chose.

— Mais il ne l'a pas fait, confirma Liam. Vous voyez les marques de pneus ?

Je me penchai vers la photo et acquiesçai.

— Elles sont régulières. Si le type avait été ne serait-ce qu'un tout petit peu conscient, il aurait fait quelque chose : tourner le volant, piler sur la pédale de frein…

— Donc, il était drogué, en conclus-je. Toute action entreprise pour éviter l'accident aurait laissé des traces de pneus… bordéliques, n'est-ce pas ?

Il me lança un demi-sourire amusé que je n'arrivai pas à déchiffrer.

— « Bordéliques », c'est une idée, ironisa-t-il en retirant son portable de l'étui fixé à sa ceinture. J'ai mené ma petite enquête sur votre théorie de substitution de café.

J'eus envie de le saisir par le col et de l'embrasser pour avoir pris mon idée au sérieux. Mais qui essayais-je donc de berner ? J'avais juste envie de l'embrasser, point.

— Vous avez retrouvé la tasse dans laquelle Marcus a bu, le matin où il a été tué ?

— Non, s'écria-t-il en se frappant le front de la paume. Bon sang, pourquoi n'y ai-je pas pensé ? J'aurais dû passer au peigne fin toutes les décharges de la région pour une tasse en carton.

— Inutile de recourir au sarcasme.

La tasse était peut-être dans la voiture. Il faudrait que je vérifie. J'aurais pu demander à Liam de le faire, mais, présentement, j'aurais préféré me couper la langue plutôt que de lui en faire la suggestion.

Mon regard était toujours aussi noir quand il me tendit son portable après l'avoir passé en mode photo.

— J'ai consacré le début de la matinée à effectuer une petite expérience très peu scientifique.

Une image apparut sur le minuscule écran. Visiblement, elle avait été prise à travers les lattes d'un mini-store. Elle montrait une brune, seins nus, cravache en main, qui fouettait un vieux type chauve portant, pour seuls vêtements, un collier de chien.

— Oh, pardon. Ça, c'était pour un ancien dossier, s'excusa-t-il en appuyant sur une touche.

— Sacré souvenir, ponctuai-je.

Ignorant mon commentaire, Liam me présenta tout un tas de clichés de gens buvant du café au même Starbucks que celui auquel s'était rendu Marcus, le matin de sa mort.

— Vous aviez raison à propos de cette histoire de taille.

— Je veux bien le croire.

— Vingt-six clients sont restés suffisamment longtemps pour commander un deuxième café. D'ailleurs, je vous avoue qu'il faudrait que leur café au lait demi-écrémé, moitié lait de soja, sans sucre, sans crème, frappé machin-chose me soit servi dans une tasse en or pour que j'accepte de payer le prix qu'ils facturent là-bas. À propos, vous en auriez un de prêt ?

— Toujours.

J'allai dans la cuisine et remplis un mug à son intention, avant de compléter le mien à ras bord.

— Aucun d'eux, poursuivit-il, n'a commandé un café plus grand.

— Je vous l'avais dit.

— Ils n'ont pas de caméras de surveillance, mais ils utilisent une caméra vidéo pour le service au volant. Le gérant a dit qu'il devait d'abord demander l'autorisation à sa direction, mais il a accepté de m'envoyer la cassette si on lui donnait le feu vert.

Il avala son café en quelques gorgées.

— Vous êtes prête ?

J'avais vidé mon porte-documents en n'y laissant qu'un bloc-notes et quelques stylos. Il était désormais moins lourd que mon sac à main, mais c'était le cas de la majorité des valises. On n'est jamais trop bien préparé.

En sortant, je verrouillai à double tour la porte de mon appartement.

— Votre voiture ou la mienne ?

— Comme vous voulez, répondit-il en indiquant l'une des places de stationnement réservées aux visiteurs.

Le terme « voiture » était un peu trop généreux pour décrire ce qui lui tenait lieu de véhicule.

— C'est quoi ?

— Un projet en cours, répliqua-t-il sans aucune gêne. Il s'agit d'une Mustang de 1964 et je suis en train de la restaurer.

— Avec de la pâte à modeler ?

— C'est du mastic, corrigea-t-il. Et ne me vannez pas trop sur ma bagnole. La seule raison pour laquelle le garage Charlie's a accepté d'examiner l'automobile de votre Evans, c'est que je suis un excellent client.

— Si vous êtes un si bon client que ça, pourquoi ne l'ont-ils pas repeinte ?

Il secoua la tête lentement.

— La restauration d'une voiture débute toujours par son intérieur.

— Si vous le dites, répondis-je en lui lançant les clefs de ma BMW.

Il les rattrapa sans mal, en se fendant d'un petit sourire condescendant quand il vit le logo noir, bleu et blanc.

— Je suis choqué de constater que vous conduisez un véhicule de prestige.

Ma voiture émit un bref signal sonore et les clignotants s'allumèrent quand il désactiva l'alarme.

— Vous êtes jaloux parce que la mienne à quatre pneus identiques.

— Je suis vert d'envie.

— Ne dites pas de bêtises.

Il me fit un petit sourire en coin en s'installant derrière le volant.

— Vous avez raison.

De mon ton le plus professionnel, je déclarai :

— Sara Whitley habite…

— À Whitehall House, finit-il. Un petit bijou très coûteux – trois cents mètres carrés au sol pour elle toute seule, en plein centre de Palm Beach. Je parie que les taxes foncières qui vont avec sont exorbitantes.

— Je doute qu'elle ait des problèmes d'argent. Son mari a construit ou négocié la vente de la moitié des résidences de City Place.

— Ça fait pas mal de chemin parcouru depuis sa caravane de Tupelo.

— Pardon ?

— Sara Whitley a des origines plutôt modestes.

— Ah booooon.

Je ne l'avais vue qu'une seule fois au Breakers, la veille de son mariage, mais elle m'avait fait l'impression d'être une femme pleine d'assurance, parfaitement éduquée et née avec une cuillère d'argent dans la bouche. Mince, sacrée promotion sociale.

— Ça l'a probablement aidée d'avoir été Miss Mississippi.

— Peut pas faire de mal, admis-je. Excusez le cliché, mais si Sara a grandi dans un camp de caravanes, il se pourrait qu'elle connaisse des gens capables de tuer quelqu'un. Il n'est pas nécessaire qu'elle ait accompli le meurtre elle-même. En tant qu'ex-reine de beauté, elle a parfaitement pu rendre un homme fou de passion au point d'accepter n'importe quoi. De là à le convaincre de tuer quelqu'un pour elle, il n'y a qu'un pas.

Il me lança encore un de ses *regards*.

— Vous devriez peut-être rencontrer la dame en question avant de la condamner, non ?

— Je ne fais qu'envisager des pistes.

Et d'excellentes pistes, si l'on voulait mon avis – qu'il ne me demanda pas. Je restai donc assise en silence jusqu'à notre destination, me sentant totalement invisible, même en Lilly.

Whitehall House était à la hauteur de son nom pompeux. À vrai dire, la plupart des maisons ayant un nom sont assez prétentieuses. La façade de la résidence – pardon, propriété – de deux étages était d'un gris coquille d'huître, rehaussé de nacre. Une allée carrossable slalomait au milieu d'un parc superbement paysagé, avant de s'élargir aux abords de l'arcade du perron. Le système d'arrosage émettait un léger chuintement en aspergeant le gazon d'un vert vif. Au loin, j'entendis le faible ronronnement d'un yacht à moteur, éclipsé un instant par le cri rauque d'un goéland.

Une employée de maison en uniforme nous accueillit avec des yeux sombres et inquiets et nous fit pénétrer à regret à l'intérieur d'un hall d'entrée princier. Celui-ci s'ouvrait sur deux étages et s'organisait autour d'une fontaine abstraite qui s'écoulait dans un bassin rempli de carpes japonaises.

Je jetai un bref coup d'œil à l'impressionnante collection d'œuvres d'art qui ornait les murs.

— Je connais quelqu'un qui a une passion pour les cubistes, chuchotai-je.

— C'est comme ça qu'on appelle ces horribles m…

— Mme Whitley va vous recevoir, annonça l'employée de maison.

Elle nous guida jusqu'à une grande pièce rectangulaire située à l'arrière de la maison. Le mur opposé consistait en une immense baie vitrée donnant sur une fabuleuse piscine. Tout dans cette pièce évoquait la perfection. Tout sauf la femme qui nous y attendait, debout avec, dans une main, une photographie et, dans l'autre, un whisky soda.

Même sans cet indice, il ne fallait pas être grand clerc pour deviner, d'un simple coup d'œil, que Sara Whitley était un tantinet bourrée. Le fait qu'il soit à peine 10 heures du matin ne semblait pas plus la gêner que celui d'être prise la main dans le sac par deux parfaits inconnus.

— Mme Whitley, je suis Finley Tanner du cabinet Dane-Lieberman.

D'accord, j'escomptais une réaction de sa part à cette annonce. C'était tout de même Victor Dane qui avait brillamment assuré la défense du docteur Hall.

Mais rien. Nada. Zéro. Pas même un vague signe de réaction dans ses yeux bleus injectés de sang.

— Maria, apportez donc à Finley Tanner du cabinet machin-truc quelque chose à boire, demanda-t-elle à son employée, avant de pivoter maladroitement vers Liam. Qui êtes-vous ?

Liam se présenta.

— Un café serait parfait, dit-il à l'employée en s'asseyant sur l'accoudoir de l'un des trois fauteuils de la pièce.

— Asseyez-vous, m'ordonna Sara en utilisant la main qui tenait son verre pour m'indiquer un siège.

Le liquide doré tangua dangereusement et finit en partie sur les tommettes. Il eut le temps de disparaître entre les dalles de carrelage avant qu'elle ne bredouille : « Ooops » en émettant un rire idiot.

— Peut-être devriez-vous vous asseoir, lui suggéra Liam qui se leva pour lui prendre le verre des mains et la guider par le coude vers le fauteuil le plus proche.

Ils échangèrent un bref regard avant que le détective ne lui rende son whisky soda.

— Merci, lui dit-elle.

Bon, eh bien je savais désormais à quoi elle avait consacré une bonne partie des trois années précédentes – nager dans une bouteille de whisky. Difficile d'échafauder une série de meurtres particulièrement astucieux quand on noie ses cellules grises à grand renfort de rasades.

Maria revint avec un service à café en argent, remplit nos tasses, puis s'éclipsa discrètement.

— Je vous suis reconnaissante d'avoir accepté de me voir, lui dis-je en portant la porcelaine à mes lèvres.

— J'ai fait ça ?

Génial. J'avais l'impression d'interviewer un résidu de séchoir à linge.

— Mme Whitley, savez-vous que divers incidents ont affecté les jurés du procès civil ?

Elle émit un son, entre le rire et le grognement.

— Ce ne fut pas un procès, mais une farce. Le tout-puissant docteur Hall n'était pas responsable de la mort de Brad, s'exclama-t-elle en serrant la photographie contre elle. Douze personnes l'ont affirmé.

— Mais vous ne les croyez pas, n'est-ce pas ?

Elle secoua la tête avant de sécher son whisky d'un trait. Les yeux fixés sur Liam, elle fit tinter les glaçons contre le cristal de son verre. Il obtempéra en le lui remplissant au moyen de la carafe posée sur le bar.

— La greffe était censée le sauver. Hall m'avait juré que tout se passerait bien.

— Je ne pense pas qu'il puisse y avoir de certitudes absolues en médecine, lui dis-je gentiment.

— Non, non, non ! s'écria-t-elle avec emphase. Hall avait dit que le donneur était parfait. M'a affirmé que tout se passerait bien.

Bon, tout cela ne menait pas très loin.

— Avez-vous jamais songé à vous venger du docteur ?

Elle me regarda avec des yeux ébahis, aussi désorientée que le lui permettaient ses synapses confites dans l'alcool.

— Comment ça ? Je l'ai attaqué en justice. Et j'ai perdu.

— Et c'est pour ça que vous avez décidé de plonger dans la bouteille ? demanda Liam.

Son insolente question parut la déstabiliser un instant, mais elle finit par hausser les épaules.

— J'imagine. J'ai pensé au suicide, fait quelques tentatives, mais il semble que je ne sois pas très douée, soufflat-elle alors que ses yeux s'embuaient. Il me manque.

Elle baissa les yeux vers la photographie et de grosses larmes roulèrent sur ses joues.

Quelques instants plus tard, quand nous eûmes abandonné Sara à son chagrin, j'étais moi-même prête à pleurer.

— Cette femme n'est pas une meurtrière.

— Parce qu'elle picole et qu'elle chiale ? ironisa Liam.

— Parce que, quelle que puisse être la personne qui a orchestré ces assassinats, elle y a consacré beaucoup de temps et de réflexion.

— À moins qu'il ne s'agisse pas de meurtres.

Soudain, je m'immobilisai en saisissant son bras, le forçant presque à pivoter pour me faire face.

— Soyez honnête, vous le pensez vraiment ?

— Non.

11.

Ne placez jamais dans votre bouche quelque chose que vous ne pouvez découper avec un couteau et une fourchette – votre pied[1], notamment.

Un autre message m'attendait chez moi quand je rentrai de mon excursion commando chez Sara Whitley. À certains égards, il était bien plus effrayant que le précédent. Il provenait de ma mère. En pratique, il ne s'agissait pas à proprement parler d'un message, mais plutôt d'une carte glissée à l'intérieur d'une enveloppe recommandée.

J'étais plus ou moins capable d'évaluer le niveau de colère de ma mère à mon égard, en fonction des moyens de communication qu'elle choisissait. Le fait que son invitation au brunch traditionnel me parvienne par courrier recommandé n'annonçait rien de plaisant.

Nous étions dimanche matin et j'avais encore dans la tête l'écho du ricanement ironique de Liam. Se laissant

1. *NdT.* En anglais, l'expression « mettre son pied dans sa bouche » signifie faire une gaffe.

aller à un inévitable accès de testostérone, il m'avait arraché l'enveloppe des mains, avant de l'ouvrir d'un geste brutal, malgré mes protestations enflammées. Inutile de préciser qu'en y découvrant l'ordre de mission calligraphié par ma mère, il s'était largement gaussé. Et, comme d'habitude, j'avais eu l'air ridicule. À cette heure, il devait encore se demander – en rigolant à pleins poumons – pourquoi ma mère avait pris la peine de m'adresser une invitation écrite à un brunch déjà programmé et accepté dans ses moindres détails géographiques et horaires.

Je regrettais maintenant de ne pas avoir été plus attentive lors de mes cours de yoga. J'aurais peut-être déjà compris comment localiser mes chakras. L'un des sept aurait forcément fait l'affaire pour déloger la boule d'angoisse qui s'était installée dans mon estomac. Mais non, j'avais bêtement préféré me concentrer sur la manière dont le Lycra de mon justaucorps flattait mes formes, plutôt que d'apprendre à accéder à la sérénité.

Je me souvenais avoir lu que les animaux de compagnie parvenaient à faire baisser la tension artérielle. Je me versai donc une pleine tasse de café et m'aventurai à l'étage supérieur pour une visite matinale à Butch et Sundance. On ne peut pas dire que mon arrivée dans leur domaine suscita chez eux un grand enthousiasme. Une fois que j'eus pris soin de leur nourriture, leur gamelle d'eau et leur litière, j'ouvris ce que Sam appelait leur « coffre à jouets » et en sortis un couple de souris en plastique.

Les deux chats se tenaient à l'autre extrémité du canapé, aussi immobiles que des statues. Seuls leurs yeux sournois, en amande, suivaient mes mouvements, alors qu'assise par terre, je les appelais – « Minou, minou » – avant d'envoyer rouler les deux rongeurs à quelques centimètres.

Celui de gauche daigna poser les yeux sur la souris rouge vif, mais ne bougea pas. L'autre se redressa, s'étira, puis commença à se lécher les parties intimes avec application. J'essayai une deuxième fois, sans plus de succès. Je sortis d'autres jouets, munis de sonnettes, à ressort, avec de la fourrure, des plumes… Rien ne semblant retenir l'attention de ces deux feignasses, je ramassai ma tasse de café et décampai. Bah, ils n'étaient peut-être pas du matin.

Mais avant de refermer la porte de l'appartement, je repassai la tête dans l'encoignure et leur balançai, avec un petit sourire narquois :

— Vous craignez grave comme animaux de compagnie. Je vous souhaite le bonjour.

Pour une raison que je n'arrivais pas à comprendre, j'étais debout depuis 6 heures du matin. Pourtant, contrairement à la veille, je n'avais eu aucun mal à sélectionner ma tenue. L'alternative était simple : classique, du genre Ann Taylor, qui ne manquerait pas de ravir ma mère, ou *trendy* chic qui lui mettrait instantanément les poils à la verticale. Cette dernière option était fort tentante, mais je lui préférai la version la plus conservatrice : une jupe de coton bleu marine, une blouse rose pâle et un collier de perles. Un choix sans créativité, mais facteur d'apaisement.

Et puisque j'étais prête très – beaucoup trop – tôt (ça tournait à la mauvaise habitude, mais fallait-il pour autant que je songe à diminuer la caféine ? Non !), j'ouvris le dossier Evans en espérant qu'un réexamen, cette fois avec un œil frais, m'apporterait quelques réponses. Je me sentais mieux depuis que je savais que Liam partageait mes soupçons, même si je n'avais pas besoin de son approbation pour avoir un avis. Certainement pas !

— Oublie-le, grommelai-je en attrapant le rapport médical que je pouvais désormais presque réciter par cœur.

En supposant que l'accident de Marcus avait été le résultat de l'absorption d'une drogue ou d'un poison quelconque, je me dis que Keller avait dû subir un sort similaire. Cela dit, le quoi, le comment et le pourquoi restaient encore un mystère.

Le rapport des secouristes qui avaient répondu à l'appel du Kravis Center confirmait seulement que le cœur de Keller avait déjà cessé de battre quand ils étaient arrivés sur les lieux. Il leur avait fallu pas moins de sept minutes de réanimation, de l'oxygène et plusieurs intraveineuses pour le faire redémarrer. Son rythme cardiaque était resté instable durant le transport en ambulance, mais il était arrivé aux urgences en vie. Enfin, à peine.

Au cours des trente-six minutes qui avaient suivi son admission, tout avait été mis en œuvre pour le réanimer, mais, au bout du compte, rien n'avait fonctionné. Sa mort avait été déclarée moins d'une heure après s'être effondré au Kravis Center.

Les soins dispensés à Keller, quoique fort brefs et vains, avaient néanmoins généré une trentaine de pages de notes et de formulaires en tout genre. Certains ne contenaient que quelques annotations, mais tout ce qui avait été entrepris pour Keller avait été noté et signé. Jusqu'à l'aide-soignante dont le rôle s'était borné à découper le smoking du patient, après qu'il avait rejoint la salle d'examen.

Je disposais également de plusieurs pages de notes et autres formulaires, rédigés post mortem. Bien que d'un style différent, leurs conclusions étaient identiques : Keller était mort. Mais, pour positiver, quelqu'un (initiales HC) avait demandé que soient pratiqués des tests sanguins sur le défunt. Cela dit, aucun résultat d'analyses ne semblait figurer au dossier mis à ma disposition.

Étrange. La mort de Keller remontait à plusieurs mois. Les résultats du labo auraient déjà dû être classés dans son dossier depuis le temps.

Je repris le dossier médical et trouvai plusieurs papiers émanant d'Helen Callahan, infirmière, ainsi que d'autres documents qu'elle avait signés. L'une des annotations, juste avant la mention de l'heure de la mort, avait été barrée et paraphée par ses soins. J'orientai la feuille vers un rayon de soleil qui filtrait à travers la baie donnant sur ma terrasse pour essayer de voir ce qu'il y avait sous la rature.

IV – pour intraveineuse peut-être ?

Je plissai les yeux et me concentrai. Il y avait d'autres mots que je ne parvenais pas à déchiffrer, puis *Cal*-quelque chose, suivi du mot *pousser.*

Ayant allumé mon ordinateur, je fis une recherche sur cette Helen Callahan. Malheureusement, il y en avait onze, rien que dans le comté de Palm Beach. De toute façon, je savais que ça ne constituait pas un gros problème, car je pourrais toujours la retrouver à l'hôpital. J'ajoutai donc son nom et l'adresse de l'établissement où elle exerçait, à ma liste de personnes à interroger. Juste au cas où.

Ma messagerie électronique tinta et l'icône m'annonçant l'arrivée d'un courriel s'afficha à l'écran. Mon humeur s'améliora lorsque je vis qu'il s'agissait d'une notification d'eBay pour me signifier que j'avais remporté le boîtier de ma future Rolex. Vite, j'ouvris PayPal et finalisai la transaction. J'agitai les épaules frénétiquement pour marquer mon euphorie. Ce n'était pas mon genre d'oublier l'heure limite d'une enchère, mais ça m'était complètement sorti de l'esprit.

Une douzaine d'autres courriels m'attendaient, la plupart m'offrant d'augmenter la taille de mon pénis inexistant. Il faudrait que j'apprenne un de ces jours à bloquer ces annonces, mais ce n'était pas le moment. J'allais refermer ma session, quand un message instantané arriva. Supposant qu'il s'agissait d'un remerciement de la part du vendeur de mon boîtier, je l'ouvris pour y lire le texte suivant :

Salut Finley.

Le message provenait d'un certain ToutCompteFait. Je souris en songeant que c'était un patronyme plutôt créatif pour quelqu'un qui intervenait sur un marché d'occasions. Pour ma part, j'avais choisi le surnom de *FAT-Girl*[1] en me disant que ça tiendrait à distance les pervers à la recherche d'un plan cul. Mais j'avais tort car, apparemment, nombre de mecs – et de nanas – appréciaient les rondes.

— Merci pour le boîtier, récitai-je tout en tapant ma réponse. J'ai hâte de le recevoir.

À tort.

— Ah, non ! m'exclamai-je, tout en tapant furieusement.

Pourquoi ? Je viens de vous envoyer l'argent.

Réponse :

Tu ne vivras pas assez longtemps pour en profiter.

Ce message effrayant fut suivi d'un signal me notifiant que ToutCompteFait venait de se déconnecter.

Je fixai mon ordinateur, tandis que mon pouls battait la chamade, diffusant une généreuse dose de panique dans tout mon corps. Nul besoin d'être un génie pour deviner que ToutCompteFait et celui qui avait punaisé les menaces

1. *NdT.* En anglais, « grosse fille » (référence aux initiales de Finley).

sur ma porte d'appartement ne faisaient qu'un. Génial. Il savait donc où j'habitais et connaissais mon adresse électronique personnelle.

Mes mains tremblaient. À vrai dire, tous mes membres échappaient à mon contrôle et ce n'était pas une conséquence de mon succès sur eBay. J'aurais tellement aimé que Sam soit chez lui – au moins, j'aurais eu un endroit où me réfugier. Parce que, présentement, il ne servirait pas à grand-chose de me cacher sous mon lit. Le lit de mon petit ami aurait été plus indiqué, mais je savais par expérience qu'il serait pratiquement impossible de localiser Patrick : un téléphone portable était paraît-il capable de dérégler tout le système de navigation d'un DC-10.

Par défaut, je composai le numéro de Becky. Je jurai copieusement en entendant sa messagerie vocale se déclencher. Même chose quand j'appelai Jane et Liv. À quoi pouvaient donc bien servir les amies, si on ne pouvait même pas partager avec elles de mystérieuses menaces de mort ?

Je fus tentée d'appeler Liam, mais je craignais de passer pour une demoiselle en détresse. En outre, il était probablement en plein… *truc.*

Ma mère n'était pas chez elle. De toute façon, elle n'était pas franchement réputée pour sa compassion et son empathie à mon égard. Je décidai donc d'opter pour le seul abri disponible : Dunkin' Donuts.

En temps normal, j'aurais filé au Starbucks, mais il n'y en avait aucun sur le chemin du Country Club Ironhorse.

J'envisageai aussi d'appeler la police. Ça paraissait prudent, mais il était possible que je me trompe. Et s'il ne s'agissait que d'une mauvaise blague ? Bon d'accord, ça commençait à faire beaucoup de coïncidences, mais tout de même. Je n'avais pas envie de passer pour une dinde. Pas auprès de la police, pas auprès de mon chef et, surtout, pas auprès de moi-même.

Comme je n'étais pas un génie en matière de PC, je me dis que la meilleure des choses à faire était encore de placer mon ordinateur en hibernation. Ensuite, je pourrais peut-être – un énorme peut-être – le montrer aux dingos de l'informatique de chez Dane-Lieberman pour voir s'ils parvenaient à identifier l'émetteur du message. Et puis ? Facile. Avec un nom, il ne me resterait plus qu'à aller voir la police et à faire arrêter ToutCompte-Fait. Après, j'intenterais un procès pour harcèlement et j'obtiendrais d'énormes dommages et intérêts. Peut-être même suffisamment pour m'offrir une Rolex déjà montée.

Quelques instants plus tard (me sentant très bête, mais pour d'excellentes raisons), je fixai avec du Scotch le miroir grossissant normalement réservé aux épilations les plus délicates à l'extrémité d'une longue fourchette de barbecue.

Après avoir vérifié dehors qu'il n'y avait rien ni personne de suspect, j'utilisai mon curieux outil pour ausculter le dessous de ma voiture. Je ne savais pas trop ce que j'étais censée chercher. Du TNT et un minuteur ? Bon, ma réaction était peut-être un peu exagérée, mais la prudence paraissait s'imposer si l'on considérait que j'avais le trouillomètre à zéro.

Retenant mon souffle, je m'installai derrière le volant et tournai la clef de contact, m'attendant presque à disparaître dans une boule de feu. Mais puisque rien ne se passa, j'admis que j'avais peut-être regardé un peu trop de films sur la Mafia et qu'il fallait que je me ressaisisse.

Pour voir le bon côté des choses, je me dis que cette toute récente menace de mort me permettait d'aborder mon brunch avec ma mère comme une promenade de santé. Certes, je n'étais pas vraiment coutumière de telles promenades, mais bon.

Une fois arrivée au Dunkin' Donuts, j'avalai trois *caffe latte* glacés à la vanille, en prenant soin de le faire dos au mur. Le mélange de caféine et de sucre apaisa mes nerfs, à moins que je ne dusse l'attribuer au fait de me trouver dans un endroit très passant, *a priori* protégée de Tout-CompteFait.

J'avais emporté mon bloc-notes afin de profiter du temps qu'il me restait avant le brunch pour formuler et organiser mes idées à propos de l'affaire Evans. La liste des personnes à interroger commençait à être longue et il faudrait bien qu'à un moment donné, je contacte également les jurés restants, pour leur exposer mes craintes. Ça viendrait bien assez tôt – beaucoup trop tôt même puisque Stacy les avait déjà alertés très prématurément. Bien entendu, ce serait beaucoup plus facile si j'avais un suspect possible à mentionner.

Le cas Evans me plaçait dans une position très délicate. Le cabinet Dane-Lieberman était un établissement si guindé qu'il verrait d'un très mauvais œil la moindre publicité. Surtout si je ne disposais d'aucune preuve pour étayer mes affirmations. Je crois bien qu'inconsciemment, c'était la raison pour laquelle j'étais si réticente à aller voir la police pour lui parler du message de menaces et du récent courriel. Dans les deux cas, il serait facile de leur trouver une explication anodine : des adolescents oisifs habitant l'immeuble pouvaient très bien en être responsables et Dieu sait que les cyber-dingos étaient légion (d'ailleurs, même moi je savais pister les intervenants sur eBay). Il aurait été très simple pour un petit génie de l'informatique quelque peu désœuvré de m'envoyer un message, après être tombé sur mon récent achat. Mieux valait donc que je *prouve* que tout cela n'avait rien d'innocent, *avant* d'aller quémander de l'aide.

Mais une fois ces preuves réunies, je mettrais en œuvre tous les moyens disponibles de mon cabinet. La boulette d'angoisse qui se réveilla dans mon estomac me confirma que ce ressassement incessant de questions auxquelles je ne pouvais pas encore répondre n'était probablement pas la meilleure manière de procéder.

Au travail. J'éliminai Sara Whitley de ma liste. Si l'entrevue de la veille donnait une idée assez précise de son problème d'alcool, elle était bien trop attaquée par la bouteille pour planifier un meurtre, et encore moins trois.

— Moyen, mobile et occasion, marmonnai-je.

Je penchais pour le poison. Ça collait bien. Cependant, je ne connaîtrais pas la vérité avant d'avoir reçu les résultats du labo et ceux-ci ne seraient pas disponibles avant au moins une vingtaine d'heures. Enfin, si Liam apportait les échantillons suffisamment tôt au laboratoire pour que celui-ci puisse les analyser dans la journée. Dans ce contexte, il aurait été utile que je retrouve la tasse de café dans laquelle avait bu Marcus ce matin-là. Peut-être contenait-elle encore un résidu analysable. Mais vu que le véhicule avait atterri sur le toit, je ne me faisais pas trop d'illusions sur cette possibilité. Ça valait néanmoins le coup de faire un tour par le garage Charlie's.

J'avais son adresse, euh… ses adresses. Il y avait deux garages Charlie's dans l'annuaire : l'un dans le quartier de Riviera Beach et l'autre dans la ville de Boca Raton.

Bon, il était plus logique que Liam sollicite les services d'un carrossier situé en ville, plutôt que de se taper près de cent bornes aller-retour. Particulièrement si la poubelle qui lui servait de voiture tombait en panne à intervalles réguliers.

Pour le mobile, aucune difficulté : pour une raison encore inconnue, le fait d'avoir participé à ce jury leur coûtait la vie. À moins que cela ne concerne que les trois jurés décédés ? Ces trois-là avaient peut-être fait ou dit quelque chose qui en avait fait des cibles vivantes. Enfin, plus maintenant. C'était là qu'il fallait creuser. Pourtant, trois années… ça paraissait bien long comme délai pour assouvir une vengeance.

Quant à l'occasion, elle découlait de la routine de Marcus qui, manifestement, avait un emploi du temps très précis. J'inscrivis dans mon bloc-notes de vérifier si Keller et Vasquez s'adonnaient à des activités aussi régulières. Si leurs vies étaient aussi routinières que celle de Marcus Evans, il ne serait pas difficile de déterminer comment quelqu'un avait trouvé le moyen de les atteindre.

Tout comme pour moi, songeai-je avec un frisson. Bon sang, en moins d'une semaine, ToutCompteFait en avait appris suffisamment sur moi pour me faire trembler de peur dans ma petite jupe bleu marine BCBG et mes sandales ajourées.

— Miiiiince ! parvins-je à siffler entre mes dents serrées, en regardant ma montre.

J'avalai le reste de mon *caffe latte* tout en attrapant mon bloc-notes et mon sac à main. Après avoir jeté ma tasse dans une poubelle verte, je courus jusqu'à ma voiture. Impossible d'arriver dans les temps au Ironhorse si je n'ignorais pas les limitations de vitesse.

Ce que je fis donc et avec grand plaisir, jusqu'à ce que j'entende le hurlement strident d'une sirène qui me contraignit à jeter un coup d'œil dans mon rétroviseur. La prière silencieuse que je récitai pour qu'il s'agisse d'un véhicule de police en mission urgente fut instantanément réduite à néant. Les lumières clignotantes bleues et rouges fixées sur le toit étaient bel et bien pour moi.

Je me garai sur le bas-côté de la route tout en appuyant sur la commande d'ouverture des fenêtres, avant d'ouvrir mon sac et d'y chercher mon portefeuille. L'officier de police, un rouquin plutôt jeune et maigre comme un clou, s'approcha, la main crispée sur une liasse de procès-verbaux.

— Bonjour madame, me salua-t-il de façon très protocolaire.

— Bonjour monsieur, répondis-je en lui tendant mon permis de conduire, ma carte grise et mon attestation d'assurance.

L'émetteur radio qu'il avait fixé à hauteur de son épaule crachota.

— Savez-vous à quelle vitesse vous rouliez ?

Pourquoi mentir ?

— Plus ou moins cent kilomètres à l'heure.

Il me sourit derrière ses lunettes de soleil aux verres miroir.

— La vitesse maximale autorisée sur cette portion est de soixante-dix kilomètres à l'heure.

Je soupirai et levai les yeux vers les siens (enfin bon, vers mon propre reflet, mais peu importe).

— Il fallait que je tente le coup, confessai-je. Ma mère peut s'avérer très… pénible, quand je suis en retard, et c'est indubitablement le cas. Pourriez-vous me dresser mon procès-verbal assez rapidement ?

Il haussa les épaules.

— Veuillez rester dans votre véhicule.

Il emporta mon permis de conduire et passa derrière ma voiture. Je gardai un œil sur lui, tout en tambourinant des doigts sur mon volant. Mon estomac gargouillait à la seule idée des conséquences que cet intermède engendrerait forcément. Je ne pensais pas à l'amende, non. Celle-là, je la méritais. Mais maintenant, non seulement j'allais être en retard au brunch, mais, *en plus*, il me faudrait expliquer *pourquoi*. Si je jouais vraiment de malchance, ma mère ne manquerait pas de me rappeler durant tout le repas, la fois où elle avait dû payer près de mille dollars d'amendes pour excès de vitesse à cause de moi. Le fait que j'aie été âgée de 16 ans à l'époque n'y faisait rien : il semblait que cette infraction spécifique de mes jeunes années fût imprescriptible.

L'agent de police maigrelet revint pour me rappeler les options qui s'offraient à moi.

— Si vous souhaitez contester ce procès-verbal, comme vous en avez le droit selon la loi applicable…

— Je sais, l'interrompis-je. Donnez-le moi pour que je le signe et j'y vais.

Une minute et soixante-dix-huit dollars plus tard, l'amende était pliée dans mon sac et j'avais repris la route.

Le Ironhorse était un golf local impeccablement tenu, cerné par la nationale I-95 et l'autoroute. Je fis un signe au gardien qui me laissa passer sans m'arrêter et consultai la pendule sur le tableau de bord. Vingt minutes de retard équivalaient à perpète en année maternelle.

Je tournai à droite, puis aussitôt à gauche, avant de pénétrer dans la zone de stationnement bordée d'arbres et de m'engouffrer dans la première place disponible que j'avisai. Dès que j'ouvris la portière, une odeur de petits plats mijotés m'envahit les narines. Le restaurant du Ironhorse proposait de sublimes desserts et, si je m'y prenais correctement, je pourrais faire glisser dans mon sac plusieurs de leurs macarons au chocolat, sans que ma mère ne le remarque. Je pourrais même les emballer dans mon procès-verbal.

Pour accéder au country club, il fallait emprunter une allée en terre battue assez raide et accidentée. Mais le jeu en valait la chandelle, si on considérait la fabuleuse nourriture que l'on y servait et la vue magnifique sur le parcours de golf, avec ses lagons et ses arrangements floraux colorés.

Le fait que ma mère ait possédé la carte de membre d'un club de golf aussi fermé était un ultime paradoxe. Ça faisait partie des bénéfices qu'elle avait retirés de son deuxième divorce. Certes, le restaurant y était excellent et de superbes soirées s'y déroulaient, mais, en vérité, elle avait uniquement voulu en devenir membre pour enquiquiner son futur ex. C'était tout l'esprit d'un divorce. Rien à voir avec les « relations » qu'entretenait Liam avec Barbie Goulot.

Je pénétrai dans le hall et traversai le bar en direction de l'hôtesse d'accueil, le sourire aux lèvres. Un petit groupe de personnes regardait un événement sportif quelconque sur la télévision installée, aussi discrètement que possible, dans un coin de la pièce. Une femme me fit un signe de la main. Je lui retournai son salut, sans avoir la moindre idée de son identité.

Je jetai un coup d'œil dans la salle de restaurant et aperçus ma mère, attablée toute seule, en train de siroter un Mimosa. Pour ceux qu'elle n'intimidait pas, ma mère était l'archétype du charme. Elle était, comme toujours, très belle. Ses cheveux bruns étaient tirés en un chignon parfait, à l'exception de quelques mèches délicates laissées libres pour adoucir la sévérité de cette coiffure. Grâce à ses années au Metropolitan Opera, elle était passée maîtresse dans l'art de manier les cosmétiques. Par ailleurs, elle se maintenait en forme en suivant un programme sportif strict et ne tolérait aucun dépassement de la taille 36.

Malheureusement, la seule chose que nous avions en commun était la couleur des yeux : bleu pâle. Donc, prenant mon courage à deux mains, je demandai à l'hôtesse d'accueil de me conduire à sa table. Ce faisant, je me fis l'impression d'un condamné à mort demandant à son maton de le conduire à la chambre à gaz.

— Finley ! s'exclama ma mère, surtout à l'intention de nos voisins de table.

Se redressant sur sa chaise, elle me présenta sa joue que je baisai respectueusement. De puissantes bouffées de Bal à Versailles faillirent me terrasser.

En se réinstallant, elle en profita pour me passer en revue d'un coup d'œil bref.

— J'aurais très bien pu faire une réservation pour une heure plus tardive, tu sais.

— Pourquoi ? demandai-je en adressant un signe de remerciement au serveur qui m'avait accompagnée jusqu'à la table.

— Tu aurais eu le temps de te coiffer.

Elle visait toujours juste, sans jamais rater sa cible ! Mes cheveux étaient parfaitement coiffés, merci, mais je savais pertinemment qu'il valait mieux éviter d'entrer dans son jeu.

— J'ai dû travailler ce matin. Une nouvelle affaire.

— Une nouvelle affaire de quoi ? s'enquit-elle en consultant le menu qu'elle avait eu tout le temps de mémoriser.

D'herpès. Non, Finley, tais-toi, ça ne vaut pas le coup.

— Une affaire de meurtre.

Ma mère réagit comme si on venait de la gifler.

— Toi ? Tu es impliquée dans un meurtre ?

— Dans l'enquête, maman. Je ne suis pas un suspect potentiel.

— Mais es-tu apte à traiter un tel dossier ? Est-ce qu'il n'est pas nécessaire d'avoir fait des études ou reçu une formation spéciale pour enquêter sur un vrai meurtre ?

— *J'ai fait* des études, lui rappelai-je en me retournant pour faire signe au serveur, articulant à son intention les mots « Bloody Mary, corsé », avec des yeux presque suppliants.

— Je parle de véritables études. Comme celles que l'on suit en faculté de droit.

Moins de cinq minutes. Elle venait de battre son propre record de plus d'une minute, concernant le chapitre « Finley, tu gâches ta vie ».

— Un jour, peut-être, répondis-je pour couper court à son sermon.

En tout cas, c'était plus facile que de l'informer que ça n'arriverait pas, puis d'écouter son opinion sur le sujet.

— Qui a été assassiné ?

— Trois personnes, précisai-je avant de lui faire un vague résumé du dossier.

À son crédit et ma plus grande surprise, ma mère démontra un intérêt mineur mais sincère pour mon récit.

— Je connais le docteur Hall et son épouse. Meredith, une femme adorable.

Ma mère se pencha vers moi avec une inhabituelle expression de compassion.

— Mais son cabinet ne doit pas très bien marcher.

— Pourquoi ?

— Eh bien, commença-t-elle avant de s'interrompre, quand le serveur vint m'apporter mon cocktail, ils font du mécénat. Depuis quelques années déjà. Et tu sais combien la Société de l'Opéra a désespérément besoin de mécènes. D'ailleurs, si tu étais allée en faculté de droit, tu gagnerais suffisamment d'argent pour faire toi aussi des donations à des œuvres philanthropiques, comme le fait Lisa.

Comment étions-nous passées, en une seule phrase, de la famille Hall à mes lacunes académiques et à la supériorité de ma sœur ?

— Lisa et David sont des gens très généreux.

Le fait que le fiancé de ma sœur soit issu d'une famille plus fortunée qu'un notable saoudien ne gâchait rien au tableau. Les St John auraient pu faire un don quotidien de dix mille dollars, jusqu'à la fin de leur vie, sans même s'en apercevoir. Et j'étais certaine que David IV était suffisamment fin pour avoir ajouté les œuvres de charité ayant la faveur de ma mère, à sa liste d'heureux bénéficiaires. La Société de l'Opéra de Palm Beach était en quelque sorte le bébé de ma génitrice, l'opéra étant la seule chose qu'elle ait jamais aimée de manière inconditionnelle.

— Pourquoi penses-tu que les affaires du docteur Hall vont mal ?

— Je n'ai pas dit qu'elles allaient mal, corrigea ma mère alors que le serveur revenait.

— Avez-vous fait votre choix ?

— Oui, répondit ma mère, totalement indifférente au fait que je n'avais, pour ma part, pas ouvert le menu. Il est si tard. Je pense que nous allons plutôt déjeuner que bruncher. Je vais prendre une salade du chef, suivie d'un vivaneau grillé. Sans beurre blanc, je vous prie. Oh, et puis je souhaiterais avoir les brocolis à la vapeur à la place des pommes de terre. Sans riz.

— Très bien. Et pour vous, mademoiselle ?

Un vent de rébellion souffla entre mes deux oreilles.

— Une salade César, s'il vous plaît. Ensuite, le filet mignon, à point, avec un supplément de béarnaise, à part. J'aimerais aussi avoir une portion de vos pommes de terre en robe des champs, avec une double dose de *sour cream.*

— Merci mesdames.

— Heureuse de te voir un si bel appétit, nota ma mère d'un ton qui invalidait complètement ce compliment mineur.

— Et le docteur Hall ? insistai-je.

— Leurs donations se sont beaucoup réduites ces derniers mois.

— Combien de mois ?

— Trois, peut-être quatre. La Société dépend de la régularité des dons. La situation devient ingérable lorsque les donateurs cessent leurs versements sans préavis.

— Comme ça ? Sans prévenir ?

Ma mère opina en s'écartant légèrement de la table pour permettre au garçon de nous servir nos salades.

— On serait tout de même en droit d'attendre un peu plus de considération de la part de mécènes, non ?

— Hmm, j'imagine, grommelai-je en essayant de placer cette nouvelle pièce dans mon puzzle.

— Ton dos te fait souffrir ?

Je relevai la tête et rencontrai le regard perçant de ma mère.

— Non, pourquoi ?

— Tu te tiens comme un sac. J'en déduis que ton dos est douloureux.

Je me redressai aussitôt.

— Désolée. Comment s'est passée ta croisière ?

— Très bien, répondit-elle. Des Européens, principalement.

— Des gens intéressants ?

Posant sa fourchette sur le rebord de son assiette, elle se pencha pour attraper son sac à main dont elle sortit une petite pile de photographies. Bien qu'elle ait passé près d'un mois en mer – la Méditerranée, pas moins –, tous les clichés représentaient des hommes.

— Voilà Philippe. Il est belge. Il possède une sorte d'usine à Ghent.

Je dévisageai le Candidat Beau-Père Numéro Un : chauve, avec une barbe et une moustache blanches. Je n'adorais pas les poils et il perdit instantanément quelques points. Il faillit bien tous les regagner grâce à son sourire, qui semblait sincère.

— Et celui-ci, poursuivit ma mère en me passant la photo suivante, c'est Pietro. Pepe en raccourci. Il élève des poneys destinés au polo en Argentine. Je l'ai invité à me rendre visite lors de son prochain séjour ici. Il est en plein divorce.

Bel homme, dans le genre hidalgo. Mais une deuxième main ne constituait jamais un bon choix : trop imprévisible. Le Candidat Numéro Deux ne me plaisait pas plus que le premier.

Avant la fin du repas, j'avais rencontré pas moins de onze hommes issus de trois continents : Philippe, Pepe,

Gino… (des noms de toutous, si vous voulez mon avis). Par chance, aucun ne convenait.

J'eus également droit à la mise à jour circonstanciée des noces de Lisa et David IV. Ils en étaient toujours à la phase de sélection des couleurs qui prédomineraient pour leur cérémonie. Ma mère paraissait tout enjouée que Lisa penche pour « os et craie », même si je trouvais ça un peu macabre (sans rien en dire, bien sûr). De toute façon, ça vaudrait toujours mieux que le précédent thème – « mousse et potiron » – qui, selon mon propre lexique, n'était rien d'autre que « vert et orange ».

Nous ponctuâmes nos retrouvailles par un vague baiser, après lequel ma mère s'offrit à me prendre un rendez-vous chez son coloriste capillaire, à moins que les mèches blondasses – *sic* – ne fussent à la mode.

J'en oubliai de chaparder mes macarons. Flûte.

En temps normal, je me remettais d'une entrevue avec ma mère en me gratifiant d'un bon verre de vin et d'une session de shopping en ligne. Mais, à cause de ToutCompteFait, je n'étais pas très pressée de retrouver mon appartement et mon ordinateur. Une visite au centre commercial Gardens Mall me sembla constituer une raisonnable alternative.

J'étais pleine aux as grâce à la magie des virements bancaires et je n'avais pas encore testé les nouvelles palettes de MAC et Sephora. Rien de tel qu'un dimanche après-midi pour faire le tour des centres commerciaux de luxe, mais le mois d'avril n'était pas une bonne période pour les soldes. En tendant mes clefs de voiture et un pourboire au voiturier (mais, oui, le centre disposait d'un tel service), je décidai qu'entre ma mère et mon boulot, j'avais bien gagné le droit de me lâcher.

Le centre commercial incluait des enseignes comme Nordstrom's, Macy's, Lord & Taylor, Bloomingdale's et Sears. Ça ne m'aurait d'ailleurs pas dérangée qu'ils virent Sears au profit de Neiman's, vu que je n'anticipais aucun besoin futur d'outils de bricolage, mais personne ne m'avait demandé mon avis avant de sélectionner les marques.

L'intérieur du centre ressemblait à un atrium : beaucoup de verrières, de fontaines et de plantes en pot. À l'occasion de Noël, ils installaient une machine qui projetait de minuscules flocons de fausse neige flottant au-dessus de vitrines somptueusement décorées.

Avec Pâques qui s'annonçait, les décorations du moment étaient dans les tons pastel et de jolis œufs avaient été suspendus aux branches des plantes d'ornement. Tout en flânant devant les petites boutiques et en admirant leurs jolies vitrines, je fus assaillie par une myriade d'odeurs : du chocolat provenant de l'étal d'un traiteur, du gardénia émis par le magasin spécialisé dans les produits de bain et l'eau de Cologne bon marché dont s'étaient inondées les matrones qui patrouillaient les gondoles de cosmétiques du grand magasin. Je choisis de faire un détour par le rayon des bijoux fantaisie pour éviter les aspersions intempestives des vendeuses de la section parfumerie.

Je n'avais toujours rien acheté quand j'empruntai l'ascenseur vers le deuxième étage. Une première dans mon cas. Rien ne m'interpellait. J'étais peut-être en train de tomber malade. Ma tentative la plus probante consista en une excursion chez Tiffany, pour examiner une bague que je convoitais depuis quelque temps. À cet égard, celui qui avait imaginé d'appeler certaines bagues de fiançailles, « bagues de main droite » aurait dû obtenir une belle récompense. Oui, je savais que ce n'était qu'une tactique de vente, mais elle était sacrément efficace. Grâce à elle, je n'avais plus l'impression d'être une pauvre fille louchant sur un bijou en principe réservé aux femmes mariées.

Désormais, une seule chose s'interposait encore entre moi et cette merveille : treize mille dollars. Malgré cela, je m'offris le délicieux rituel d'observer la vendeuse retirer le joyau de son écrin, le poser sur un coussinet de velours noir, avant de me laisser le glisser à mon doigt.

Rien n'étincelle autant qu'un diamant rond de 1,7 carat, d'une clarté presque parfaite et d'un blanc quasi pur. Étendant le bras, je l'admirai durant plusieurs minutes, me repaissant de la façon dont la lumière, en s'y réfléchissant, formait de minuscules arcs-en-ciel. Avec un soupir réaliste, je retirai l'anneau de mon doigt et le rendis à la vendeuse.

J'avais acquis le droit de me lâcher, pas celui de dévaster mon compte bancaire déjà fortement écorné. Pour assouvir ma fièvre acheteuse, je me dirigeai vers la boutique de Victoria's Secret et y dénichai un adorable pyjama rose à pois blancs et son kimono assorti. Puisque ces articles n'étaient pas soldés, je reçus également un échantillon gratuit de leur repulpeur de lèvres. Mon envie de bonnes affaires se vit ainsi comblée.

J'achetai en outre quelques cosmétiques, puis consultai ma montre. Le centre commercial ne tarderait pas à fermer, mais je ne me sentais pas prête à rentrer chez moi. Je composai le numéro de Sam : toujours pas revenu. Je n'avais pas particulièrement faim, mais je ne pus résister au plaisir de déguster l'un des *wraps* de chez PF. Chang's. De plus, si je traînais suffisamment, Sam finirait par rentrer de son week-end bisexuel et je pourrais pousser la porte de mon appartement, sans risque de me faire pipi dessus.

Je m'offris donc mon sandwich, agrémenté d'un Martini. Mais de nouveaux appels au domicile de mon voisin me confirmèrent qu'il n'était toujours pas rentré au bercail. Il faisait nuit maintenant et, sauf à leur proposer de faire la vaisselle, je ne pouvais pas m'attarder plus longtemps.

Comme j'avais occupé une table pendant près de deux heures, je laissai au serveur un généreux pourboire. Entre celui-ci, le pyjama, le second pourboire au voiturier et l'amende pour excès de vitesse, ce dimanche se révélait plutôt coûteux.

Je me dirigeai vers la sortie du centre commercial, bien décidée à affronter l'adversité la tête haute. En arrivant près d'un croisement, je décidai quelque peu impulsivement de prendre la voie de gauche. Ce changement inopiné d'itinéraire ne fut pas du goût des autres automobilistes. Décidément, je prenais de plus en plus l'habitude d'oublier que mon QI comportait trois chiffres. Mais si le comté de Palm Beach comptait un quartier pourri, c'était sans nul doute celui de Riviera Beach. Et plus précisément, la zone où se trouvait le garage Charlie's. En tout cas, j'aurais bien mieux fait de m'y rendre en plein jour.

Lentement, je tournai dans une impasse lugubre, en ayant pris soin de mettre ma voiture en pleins phares. Le garage se trouvait dans une zone industrielle et, même avec les vitres closes, je pouvais sentir une odeur de végétation pourrissante, de déchetterie débordante et d'huile pour moteur.

Charlie's marquait la fin de l'impasse. À travers la clôture métallique (d'au moins deux mètres avec un panneau « Défense d'entrer » tous les mètres), je distinguais un bâtiment doté de trois baies vitrées, relié à un hangar en métal rouillé où devaient se trouver les bureaux.

Ayant sorti une lampe de poche de mon sac, je coupai le moteur de ma voiture en laissant les phares allumés orientés vers la barrière. Les aboiements furieux d'un chien n'améliorèrent pas mon courage déjà vacillant, mais je voulais découvrir si la tasse de café de Marcus était à l'intérieur de son véhicule.

Une personne plus sensée serait revenue au matin, mais pas moi – pas une fois que j'eus aperçu la Cadillac défoncée qui figurait sur les photos étalées dans mon salon. Cette apparition me ramena à mon ordinateur, qui me fit penser au message de menaces, que j'associai au psychopathe qui savait exactement où j'habitais. Dans ces conditions, le garage Charlie's était nécessairement plus sûr que mon domicile.

Je longeai la clôture, à la recherche d'une issue. Voilà ! Cadenassée… Levant les yeux, je constatai qu'elle n'était pas assortie de l'habituel fil de fer barbelé. Ça valait la peine d'essayer. J'avais déjà fait de l'escalade en cours de gym, à l'école. Aucune raison pour que ce soit plus difficile maintenant. J'espérais toutefois que l'espèce de harnais dans lequel on m'avait sanglée, à l'époque, ne constituait pas un élément essentiel de l'exercice, puisque ça faisait partie des rares articles que je ne trimbalais pas dans mon sac à main.

Glissant le pied dans un trou du grillage, je me hissai vers le haut prudemment, une main et un pied après l'autre, jusqu'à ce que je parvienne au sommet. Maintenant, l'affaire se corsait…

Ayant coincé ma lampe de poche entre mes dents, je remontai ma jupe sur mes cuisses et commençai ma descente de l'autre « versant ». Arrivée à une trentaine de centimètres du sol, je sautai et… trébuchai. Pas si facile d'atterrir sur des talons de onze centimètres.

Je me frottai les mains en évitant de songer aux dégâts vestimentaires occasionnés et, éclairée de ma seule lampe de poche, je m'engageai entre les rangées de carcasses automobiles, en direction de la Cadillac. Je fis la grimace en apercevant l'auréole bordeaux sur le tissu du siège. *Du sang*. Mon idée n'était peut-être pas si bonne que ça, finalement. Trop tard pour faire machine arrière. N'ayant rien trouvé de ce côté-là, je contournai la voiture vers le siège passager. Un frisson d'excitation me parcourut, quand le faisceau de lumière balaya quelque chose de blanc.

Mais, pour l'atteindre, c'était une autre histoire. Le toit du véhicule avait été enfoncé presque au niveau du volant. Certes, il n'y avait plus ni vitres ni pare-brise, mais leurs débris acérés jonchaient la voiture. Parlez-moi de verre Securit.

Me penchant sur le côté, je tâchai de glisser la main aussi loin que possible dans l'étroit interstice. Mes doigts n'étaient plus qu'à quelques centimètres de la tasse.

— Mince ! râlai-je avant de retirer l'une de mes chaussures.

Sautillant sur un pied, je réessayai, munie, cette fois, de cet appendice improvisé pour extirper la tasse de sous le siège.

— Hourrah ! m'écriai-je en récupérant mon escarpin, avant de replonger le bras dans la voiture pour en retirer la tasse.

Je fis de mon mieux pour nettoyer mon pied avant de remettre ma chaussure. Le fait d'avoir réussi à retrouver, toute seule, un élément de preuve aussi important, me dopa. Mon pouls battait, mon cœur tambourinait et…

Le raclement d'un objet métallique sur le sol, suivi d'un grognement sourd, me ramena à la réalité. À environ six mètres de moi, un très – très – gros chien, à l'air très – très – méchant, me fixait, les dents découvertes – d'énormes dents.

— Bon chien-chien…

Il aboya. Je jappai.

Toute personne affirmant qu'il ne faut jamais faire de mouvement brusque en présence d'un animal sauvage ne s'est manifestement jamais retrouvée enfermée derrière une grille, avec un apprenti Cujo[1]. Pour ma part, je pris mes jambes à mon cou.

Mauvais plan : j'avais à peine escaladé les soixante premiers centimètres de la clôture que le fichu clébard enfonçait ses crocs dans mon fondement.

1. *NdT.* Référence au chien tueur du roman de Stephen King, *Cujo*.

12.

La bêtise devrait être pénalement sanctionnée.
Mais il faudrait construire beaucoup plus de prisons.

— Mais je ne suis pas un voleur ! hurlai-je à cet abruti de chien, en entendant le bruit distinctif d'un tissu qui se déchirait, bientôt couvert par le hurlement distant de sirènes qui se rapprochaient.

Ensuite, je sentis des gouttes de sang tiède glisser le long de ma jambe, ce qui me paniqua. Je tâchai de me consoler en me répétant qu'au moins, je n'avais pas perdu cette jambe dans la bataille. Réflexion plutôt inattendue, si l'on considérait que j'étais en train de me faire dévorer vivante par le Chien des Baskerville. À ce stade, j'étais persuadée que ce molosse était sorti tout droit de l'enfer pour me grignoter comme son nouveau joujou préféré, avant de me recracher par morceaux.

J'entendis un bref sifflement. Le dogue me donna un dernier coup de dents, avant de faire demi-tour en trottinant vers son maître.

Le propriétaire du chien ne se révéla par vraiment plus sympathique que son animal pouilleux – mais il est vrai, terriblement efficace. Je crus reconnaître un mélange de berger allemand, de doberman, sans doute mâtiné de diverses autres races canines. Pas vraiment une bête à concours. Le maître à côté du chien.

Je restai agrippée à ma salutaire clôture métallique tandis que, l'une après l'autre, trois voitures de police s'arrêtèrent à mes pieds dans un crissement de freins, toutes sirènes hurlantes. Leurs occupants encerclèrent mon véhicule, avant de braquer sur moi d'aveuglantes lumières.

— Enfin, vous voilà ! m'écriai-je à bout de nerfs, en distinguant la silhouette d'un policier qui s'avançait vers moi. Cet horrible chien m'a attaquée !

— Hé, Charlie ! appela l'un des agents de police. Attache ton clébard pour que la demoiselle puisse descendre.

Charlie ? Le propriétaire de ce garage est un copain des flics ? Aucune chance pour que la situation vire en ma faveur.

— Allez, Boo-Boo.

Je fis la grimace : venais-je de me faire arracher une partie du postérieur par un chien prénommé Boo-Boo ? Tout allait de mal en pis.

Une fois que Charlie eut enfermé son dogue, il ouvrit le cadenas de la barrière pour laisser entrer trois policiers. Je ne sentais plus mes doigts, vu que j'étais encore suspendue à ma clôture, comme à une toile d'araignée sanglante.

— Vous pouvez redescendre, maintenant, m'informa l'un des agents. Vous avez besoin d'aide ? ajouta-t-il avant d'appuyer sur le bouton de l'émetteur fixé à son épaule. On a un incident avec blessure au garage Charlie's. Quatre Sept Perry Court.

Un incident avec blessure ? Pourquoi les flics ne pouvaient-ils s'exprimer comme le commun des mortels ? Dans leur jargon, une voiture était forcément un *véhicule*, une femme, un *individu de sexe féminin*, et entrer dans un immeuble se traduisait par *effraction dans une propriété privée*. Bon sang, ces types compliquaient toujours tout.

— Ça va, mentis-je en essayant de préserver un ultime lambeau de dignité.

Mais c'était loin d'être gagné. J'avais le postérieur en feu et ma jupe – que je n'avais portée que deux fois – était dans un tel état que même mon teinturier miracle ne pourrait rien y faire. Bon, j'étais aussi probablement dans de très sales draps.

Avant même qu'il ne nous eût rejoints, je sus que Charlie arrivait. Quelques relents de bière éventée et de cigares froids le signalèrent à mes narines. À lui tout seul, il réunissait les pires clichés. Ses cheveux – encore que le terme fût généreux à son égard – formaient un casque sombre, gras et brillant que même les bourrasques de vent qui balayaient la zone ne parvenaient pas à ébranler. L'homme était massif, épais, sans cou, avec des bras de la taille de poteaux télégraphiques. Ceux-ci étaient en outre couverts de tatouages allant de dragons compliqués à des femmes ailées dépoitraillées, sans compter l'inévitable cœur rouge surplombant un touchant « Maman », savamment calligraphié sur son épaule velue.

Son menton disparaissait sous une barbe d'au moins trois jours et ses ongles n'avaient pas dû voir les poils d'une brosse depuis encore plus longtemps. À un moment donné, son tee-shirt déchiré et miteux avait dû être blanc, mais il était désormais d'une teinte grisâtre rehaussée de multiples taches. Charlie me regarda d'un œil furibard, même quand il reluqua mes seins.

— Tu n'aurais pas dû lâcher le chien sur elle, dit l'un des policiers.

Charlie haussa les épaules en plaçant le mégot d'un cigare éteint au coin de sa bouche luisante. Celui-ci s'insinua parfaitement dans le trou béant laissé par plusieurs dents manquantes.

— Elle s'est introduite dans une propriété privée.

— Madame, vous voulez bien nous expliquer ce que vous faites ici ?

La nervosité m'amène parfois à dire des choses stupides. Il semble alors que je n'arrive plus à retrouver le chemin du filtre existant entre mon cerveau et ma bouche. Je ne voulais pas mentir, mais un léger embellissement de la vérité me paraissait plus judicieux que d'avouer que j'étais une assistante juridique un peu trop zélée, tentant de se prouver quelque chose.

— C'est Liam qui m'a envoyée.

— McGarrity ? s'étonna Charlie d'un ton très suspicieux.

— Oui. Nous travaillons ensemble sur un dossier.

— C'est McGarrity qui vous a envoyée ici ? insista Charlie, toujours pas convaincu. Pour escalader ma clôture ? N'importe quoi.

— En fait, il ne m'a pas vraiment envoyée ici. Mais disons que j'en ai pris l'initiative à la suite de nos discussions.

Sentant le sang qui me coulait le long de la jambe, j'envisageai de m'évanouir, mais je me ravisai. Il faudrait de toute façon que je m'explique après avoir « repris conscience ». Autant en finir au plus vite. Bien sûr, un autre problème risquait de se poser si je continuais à me vider de mon sang sur place.

Charlie se tourna vers l'officier de police.

— Moi je crois plutôt qu'elle cherchait quelque chose dans cette voiture-là, dit-il en montrant du doigt la Cadillac accidentée. Je suis responsable des véhicules et de leur contenu, ajouta-t-il à mon intention, son haleine fétide m'enveloppant d'un brouillard nauséabond. Pas question de me faire encore attaquer en justice, alors rendez ce que vous avez volé, mademoiselle.

Merde ! La tasse ! J'avais dû la laisser tomber durant ma vaine tentative pour fuir les mâchoires de la mort. Je me passai une main sur le visage en essayant de trouver une explication qui ne me vaudrait pas un internement immédiat dans l'asile psychiatrique le plus proche.

— Je m'appelle Finley Tanner et je travaille pour le cabinet Dane, Lieberman et Zarnowski.

Un léger soulagement m'envahit en voyant que ce nom ne paraissait pas inconnu à mon auditoire.

— C'est vous la gonzesse qui veut que j'examine cette voiture pour voir si on l'a trafiquée ?

— C'est exact, m'écriai-je en réprimant presque un sanglot. Mais je ne suis pas une gonzesse…

Je stoppai net. L'heure n'était pas à un sermon sur l'importance du choix des termes et, de toute façon, Charlie n'était sans doute pas homme à se soucier de la conformité de son vocabulaire à un langage politiquement correct. D'ailleurs, il ne savait probablement pas l'orthographier. « Auto », à la rigueur.

— Quoi qu'il en soit, il y avait dans cette voiture une tasse en carton que je devais récupérer. J'ai cru que vous n'étiez pas là et j'ai donc enjambé la clôture.

— J'habite ici, grogna Charlie comme s'il était parfaitement normal d'établir son chez-soi entre deux barils d'huile de vidange usagée.

La radio de l'un des policiers crachota une sorte de message codé et les trois agents s'écartèrent pour tenir un conciliabule. Je parcourus le garage des yeux dans l'espoir d'y repérer ma tasse en carton. Poussant un profond soupir que j'ignorais avoir retenu aussi longtemps, je l'aperçus près d'un tas de morceaux de ferraille rouillés et de vieux pneus. S'ensuivit un grognement. Elle disparaissait presque sous un monceau de trucs non identifiés. Or, j'avais le pressentiment déplaisant que ce n'était pas bon du tout pour l'usage que je voulais en faire.

Les policiers revinrent vers nous en m'encerclant et en demandant à Charlie de vérifier mon histoire à propos de Liam. Sans cesser de ronchonner, Charlie retourna vers son garage dont il referma la porte suffisamment vite pour que Boo-Boo n'émette qu'un unique aboiement et n'ait aucune chance de se ruer sur nous.

— On a vérifié vos plaques.

Je lus le nom de l'officier sur son badge – Wiley, imprimé en lettres capitales – avant de demander :

— Pourquoi ?

— Procédure habituelle quand on découvre le véhicule d'un suspect sur les lieux d'une infraction. Vous avez omis de mentionner que vous avez fait l'objet d'un procès-verbal aujourd'hui.

— Pour excès de vitesse ! J'étais en retard pour un brunch, expliquai-je. Est-ce que c'est considéré comme un délit majeur ?

— Dans certains cas. Pouvez-vous prouver votre emploi du temps de la journée ? demanda-t-il en extirpant de sa poche de poitrine le même genre de carnet que Liam avait utilisé la veille au soir.

Mais où était l'ambulance ? Et j'exigeais la preuve que le carnet de vaccinations de Boo-Boo était à jour.

J'eus du mal à formuler la question qui me taraudait.

— Vous êtes sérieux ?

— Mlle Tanner, je ne crois pas que vous perceviez la gravité de la situation. Charlie aurait parfaitement le droit de vous faire arrêter immédiatement. Vous feriez bien de prier pour que McGarrity confirme votre histoire. Et maintenant, revenons à la manière dont vous avez passé la journée.

Il était temps de faire vibrer quelques cordes affectives.

— Eh bien, je me suis levée tôt pour quelques exercices de gym habituels.

Et alors ? Il n'avait pas besoin de savoir que cet exercice physique consistait dans l'extension du bras droit pour attraper les filtres à café, suivi de l'étirement des muscles des jambes pour verser de l'eau dans le réservoir de ma cafetière.

— Ensuite, je suis montée à l'étage pour nourrir les chats de mon voisin. J'ai un peu travaillé, reçu par Internet une menace de mort plus ou moins identique à celle qui avait été punaisée contre ma porte la veille. Ensuite, Dunkin' Donuts pour un caf…

— Attendez un peu. Vous avez reçu des menaces de mort ?

— Deux. L'une d'elles était manuscrite. L'autre a été envoyée par courriel.

— Quel est le nom de l'officier de police qui a enregistré vos dépositions ?

— Je n'ai pas fait de déposition.

Un seul coup d'œil à son visage plutôt agréable par ailleurs me permit de deviner ses pensées. Je lui expliquai les raisons de mon abstention, mais ça ne fit apparemment qu'empirer les choses.

— Officier Wiley, je me trouve entre le marteau et l'enclume. Ma cliente prétend que son mari a été assassiné et mon patron veut que je la calme jusqu'à ce qu'elle laisse tomber.

— Et votre emploi du temps ?

Je vis qu'il s'était mis à tapoter le sol d'un pied impatient.

— J'ai eu l'amende en me rendant à un brunch, poursuivis-je avant de lui donner l'adresse du country club, ainsi que le nom d'au moins trois personnes qui pourraient confirmer mon histoire. Après, je suis allée au centre commercial de Gardens Mall, j'y ai fait un peu les boutiques et avalé un *wrap* chez Chang.

— Donc…, intervint-il en reprenant ses notes, vous prétendez avoir fait l'objet d'une communication à caractère de menace, vous être arrêtée pour un café, vous être rendue à un brunch, avoir fait un peu de shopping, avoir pris un dîner léger et puis, quoi ? Pour finir la journée en beauté, vous avez commis votre première effraction ?

Mes épaules s'affaissèrent en même temps que mes espoirs.

— Évidemment, ça paraît stupide si vous le dites comme ça, mais oui.

Je fixai ses yeux bruns en espérant y trouver une once de compassion. Pas vraiment.

— Alors, je suis dans la merde ?

— En général, les infractions à la loi ne sont pas sans conséquences.

— Je suis certaine que Liam va pouvoir arranger les choses avec Charlie. Je vous ai parlé des menaces que j'ai reçues. Et mon job. Je ne peux pas me permettre de me faire virer.

— À cause des menaces ?

— Mais non !

Bon, je présumais qu'il n'avait pas envie d'entendre mon couplet sur les instructions de Dane quant à l'attention que je devais porter aux élucubrations de Stacy Evans. Ni que j'étais déjà en tête de liste des employés indésirables. Et encore moins que j'étais tellement endettée que la perte de mon boulot engendrerait un désastre sans nom, sans même parler de l'effet que ça ferait sur mon CV.

— Ça ne vous saute pas aux yeux ? Quelqu'un ne veut pas que j'enquête sur le meurtre des jurés.

— Peut-être que c'est l'un de vos collègues, suggéra-t-il. Peut-être qu'il cherche seulement à vous éviter des ennuis.

Je pensai aussitôt à Cami. Mais, bien qu'elle fût fouineuse, elle ne semblait pas du genre à envoyer des menaces de mort.

Charlie revint d'un pas nonchalant, avec une expression aussi sombre que mon humeur.

— J'ai eu sa messagerie vocale. Il doit être en train de faire un truc.

— Est-ce que je ne pourrais pas tout simplement prendre la tasse et filer ? suppliai-je Wiley. Je vous jure que je ne le referai plus. Vous n'entendrez plus jamais parler de moi.

— La dernière fois que j'ai fait une fleur à un voyou, il est revenu le lendemain avec ses potes. Les petits salopards ont tagué la moitié des véhicules du quartier. Alors, certainement pas.

— Mais est-ce que j'ai l'air d'être un artiste en graffiti ? hurlai-je presque à cet abruti inflexible.

— Vous avez de fort belles jambes, mais ça ne m'empêchera pas de dresser un procès-verbal. Quand j'aurai entendu Liam – si toutefois il se manifeste –, j'envisagerai peut-être de réviser ma position.

Je laissai retomber ma tête, tandis que la rage et une profonde envie de pleurer se disputaient la place de choix dans mon esprit. L'ambulance arriva, ainsi que quelques badauds alertés par le bruit. J'entendis leurs ricanements, mais j'étais déjà bien au-delà de tout sentiment d'humiliation.

— Puisque, de toute façon, ce stupide procès-verbal n'aboutira à rien, demandai-je alors au policier, pourriez-vous au moins m'accorder la faveur de mettre cette tasse en carton dans un sac en plastique et de le remettre à l'intérieur de la voiture, afin que mon enquêteur puisse l'y ramasser demain matin ?

Sa bouche s'incurva en signe d'amusement.

— La mettre dans un sac en plastique ? J'ai l'impression que nous avons affaire à une fan des *Experts*.

Deux secouristes déplièrent un brancard avant de le pousser vers moi. Ils me transportèrent dans l'ambulance, avant d'examiner et de nettoyer mes blessures.

— Je ne pense pas que vous ayez besoin de points de suture, me dit le plus jeune avant de sortir du véhicule.

La femme secouriste qui avait commencé à m'appliquer des pansements se pencha alors vers moi.

— Vous n'aurez sans doute pas besoin de points de suture, mais il va falloir faire une croix sur les strings. Désolée, ma belle.

Mon passage chez Tiffany pour essayer des bagues et des bracelets me semblait à des années-lumière, tandis que l'un des policiers me plaçait la main derrière le dos pour me menotter.

Comme à la télé, il posa sa paume sur le sommet de mon crâne, afin de m'éviter de me cogner quand il me poussa sur la banquette arrière de la voiture de patrouille. Quand il eut attaché ma ceinture de sécurité, je lui demandai :

— Et mon sac à main ? Et ma voiture ? *Et ma vie ?*

Il se redressa et cria :

— Hé, Tidwell, prends son sac et ferme la bagnole, tu veux ?

— Vous la laissez ici ? m'indignai-je, horrifiée.

Si les résidents du quartier ne la mettaient pas en pièces, j'étais certaine que Charlie se vengerait en ajoutant du sucre dans le réservoir ou une autre méchanceté tout aussi misogyne.

— Bien sûr que non, m'assura-t-il.

Bon, c'était mieux que rien.

— Elle sera emmenée à la fourrière. Vous pourrez la récupérer quand vous aurez payé l'amende.

L'amende. *L'amende ?!* Nous n'avions fait que quelques mètres, quand je lui demandai :

— Ça va prendre du temps ?

Installé de l'autre côté du grillage de sécurité, il haussa les épaules.

— Bah, vous devrez d'abord passer aux admissions. Ensuite, s'il y a encore un juge à cette heure-ci, il se peut que vous soyez remise en liberté dès ce soir. Mais il est plus que probable que ça n'arrivera pas avant demain matin.

Une nuit en prison ?! Cette idée me fit frissonner.

— Je veux appeler mon avocat tout de suite.

— Maintenant, je *sais* que vous regardez trop la télévision.

— Que voulez-vous dire ? m'inquiétai-je, certaine désormais d'être en train de jouer dans un épisode de *Twilight Zone.*

— La Cour suprême a jugé que vous pouviez appeler votre avocat, certes. Mais elle n'a pas dit quand. Aussi longtemps que personne ne vous soumettra à un interrogatoire, la jurisprudence Miranda n'aura pas lieu de s'appliquer.

Le moment n'était pas idéal pour m'apercevoir que tout ce que j'avais appris dans *New York Police Blues* était de la daube.

— S'il vous plaît, insistai-je, puisque j'en étais désormais à supplier. Vous pourriez l'appeler, vous. Son nom est Rebecca Jameson. Je n'ai vraiment pas envie de passer la nuit en prison.

— Durant mes douze années dans la police, je n'ai jamais rencontré quelqu'un que ça tente.

*
* *

Le bout de mes doigts était maintenant noir (prise d'empreintes oblige) et ma *French manucure* bonne à refaire. Compte tenu du piteux état de ma jupe, on m'avait gracieusement prêté une sorte de jogging blanc sur lequel était imprimé, en grosses lettres noires, « Administration pénitentiaire ». L'officier de garde m'avait gentiment autorisée à conserver mon collier de perles, mais seulement parce qu'on ne les voyait pas, sous ma magnifique tenue.

En revanche, il avait fallu que je me sépare de mes escarpins pour enfiler des chaussures de piscine en caoutchouc qui, même si elles sentaient le désinfectant, me dégoûtaient au plus haut point. C'était la version pénitentiaire des chaussures de bowling à louer. Je n'avais pas la moindre idée des pieds qui s'y étaient glissés avant les miens et cette seule idée me filait la nausée.

Il était minuit moins onze et je venais d'apprendre de la bouche de la Grosse Ethel que le service de nuit du tribunal cessait d'accepter les demandes de libération sous caution à partir de minuit.

Tout en faisant les cent pas dans la cage de deux mètres carrés où l'on m'avait placée, j'eus une folle envie de nouveauté. Quelque chose qui soit très éloigné de ma situation présente, enfermée en prison et déguisée en Bonhomme Michelin. Par le passé, ce genre de difficultés m'aurait conduite tout droit dans un spa où j'aurais enfoui ma mine déconfite sous un masque facial. Peut-être que le fait d'avoir ainsi montré mes fesses à Charlie m'avait permis de prendre un certain recul ? J'approchais de la trentaine et à quoi se résumait ma vie ? Des dettes.

Mais à cet instant, pour la première fois de mon existence, j'avais une Cause, avec un C majuscule. J'allais percer le mystère Evans, garder mon emploi et retrouver ma dignité.

Seul problème : je n'avais pas la moindre idée de la manière d'y parvenir.

Mais… Attends un peu ! J'étais intelligente, pleine de ressources et plus déterminée que Boo-Boo voyant un postérieur sous ses babines. Finis les doutes. Quel que soit celui – ou celle – qui osait me juger. Qu'ils aillent se faire voir, Dane, Liam et tous les autres qui se mettaient en travers de mon chemin.

Cette petite méditation me ragaillardit, mais je voulais surtout désespérément sortir de cette prison. Comme un génie que j'aurais appelé, j'entendis la voix de Becky dans la pièce voisine. Il me restait quatre minutes pour déposer une demande de remise en liberté. À défaut, je serais contrainte de jouer à pierre papier ciseau avec la Grosse Ethel, pour déterminer laquelle de nous deux profiterait de la banquette inférieure.

*
* *

— Il était moins une, dis-je sèchement à Becky quand nous sortîmes du tribunal.

Puis, humant l'air frais, j'ajoutai :

— La liberté est une chose merveilleuse.

— Mais tu n'as été enfermée que trois heures !

— Oui, mais là-dedans, pleurnichai-je en lui montrant mon jogging.

Mes vêtements à moi – du moins ce qu'il en restait – se trouvaient présentement dans un sac en plastique qui se balançait au bout de mon bras.

— Eh bien, je dirais que tu as encore eu les yeux plus gros que le ventre. Mais, si j'ai bien compris, ce n'est pas toi qui t'es rempli la panse.

Je ne pus m'empêcher de sourire.

— C'était un excellent plan, même si sa mise en œuvre a un peu merdé.

— Tu crois ?

Becky me ramena en voiture à mon appartement, en écoutant avec attention les informations que j'avais pu réunir jusque-là. Quand nous arrivâmes devant ma porte, elle avait l'air aussi effrayée que moi.

— Et si tu te préparais un sac et que tu viennes habiter chez moi ? suggéra-t-elle.

— J'y ai pensé quand j'étais en taule.

— Arrête, tu étais dans une cellule du commissariat, à titre temporaire, et pas en isolement, tout de même.

— Je crois que ToutCompteFait essaye de me faire peur.

— Et il n'y réussit pas trop mal.

Je vis qu'elle était en train de lire la menace manuscrite que j'avais rangée dans mon tiroir.

— Bon sang, Finley, il faut que tu donnes ça aux flics.

— C'est en cours, la rassurai-je. Ne touche pas à ça. Un inspecteur doit m'appeler à la première heure, demain matin, pour prendre ce message et mon ordinateur.

Becky se retourna vers moi vivement.

— Tu ne peux pas faire ça.

— Bien sûr que si. J'ai parlé à un sergent très sympa et il…

— Ce que je veux dire, c'est que ton code de déontologie t'interdit de remettre ton ordinateur à la police.

— Mais c'est le mien ! m'indignai-je. J'ai encore le contrat de prêt qui le prouve.

— Mais tu l'as utilisé à des fins professionnelles, n'est-ce pas ?

— De temps en temps. Surtout la semaine dernière.

— Alors les données qu'il contient sont couvertes par le secret professionnel et tu n'as pas le droit de le remettre à quiconque, sans l'autorisation préalable et écrite de tes clients.

— La police m'a affirmé que leurs informaticiens seraient en mesure de remonter jusqu'à la personne qui m'a adressé le courriel de menace. Ils ont également accepté d'analyser le message manuscrit pour voir s'il portait des empreintes et autres traces bio-quelque chose. Ils m'ont dit que ça ne leur prendrait que quelques heures pour déterminer qui m'avait envoyé tout ça.

— Tu ne peux pas faire ça, répéta Becky avec entêtement.

Je laissai retomber mes mains sur mes cuisses en signe de découragement.

— Je ne suis même pas avocate et je suis une victime. Ces règles de déontologie ne devraient pas s'appliquer à moi.

— Elles s'appliquent toujours. On demandera aux informaticiens du cabinet d'examiner ton ordinateur portable et je suis sûre que ton détective super-sexy, ce Liam, saura dénicher un type capable de relever les empreintes digitales ou ADN sur ce papier.

Je m'affalai sur mon canapé en recroquevillant mes jambes avec précaution, ne voulant surtout pas réveiller la douleur qui irradiait une partie de mon anatomie.

— Ce n'est vraiment pas juste, gémis-je en pressant un coussin contre ma poitrine.

— Allons Finley, me dit Becky en regardant sa montre, prépare ton sac et viens chez moi. Pendant ce temps, j'appellerai la police pour leur expliquer que tu n'as pas le droit de leur remettre ton ordinateur et le message.

Je secouai la tête, traumatisée par le surréalisme de la situation.

— Passe-moi plutôt le téléphone pour que j'appelle Sam, au cas où il serait rentré.

Il l'était et, après que je lui eus fait un minimum de charme, il accepta de venir passer la nuit chez moi, à condition de pouvoir apporter son propre linge de lit – il n'admettait que du pur coton – et ses chats.

Becky s'attarda jusqu'à l'arrivée de mon voisin auquel il fallut deux voyages pour s'installer.

— Soyez prudent et faites bien attention à elle, commanda-t-elle à Sam.

— Je suis votre homme, proclama t il en la saluant avec emphase.

Pendant que je me douchais et enfilais un pyjama, Sam recouvrit le canapé d'une sorte d'édredon, avant de confectionner un lit de fortune qui me parut au moins aussi confortable que celui de ma chambre. Butch et Sundance furetaient du côté de la cuisine pour faire un repérage des lieux – à moins qu'ils ne fussent, plus prosaïquement, en quête d'un endroit discret pour y faire leurs besoins.

Pendant ce temps, Sam avait lui aussi troqué ses vêtements pour un pyjama de soie orné de larges rayures rouges, vertes et or. Malgré l'absence de nez rouge et de perruque, il ressemblait étrangement à un clown, mais puisqu'il était assez gentil pour rester auprès de moi, je me gardai bien de lui faire part de ma réflexion.

— Comment s'est passé ton week-end ? lui demandai-je en prenant l'un des fauteuils de la terrasse pour m'installer auprès de lui.

Un seul coup d'œil à sa mine déconfite m'apporta la réponse.

— Il veut rénover sa résidence balnéaire pour en faire la surprise à sa femme, à l'occasion de leur anniversaire de mariage. Cela dit, j'ai eu l'impression que sa surprise serait bien plus grande, si elle découvrait ce que nous avons fait dans le bain bouillonnant, mais qu'y puis-je ?

— Désolée.

— Pas tant que moi, soupira-t-il. C'est un homme intéressant. Je crois que, dans d'autres circonstances, nous aurions pu faire notre vie ensemble.

— Bien sûr, mais malheureusement, il joue sur les deux tableaux.

Je me levai en grimaçant du fait des courbatures qui me nouaient les cuisses, et clopinai jusqu'à la cuisine. J'étais véritablement épuisée (apparemment, une arrestation pouvait s'avérer très éprouvante).

— Tu veux quelque chose à boire ?

— Non merci.

Je levai les yeux et vis qu'il étudiait les dossiers médicaux et les photos étalés sur ma table.

— Sûr ?

— Hm hm.

Attrapant la dernière bouteille de Diet Coke dans le bac à légumes du frigo, j'en dévissai la capsule pour voir si j'étais la gagnante de leur dernier concours. Eh non !

Sam avait allongé ses jambes sous la table et les avait croisées au niveau des chevilles. L'un de ses chats s'était lové en boule, à ses pieds, tandis que l'autre était invisible.

— Que peut vouloir dire « point d'injection probable » ? demanda-t-il.

— Parfois les secouristes ou les infirmières n'arrivent pas à fixer leur intraveineuse, alors ils essayent un autre endroit, comme la main ou parfois le poignet. Pourquoi ?

— Parce que c'est le cas de ton Keller.

Je pris une longue gorgée de soda.

— Tu sais, Sam, on lui a fait tout un tas de trucs. Ils tentaient de lui sauver la vie.

— Avant même qu'ils n'arrivent sur place ?

— Quoi ?!

Il se redressa et se pencha vers moi en indiquant du doigt la mention en cause.

— Tu vois ? Là. Les secouristes ont relevé une trace d'injection suspecte sur son cou, quand ils l'ont examiné sur le sol du Kravis Center.

Je m'étais tellement concentrée sur les rapports produits par l'hôpital que j'avais négligé ceux des secouristes dépêchés sur place.

— Tu es génial, m'écriai-je en lui donnant un baiser sur les lèvres. Où sont les photos post mortem ? ajoutai-je tout en remuant les piles de documents sur la table. Les voilà !

À l'aide de ma pauvre loupe, je parcourus chaque centimètre carré du cliché jusqu'à ce que je le découvre : un minuscule point rouge sous l'oreille droite de Keller.

— Quelqu'un lui a fait une piqûre de quelque chose. Il faut que j'appelle ma mère.

— Je sais bien que vous avez vos problèmes familiaux, mais tu crois vraiment que ta mère a pu faire à Keller une injection quelconque ?

Je secouai la tête en souriant.

— Non, elle ne tue que ses propres petits.

— Alors, pourquoi l'appeler ?

— Donne-moi une minute, insistai-je en saisissant le combiné de mon téléphone fixe, avant d'appuyer sur la touche de raccourci correspondant à son numéro.

— Allô ?

— Maman ? m'écriai-je, soulagée qu'elle décroche. (Elle avait la fâcheuse habitude de couper la sonnerie du téléphone et oubliait systématiquement de la réenclencher.)

— Mais il est plus de minuit, Finley.

Et, toi et moi, nous savons parfaitement que tu ne vas jamais te coucher avant 2 heures du matin.

— Je suis désolée, mais il faut que je te pose une question sur la première de *Figaro*.

— Une représentation exceptionnelle ! s'exclama-t-elle. Je t'avais proposé de te prendre un billet, mais, si je me souviens bien, tu avais mieux à faire. Je ne sais pas ce dont il s'agissait parce que tu t'es montrée plutôt évasive sur le sujet quand…

Garde ton sermon pour un peu plus tard, d'accord ?

— Un type a fait un infarctus ce soir-là.

— Ce fut assez perturbant.

— Tu étais là ?

— Est-ce que j'ai l'habitude de rater une première ?

— C'est vrai. Bien sûr que tu étais là. De quoi te rappelles-tu ?

— C'était l'entracte. Les gens étaient sortis de la salle et soudain, je le vois s'effondrer sous mes yeux. Pratiquement à mes pieds. Tu n'as pas idée combien j'en ai été affectée.

Ça a pas mal affecté Graham Keller, aussi.

— Est-ce que quelqu'un se trouvait avec lui ou près de lui avant qu'il ne s'effondre ?

— Tu peux dire qu'il a eu une sacrée chance, s'écria ma mère. Il se trouve que le docteur Hall était là avec sa famille. Il a tout de suite pris les choses en main et demandé qu'on appelle les secours, pendant qu'il tentait de le réanimer.

— Le docteur Hall ? répétai-je, alors qu'un frisson me parcourait les reins.

— C'est un cardiologue très réputé, Finley. Que pouvait-il faire dans ces circonstances ?

Si Hall avait participé aux secours donnés à Keller sur place, pourquoi le dossier médical n'en disait-il rien ?

— Tu es sûre ? Absolument certaine ?

— Absolument, répondit-elle d'un ton un peu pincé. Il a suivi l'ambulance qui emportait ce M. Keller à l'hôpital. Ce qui n'a pas semblé être du goût de sa femme, d'ailleurs.

Encore une chose que le dossier médical avait omise.

— Mme Hall ?

— Mais enfin bien sûr, elle ne porterait pas son nom si elle n'était pas sa femme, répliqua ma mère, agacée. Finley, qu'est-ce que c'est que toute cette histoire ?

— Les Hall et les Keller se connaissaient bien ?

— Il me semble les avoir croisés dans la même soirée à plusieurs reprises, mais je ne me souviens pas de les avoir jamais vus parler ensemble. Ils ont simplement dû se côtoyer à différents galas de charité.

— OK, merci, dis-je en m'apprêtant à raccrocher.

Puis, réalisant que ç'aurait été une grossière erreur, j'ajoutai vivement :

— Merci encore pour le brunch. Ça m'a fait plaisir de te voir. Au revoir.

Je relatai ces nouvelles informations à Sam dont les yeux s'écarquillèrent.

— Alors tu crois que le docteur Hall lui aurait injecté un machin qui l'aurait tué ?

J'arpentai un peu la pièce en me mordillant l'ongle du pouce pour me laisser le temps d'envisager toutes les possibilités.

— D'après ma mère, les donations des Hall à la Société de l'Opéra se sont brutalement taries et Keller est mort avec un coffre-fort plein à craquer de billets de banque d'origine inconnue.

— Donc, Keller faisait chanter Hall et celui-ci l'a tué ?

Je fis un salut théâtral.

— Je pense que je viens de résoudre le mystère. Merci beaucoup.

— Bien joué Agatha Christie, mais tu n'oublierais pas les deux autres macchabées ?

Je me redressai en bougonnant.

— Oui, il reste ça à éclaircir. Hall les a peut-être éliminés pour masquer le meurtre de Keller.

— Mais, jusqu'à ce que tu te penches sur cette affaire, personne n'avait jamais imaginé que la mort de Keller puisse être le résultat d'un crime.

— Arrête de détruire mes théories.

— Il faut bien que quelqu'un se fasse l'avocat du diable, répliqua Sam en se massant les tempes. Et le paysagiste ?

— José Vasquez ?

— C'est ça. C'était bien le premier à mourir, non ?

— Oui.

— Et ensuite Keller, suivi de Marcus Evans. Mais c'est bien Keller qui a empoché le pognon de Hall ? Probablement parce qu'il faisait chanter le bon docteur.

Mon enthousiasme se réduisait à vue d'œil.

— Il est possible que Vasquez ait été la première cible de Hall, dans la mesure où un pauvre jardinier constitue un suspect plus évident dans une affaire de chantage. Mais je n'ai rien vu chez les Vasquez qui puisse laisser penser que José était assis sur un matelas de fric.

— Hall a dû réaliser que Keller était le maître chanteur. Mais une fois qu'il a eu tué Keller, il n'avait plus aucune raison d'éliminer Marcus.

— À moins qu'ils n'aient été de mèche. Peut-être que Keller, Marcus et Vasquez, ou une combinaison quelconque de ces trois-là, étaient impliqués dans le chantage.

Cette hypothèse paraissait prometteuse.

— Enfin bon, ça m'aiderait de comprendre pourquoi. Si au moins je pouvais découvrir *ce qu'ils savaient* sur le docteur Hall, me lamentais-je en continuant à parcourir le salon.

— Un détail important, convint Sam. Les autres jurés en ont peut-être une idée ?

— Tu as raison ! J'ai consacré trop d'énergie à prouver que les jurés ont été assassinés. Il est temps que je découvre *pourquoi*.

13.

J'assume l'entière responsabilité de mes actes, sauf ceux dont j'attribue la faute à quelqu'un d'autre.

— Mon Dieu, Finley, ton téléphone n'a pas cessé de sonner.

Sam exagérait, comme d'habitude. Je n'avais reçu que trois appels : Liv et Jane s'étaient manifestées pour me remonter le moral à la suite de ma blessure et de ma garde à vue ; Becky, pour sa part, avait voulu vérifier que j'allais bien et que je n'oublierais pas d'apporter mon ordinateur portable et le message de menaces au cabinet. Je le lui avais promis à condition qu'elle se renseigne sur l'identité de la personne qu'il fallait que je charme au commissariat, pour faire sortir ma voiture de la fourrière.

Mon voisin était encore allongé sur le canapé, un bras sur les yeux, tandis que j'allais et venais dans mon appartement en essayant de tout rassembler, vu que j'avais déjà commandé un taxi.

— J'ai besoin d'argent, lui dis-je.

Il était déjà plus de 8 heures et je n'avais plus le temps de plaisanter.

— C'est notre cas à tous, non ? répondit-il sans bouger d'un poil.

— J'en ai besoin maintenant, précisai-je. Il me reste sept dollars, un peu de monnaie et quelques Tic Tac. J'irai jusqu'à un distributeur durant ma pause déjeuner et je te rembourserai dès ce soir.

— La poche de devant, dans mon pantalon. Celle de droite, soupira-t-il. Prends ce dont tu as besoin.

— Merci, dis-je en l'allégeant d'un billet de vingt dollars, avant de lui embrasser le front.

Je passai la bandoulière de mon porte-documents sur mon épaule et me dirigeai vers la porte. La sonnette de l'entrée tinta.

— Passe une bonne journée, chérie, me taquina mon voisin.

Quand j'ouvris la porte, le mot « bonjour » se coinça dans ma gorge. Liam ne m'avait jamais dit qu'il faisait des heures sup' en qualité de chauffeur de taxi ou de livreur de journaux. Pourtant, il se tenait devant moi.

— Bonjour, dit-il en enjambant l'étui de mon ordinateur et le carton d'archivage que j'avais laissés devant la porte pour ne pas les oublier.

— C'est effectivement une belle journée, entendis-je Sam répondre depuis le canapé.

Apparemment, mon voisin était désormais parfaitement réveillé et déjà en train de fantasmer sur le bel hidalgo qui venait de faire irruption dans le salon. Comment se pouvait-il qu'il soit aussi nul pour repérer les hétéros ?

— Sam, je te présente Liam. Liam, Sam.

— Vous n'avez pas chômé, remarqua Liam en me lançant un regard appuyé, avant de déposer le journal sur le bord de la table.

— Si vous voulez parler de cette histoire au garage Charlie's…

— J'ai réglé le problème, m'interrompit-il. Charlie va appeler pour retirer sa plainte, un peu plus tard dans la journée.

Un sentiment de soulagement m'envahit.

— Merci.

— J'ai cru comprendre que son clébard s'était occupé d'une partie de votre… effraction.

— Très drôle, sifflai-je sans lâcher la poignée de la porte. Il faut que j'aille travailler maintenant.

— C'est ce que je me disais, dit Liam en retirant de la poche de son jean parfaitement ajusté un trousseau de clefs qu'il fit danser sous mes yeux, entre son pouce et son index.

Refermant aussitôt la porte, je me jetai sur les clefs comme une demoiselle d'honneur sur le bouquet de la mariée.

— Je croyais qu'elle était à la fourrière !

Il haussa les épaules et j'en profitai pour humer ce parfum de savon qui émanait de lui. Lorsque je saisis les clefs, le choc thermique occasionné par le froid du métal et la chaleur de ses doigts m'électrisa. Nos yeux se croisèrent et je m'abandonnai un instant à la douce sensation qui me parcourut instantanément. Une sensation trop rare. En tout cas, en ce qui me concernait.

— Houhou ? Il y a un homo qui essaye de dormir, là.

La magie vola instantanément en éclats et je m'écartai vivement de Liam.

— Euh, merci. Je vous suis vraiment reconnaissante de vous en être occupé… Je croyais qu'il y avait de la paperasse à remplir…

Je n'étais pas très douée pour le remplissage.

— J'ai encore quelques copains dans la police, dit-il en ouvrant le journal et en l'étalant sur la table. Ce qui n'est pas votre cas.

Baissant les yeux, je lus l'encart de quelques lignes dans la section « faits divers » : *Une assistante juridique de la ville arrêtée pour vol.* Le journaliste précisait que mon employeur était le cabinet Dane-Lieberman – en caractères gras, pas moins. Il ajoutait que l'infraction dont j'étais accusée était liée à une nouvelle enquête sur un éminent cardiologue de Palm Beach qui avait été précédemment impliqué dans un procès retentissant pour faute professionnelle.

Pas bon, ça. Jamais je n'avais évoqué cette histoire avec les policiers. Je présume que j'aurais dû remercier le journaliste de ne pas avoir cité le nom du docteur Hall. Et puis, il s'était trompé sur mon âge et je m'entendis prononcer d'une voix indignée :

— Mais, je n'ai que 29 ans, pas 30 !

Liam ricana :

— Encore des mensonges colportés par les journalistes.

Je décidai d'ignorer le sarcasme de son prétendu soupir. La sensation délicieuse que j'avais expérimentée un peu plus tôt était bel et bien envolée et elle venait de céder la place à un violent sentiment de panique.

— Vain Dane va faire une attaque quand il lira ça. Une attaque avec complications.

— Un cas médical assez rare, ironisa-t-il, d'un air jubilatoire.

Je lui jetai un regard de mépris en réprimant une furieuse envie d'effacer ce sourire idiot de sa face de bellâtre.

— Peut-être ne le remarquera-t-il pas, offrit Sam pour me rassurer. Franchement, Finley, qui lit les faits divers de nos jours ?

— Les avocats. *Merde, merde, triple merde.* Il faut que j'y aille. J'arriverai peut-être à rejoindre mon bureau avant que les autres n'arrivent.

Puis, me tournant vers Liam :

— Vous pouvez m'aider à transporter tout ça dans ma voiture en repartant ?

— Pourquoi pas. Toujours content de rendre service.

Puis, se retournant vers Sam, il ajouta :

— Heureux de vous avoir rencontré.

— Tout le plaisir est pour moi, ronronna presque mon voisin. Je fermerai ton appartement, Finley. N'hésite pas à m'appeler dans la journée.

Traduction : Sam tenait à faire partie des premières personnes informées de la catastrophe qui se préparait. Et puis, il voulait sans doute savoir si Liam avait un jumeau homosexuel.

— J'ai la tasse en carton qui se trouvait dans la voiture et les échantillons de sang provenant de l'hôpital, m'annonça le détective, en déposant le carton d'archives dans mon coffre.

— Déjà ?

— Je suis extrêmement efficace. Je devrais en savoir plus d'ici quelques heures.

— Appelez-moi sur mon portable, lui demandai-je avant de lui répéter mon numéro.

— Pas de problème, répondit-il avec un grand sourire en me tendant une carte orange, avant de partir vers son véhicule.

Mais comment avait-il pu conduire les deux voitures jusqu'ici ? Je le lui aurais bien demandé, mais au préalable, je jetai un coup d'œil à la carte qu'il m'avait remise. Une carte « Sortie de prison » d'un jeu de Monopoly. L'ayant retournée, je vis qu'il y avait inscrit quelques mots en lettres capitales :

AMENDE FOURRIÈRE : 150,00 $
ENLÈVEMENT : 70,00 $
MORSURE AUX FESSES : INESTIMABLE

— Connard, grommelai-je sans pouvoir réprimer un sourire.

Je parvins au bureau avant 9 heures, mais pas avant Margaret. Un seul coup d'œil à son visage pincé me confirma qu'elle était au courant de mes exploits du weekend. Telle que je la connaissais, elle avait déjà probablement scanné la coupure de presse, avant de l'adresser par courriel à chacun des employés du cabinet, sans oublier l'homme de ménage.

Bien que j'eusse les mains pleines avec ma boîte d'archives, mon porte-documents, mon ordinateur portable et mon sac à main, elle insista pour que je signe le formulaire de flicage.

J'empilai donc mes affaires sur son comptoir, sachant combien elle détestait que l'on perturbe l'ordonnancement de son lieu de travail. Vu ma situation, je ne pouvais pas me permettre grand-chose de plus. Mon boulot ne tenait plus qu'à un cheveu et je n'osai pas m'autoriser un geste plus agressif.

Cette autorestriction ne s'appliquait cependant pas à un léger furetage. Tandis qu'elle répondait à un appel, je lus le message qu'elle avait placé sur le dessus de l'une de ses piles, organisée par ordre alphabétique. Même à l'envers, il attira mon attention : « Jason Quinn, avocat, souhaiterait que M. Dane retourne son appel ASAP. » En objet, Margaret avait écrit « Graham Keller, Junior. »

Je connaissais Jason Quinn de réputation. C'était un avocat très en vue de Miami qui s'était occupé de nombreux procès à sensation et faisait des apparitions régulières à la télévision. Un homme ayant énormément d'influence.

Margaret attendit bien entendu que j'aie récupéré la totalité de mes paquets pour me tendre mes messages. Après les avoir coincés entre mon menton et ma poitrine, je me dirigeai vers l'ascenseur et appuyai sur le bouton d'appel avec le coude. Je faillis laisser éclater ma joie quand les portes coulissantes se refermèrent enfin sur moi.

À mon étage, seule l'une des secrétaires était déjà arrivée et elle ne leva même pas les yeux vers moi quand je dépassai son bureau pour rejoindre ma caverne. À l'exception de mon ordinateur portable et de mon sac à main, j'abandonnai la totalité de mon fardeau sur un fauteuil, avant de consulter les messages que m'avaient remis Margaret.

Tout en en prenant connaissance, je me tournai vers ma cafetière. Sept des neuf jurés du procès Hall avaient appelé. Pourquoi ne m'avaient-ils pas laissé de messages vocaux ?

Parce que, comme je le découvris au cours des minutes suivantes, quelqu'un avait bloqué mon répondeur. Quelqu'un qui appartenait au cabinet. Pas l'un des associés en personne, non – ils ne se seraient jamais abaissés à une chose aussi terre à terre. Il était plus probable que ce soit le fait de l'un de leurs affidés. À cet instant, je pouvais très bien imaginer Margaret effectuant une joyeuse danse du scalp, sachant que, désormais, tous les appels qui m'étaient destinés passeraient entre ses mains vengeresses.

À peine 9 heures et c'est le bordel, constatai-je dans l'intimité de mon cerveau. Quelqu'un – mais qui ? – avait dit un jour que la meilleure défense était encore l'attaque. Je décidai qu'il était donc temps pour moi de devenir aussi offensive que possible.

Je commençai par Stacy Evans. Elle parut sincèrement horrifiée que j'aie pu me faire ainsi molester, alors que je ne cherchais qu'à recueillir des preuves. D'accord, j'avais peut-être un peu exagéré l'étendue de mes blessures, mais il fallait bien que je m'assure qu'elle me conservait son soutien. C'était le cas.

— Votre emploi est-il menacé à cause de l'incident du garage ? me demanda-t-elle.

Et comment !

— Je ne le sais pas encore.

— Je me ferai un plaisir de parler à Victor. Il a appelé pendant que j'étais sous la douche, alors, de toute façon, il faut que je le rappelle. Je suis tout à fait satisfaite de l'implication dont vous avez fait preuve jusqu'à présent. Victor doit savoir combien vous êtes essentielle à ce cabinet.

— Je vous en prie, ne lui parlez de rien, dis-je aussitôt. Du moins pas maintenant. Quand j'aurai obtenu les résultats des analyses, je serai dans une meilleure position pour exposer la situation à M. Dane et je suis certaine que toute cette agitation se calmera.

— Je sais qu'il sera impressionné, Finley. Quand je pense qu'il voulait transférer le dossier à sa nièce.

— Je vous demande pardon ?

— Sa nièce. Carly ou Candy, quelque chose comme ça.

— Cami ?

— Oui, c'est cela. Plutôt agréable, mais j'ai dit à Victor que ça ne m'intéressait pas d'avoir affaire à une stagiaire, même si elle appartenait à sa famille par alliance.

Voilà... Je comprenais maintenant pourquoi Cami m'avait suivie comme mon ombre durant toute la semaine dernière. *Tricheuse, va te faire voir.*

Quand j'eus raccroché, je me versai une tasse de café tout en évaluant mes options. Un sourire se forma lentement sur mes lèvres quand j'avançai la main vers le téléphone. La révélation de Stacy venait de répondre à la question qui m'avait turlupinée jusqu'alors.

— Cami Hunnicutt.

— Je suis si heureuse que vous soyez là. *Espèce de faux jeton, espionne à deux balles.* J'ai besoin d'une personne à laquelle je puisse faire confiance. *Rien à voir avec toi.*

— Oui, répondit-elle d'une voix qui trahissait un intérêt réel. Que puis-je faire pour vous ?

— Pourriez-vous venir me retrouver dans mon bureau ? Je ne pense pas qu'il soit judicieux d'en discuter au téléphone.

— Bien sûr. Dans dix minutes ?

— Parfait.

Mettant ce délai à profit, je plaçai les messages téléphoniques que m'avaient laissés les jurés sur le scanner incorporé à mon imprimante et en fis des copies. Je les pliai ensuite en quatre, avant de les fourrer dans mon sac. Puis, je téléchargeai l'ensemble de mes notes sur le dossier Evans sur une clef USB qui rejoignit les messages au même endroit, dans une poche latérale pourvue d'une fermeture Éclair. Tout ceci me laissa suffisamment de temps pour faire un saut dans la salle des photocopieuses et placer les dossiers médicaux dans le bac de l'une des machines. Celle-ci ferait le boulot pendant que je m'occuperais de Cami.

Quand la stagiaire arriva, j'étais assise derrière mon bureau, le message de menace du vendredi soir bien visible devant moi, dans la pochette en plastique où je l'avais glissé. J'observai avec attention sa réaction quand ses yeux s'arrêtèrent sur le morceau de papier.

— Mon Dieu, Finley ? Qu'est-ce que c'est ? Quand avez-vous reçu ça ?

Je lui fis un bref résumé des circonstances dans lesquelles je l'avais découvert.

— La personne qui a punaisé ce mot doux sur ma porte m'a aussi envoyé un courriel du même tonneau.

— Que croyez-vous que ça puisse vouloir dire ?

— J'espérais que vous pourriez me l'apprendre.

— Moi ?

J'avalai délibérément une longue gorgée de café, sans quitter les yeux de Cami.

— Stacy Evans vous a jetée.

Le rouge monta à ses joues. À son crédit, elle ne chercha pas à mentir lorsqu'elle comprit que je l'avais démasquée.

— Ce n'était pas mon idée. Oncle Victor m'a demandé de vous avoir à l'œil. Dans ces conditions, que pouvais-je faire ? Refuser ?

— Vous auriez pu me donner quelques indices.

— Pour être juste, Finley, il vous a bien dit de ne pas trop vous monter la tête à propos des soupçons oiseux de Mme Evans. C'est vous qui avez décidé de vous accrocher.

— C'était son idée d'essayer de me faire peur ou la vôtre ?

Ses sourcils se rejoignirent au-dessus de son nez, tandis que sa bouche s'entrouvrait.

— Ça n'a pas de sens ! Jamais Oncle Victor ne vous menacerait et moi encore moins.

— Personne d'autre n'était au courant de mes activités.

— Eh bien, apparemment, quelqu'un en a eu vent, se défendit Cami avec insistance.

J'étais plutôt habile pour décrypter l'expression d'un visage et la sienne me convainquit que ni elle, ni Vain Dane n'étaient ToutCompteFait.

— Pourquoi le docteur Hall est-il venu au cabinet la semaine dernière ?

— Vous savez très bien que je ne peux pas vous le dire.

— Vous me le devez bien. Ça n'était pas très sympa de votre part de m'espionner et de rapporter mes allées et venues à Vai… M. Dane. Et le fait qu'il soit votre oncle ne justifie rien.

Cami soupira, avant de céder.

— C'était une réunion sans intérêt. La fille, Zoe, est devenue majeure il y a quelques mois et ils voulaient juste mettre à jour les informations relatives à leur légataire et corriger leurs testaments en conséquence.

— Rien à propos de Marcus Evans ?

— J'étais dans la pièce, précisa Cami. Le procès a été évoqué à un moment. Le docteur Hall a mentionné qu'il escomptait que le dossier reste clos. Sa femme et sa fille ont chacune demandé si Mme Whitley avait la possibilité de lancer une nouvelle procédure pour faute professionnelle et Oncle Victor leur a affirmé que la loi ne le permettait pas.

— Et Graham Keller ou José Vasquez ? Est-ce que l'un de ces deux noms a été prononcé ?

Elle secoua la tête.

— Le seul fait un tant soit peu marquant de cette réunion a eu lieu au moment de leur départ.

Mon pouls s'emballa.

— Quoi donc ?

— Le docteur Hall avait oublié de signer l'un des formulaires, alors il est remonté tout seul dans le bureau de mon oncle. Je n'étais pas dans la pièce, mais la porte était entrebâillée. Je ne sais pas exactement ce qu'ils se sont dit, mais j'ai entendu un nom : Helen Callahan.

Mon pouls passa la vitesse supérieure.

— Merci.

— Ne me remerciez pas. Les associés sont réunis en ce moment même pour discuter de votre avenir dans ce cabinet.

— Je m'en doutais un peu. J'imagine qu'ils n'ont pas appris avec joie que j'étais sous le coup d'une plainte pour effraction.

— Il est possible que vous vous en sortiez bien. Becky Jameson a convaincu Lieberman de vous laisser plaider votre cause. Becky attendait encore devant la salle de réunion quand je suis descendue pour venir vous voir.

Il était réconfortant de savoir que mon amie me soutenait. Mais il était encore plus satisfaisant de réaliser que je détenais une nouvelle piste et une nouvelle théorie – même si celles-ci comportaient encore quelques trous.

Dès que Cami eut quitté mon bureau, je me penchai sur un autre problème brûlant. Il avait été facile d'enregistrer mes notes sur une clef USB et de copier quelques douzaines de pages de dossiers médicaux. En revanche, quelque chose me disait qu'il serait beaucoup moins simple de quitter le cabinet en embarquant l'énorme pile des comptes rendus du procès.

Avec un peu de chance, je n'allais pas me faire virer, mais rien n'était encore gravé dans le marbre. Je savais que Becky me défendrait bec et ongles, mais la décision finale appartenait aux associés. J'avais besoin de ce job et il était désormais tout à fait possible que la seule façon de le conserver – ou de le récupérer, dans le pire des cas – consiste à résoudre cette nébuleuse affaire. Je n'avais donc plus qu'une solution : faire éclater la vérité sur un triple meurtre…

Comme je doutais que le grand rassemblement d'associés dure toute la journée, il fallait que je fasse vite. J'allai chercher mes copies dans le bac de la photocopieuse et les plaçai dans une enveloppe cachetée portant l'adresse de Liv. Puis, au cas où quelqu'un aurait surveillé le courrier en partance à mon étage, je montai au niveau supérieur, attendis que la voie soit libre et glissai mon pli au milieu de la pile de courrier à poster.

De retour dans mon bureau, je replaçai les orignaux que m'avait fournis l'hôpital dans le dossier Evans. Et tant que j'y étais, j'appelai l'hôpital JFK. Me faisant passer pour une fleuriste, je demandai quelle était la meilleure heure pour livrer un bouquet à l'infirmière Callahan. Elle assurait le créneau 15 heures – 23 heures, mais la surveillante me suggéra d'apporter mes fleurs immédiatement. Elle proposait de les entreposer dans la salle du personnel jusqu'à ce que l'infirmière arrive. Je la remerciai et prétendis que je devais consulter au préalable mon patron.

J'attendrais qu'elle termine son travail pour aller lui demander des comptes.

— Mais à propos de quoi, au juste ? murmurai-je pour moi-même.

En supposant que le chantage soit effectivement le mobile du meurtre des trois jurés, j'essayai d'imaginer divers scénarios possibles pouvant impliquer l'infirmière et expliquer pourquoi le docteur Hall avait évoqué son nom avec Vain Dane, lorsqu'ils s'étaient trouvés seuls.

Le principe de confidentialité qui présidait aux relations entre un avocat et son client permettait au docteur de dire tout et n'importe quoi à Dane, sans avoir à en craindre les conséquences. Il en avait peut-être profité pour confesser qu'il avait fait à Keller une injection quelconque ayant entraîné sa crise cardiaque au Kravis Center. L'infirmière avait peut-être découvert le pot aux roses, trafiqué le dossier médical et conservé par-devers elle les résultats d'analyses, afin de pratiquer un chantage.

Sauf que c'était le coffre-fort de Keller qui était bourré d'oseille. Je soupirai bruyamment. Rien dans cette théorie ne permettait d'expliquer pourquoi Marcus et le jardinier avaient également trouvé la mort. Il me manquait un morceau du puzzle.

Je consacrai la demi-heure suivante à retourner les appels des autres jurés et à prendre rendez-vous avec la plupart d'entre eux. Tous se montrèrent plutôt irrités que je refuse de discuter de l'affaire au téléphone, mais tant pis. Ce dossier était encore le mien et c'est moi qui en fixais les règles. Je finis tout de même par leur arracher une entrevue, mais il allait me falloir plusieurs jours pour les rencontrer tous.

Le juré numéro 12 était l'une des deux personnes qui n'avaient pas cherché à me contacter. Son nom était Paula Yardley et elle décrocha son téléphone après deux sonneries.

Je me présentai avant de lui demander si elle avait quelques minutes à me consacrer.

— Je suis très occupée, Mlle Tanner. Par ailleurs, ainsi que je l'ai précisé à Mme Evans, je n'ai parlé à aucun des autres jurés depuis la fin du procès. Nous ne tenons pas vraiment de réunions, voyez-vous.

Mon téléphone portable sonna à cet instant. C'était un appel de Stacy. N'osant prendre le risque d'offenser Mme Yardley, je le réduisis au silence.

— Je comprends parfaitement et je vous promets d'être aussi brève que possible.

— Bon, d'accord. Pouvez-vous me rejoindre au Feu de la Danse à 15 heures 30 ?

Dans quel genre d'endroit suggérait-elle que nous nous retrouvions ?

— Euh, je vous demande pardon ?

— Mes filles ont un cours de danse cet après-midi. Nous pourrons parler pendant ce temps-là.

Bon, ça allait. Mme Yardley me précisa l'adresse de l'école de ballet que j'inscrivis sur un bout de papier. Je m'apprêtais à rappeler Dave Rice, juré numéro 5, lorsque mon téléphone me signala que l'on cherchait à me joindre en interne. Mon cœur s'arrêta. Il s'agissait sans doute de l'une des secrétaires qui voulait me convoquer à l'étage supérieur, afin que je puisse entendre la sentence me concernant. Non, décidai-je alors que mon téléphone continuait à sonner, je n'avais toujours pas de nouvelles de Becky et elle ne m'aurait pas laissée mariner ainsi, si une décision avait déjà été prise à mon sujet.

— Oui ?

— Patrick Lachey sur la ligne sept, m'annonça Margaret d'un ton sec.

— Merci, dis-je en raccrochant pour prendre la communication. Salut !

— Salut à toi, répondit-il d'une voix un peu maussade.

— Tout va bien ? Où te trouves-tu ?

— À l'aéroport de Palm Beach. J'ai atterri il y a peu de temps.

Un voyage effectivement très rapide.

— Bienvenue au bercail, dis-je, en songeant qu'il serait tellement bon d'être entre ses bras. Tu m'as manqué.

— Vraiment ?

Maintenant, son ton maussade avait pris une franche note d'irritation. Une pensée ridicule me traversa l'esprit : Patrick avait dû télépathiquement prendre connaissance de mes rêves inavouables impliquant Liam. Je savais que c'était impossible, mais je n'en conçus pas moins une gêne coupable.

— Bien sûr que tu m'as manqué ! Pourquoi sembles-tu en douter ?

— J'ai devant moi le journal du matin, Fin. Dis-moi qu'il s'agit d'une erreur d'impression et que tu ne t'es pas fait arrêter.

— La plainte va être retirée. Il s'agit simplement d'un malentendu.

— Les gens ne vont pas en prison pour un malentendu.

Ma culpabilité se désintégra. C'était à mon tour d'être piquée au vif.

— Je travaillais sur mon dossier.

— Quel dossier ?

Piquée au vif ? Disons plutôt carrément furibarde.

— Celui dont je t'ai parlé l'autre soir. Tu te souviens ?

— Pas vraiment, répondit-il, décidément incapable de mentir. Rafraîchis-moi la mémoire.

— Les jurés assassinés ? Ça te rappelle quelque chose ?

— Ah oui. Comment cela a-t-il pu aboutir à ton arrestation ?

Je n'avais pas très envie de m'expliquer, vu mes angoisses à propos de mon job. Mais Patrick ne méritait pas de faire les frais de ma mauvaise humeur.

— Peu importe. Au fait, merci pour les roses. Elles étaient magnifiques.

— Tout comme toi, dit-il d'une voix douce et veloutée. Tu es libre ce soir ?

Voilà, je retrouvais le Patrick compréhensif et attentionné.

— J'ai des rendez-vous, mais on pourrait prendre un verre.

— Je pensais à quelque chose de plus, disons, intime qu'un verre. J'ai un cadeau pour toi.

— Juste un ? m'étonnai-je sans pouvoir réprimer un sourire.

— Tu sais, c'était un voyage très rapide, me taquina-t-il en retour.

— Tu me donnerais un indice ?

— Tes mains ne seront jamais plus les mêmes.

J'hésitai entre l'excitation et l'effroi. Lorsqu'un garçon avec lequel vous entretenez une relation suivie prononce le mot « main », impossible d'écarter l'hypothèse de la bague. Une belle bague. J'avais la possibilité de bâtir une vie stable et appréciable avec Patrick. C'était ce que je voulais, n'est-ce pas ?

— Fin ?

J'émergeai de mon brouillard.

— Oui, euh, je peux te retrouver, mais pas très tôt. Vers minuit, ça irait ?

Ça me permettrait de faire d'une pierre deux coups : j'aurais ainsi le temps de tendre mon embuscade à l'infirmière après son travail et je pourrais rester dormir chez Patrick, au lieu de demander à Sam de passer une autre nuit sur mon canapé.

— Très bien, mais pourquoi aussi tard ?

— Je te l'ai dit. J'ai des rendez-vous.

Je ne voulais pas lui cacher les menaces que j'avais reçues, mais je lui en parlerais plus tard. Je craignais qu'il ne panique. Non pas que ça ait jamais été le cas par le passé, mais la situation était inédite et je ne savais pas comment il allait réagir.

— Bon, alors à tout à l'heure. Prends soin de toi.

Prends soin de toi ? Cette histoire de bague ne me disait subitement rien qui vaille.

Après avoir raccroché, je composai le numéro de Dave Rice. Une timide voix de femme me répondit. Je me présentai, avant d'ajouter :

— Pensez-vous que je puisse rencontrer votre mari ?

— Il travaille jusqu'à 19 heures, me répondit-elle en prononçant chaque syllabe avec peine. Rappelez à ce moment-là.

— Je vous remercie.

J'enregistrai son numéro dans mon téléphone portable pour ne pas oublier de le rappeler. Il se trouvait donc à son travail ? J'attrapai la pile de questionnaires soumis aux jurés et en retirai le sien. Au moment du procès Hall, Dave Rice avait affirmé qu'il était sans emploi. Mais il y avait trois années de cela et il était tout à fait logique que sa situation professionnelle ait évolué entre-temps.

Il était plus de 10 heures et je n'avais toujours pas de nouvelles des dieux de l'Olympe. Je restais optimiste. Il fallait que je retrouve le juré numéro 4, Wanda Babbish, avant que le service du déjeuner ne débute, au café où elle travaillait comme serveuse. Heureusement, le Café Normandy n'était qu'à quelques pâtés de maisons du bureau.

Je remis un peu de gloss sur mes lèvres et vérifiai mon maquillage. J'avais coiffé mes cheveux en queue-de-cheval (il me semblait que ça allait parfaitement avec le look BCBG que je m'étais concocté pour la journée). Et puis, le pantalon *flare* noir que j'avais choisi dissimulait les horribles marques que les crocs de Boo-Boo avaient laissées à un certain endroit de mon anatomie. Négligeant les conseils de la secouriste qui s'était occupée de moi, je portais un string qui me faisait atrocement souffrir, ajoutant la douleur à l'humiliation. Ma blouse en tulle brodé étant un tantinet audacieuse et hyper-féminine, ma coiffure un peu stricte ajoutait une note plus professionnelle à ma mise.

Le tout constituait l'une de mes plus belles affaires à ce jour. Parce que l'une des jambes de mon pantalon était plus courte que l'autre – aucun problème puisque j'avais dû, de toute façon, le faire raccourcir –, il avait été soldé pour quarante pauvres dollars. Quant à la blouse blanc cassé, je l'avais eue pour trente-huit dollars seulement, car l'un des boutons en avait été arraché par une cliente indélicate. Je n'avais eu qu'à ôter discrètement le bouton d'une chemise identique, mais de taille différente, pour résoudre mon problème. Non, je n'étais pas une délinquante : il manquait déjà deux boutons au vêtement sur lequel j'avais prélevé ce qui me manquait, sans compter un gros défaut dans sa broderie. Il s'agissait donc plus d'une opération de sauvetage que d'un larcin.

Mon sac était en grosse toile noire, de chez Liz Claiborne. Quatorze dollars. Une montre assortie – trente autres dollars. Je commençais à vraiment exceller dans la chasse aux bonnes affaires. Bon, sauf pour les chaussures. Elles provenaient de la collection Rosy de chez Betsey Johnson. Des escarpins à bouts ajourés dont l'imprimé ajoutait juste ce qu'il fallait de couleur à mon ensemble. Je les avais dénichées sur eBay. Au total, en comptant les frais de port, j'estimais avoir économisé environ quarante dollars par rapport au prix de détail en vigueur de deux cents dollars.

D'ailleurs, puisque j'en étais à eBay et Betsey Johnson, j'en profitai pour vérifier rapidement où en étaient mes enchères sur mon ordinateur. Curieusement, celui-ci ne me permit pas d'accéder à ma session. Je réessayai en me disant que j'avais dû mal taper mon mot de passe, mais rien ne se passa, hormis l'apparition d'un triangle jaune avec un gros point d'exclamation.

Un pressentiment angoissant commença à former une boule dans mon estomac. Je tentai alors d'afficher l'un de mes sites préférés – perfumebay.com –, mais sans plus de succès. Quelqu'un avait dû changer les données de mon ordinateur afin de limiter mon accès Internet. Soit, j'admettais que l'on puisse vouloir me demander des comptes sur mes allées et venues, mais m'empêcher de faire mon shopping *online* était tout bonnement… indigne !

Cela dit, je ne pensais pas que le fait de m'en plaindre me mènerait bien loin. Et il était tout aussi peu probable qu'un tribunal prud'homal considère une limitation d'accès à Internet comme la privation d'un droit fondamental du salarié.

Et comme s'il n'était pas déjà assez pénible de devoir désormais se contenter de vente sur catalogue, Margaret choisit ce moment pour m'informer que M. Dane souhaitait me voir dans son bureau immédiatement. Je ne l'avais jamais entendue aussi guillerette depuis que je faisais partie de ce cabinet. Oubliée la danse du scalp. À cet instant, elle devait être debout sur son comptoir en train de s'adonner au *groove* le plus sauvage que lui permettaient ses 55 balais.

Je replaçai mon sac à main dans mon tiroir de bureau en me demandant si je devais me munir d'un bloc-notes et d'un crayon. Je ne connaissais rien du protocole applicable à ce type de situation. La dernière fois que je m'étais fait virer, j'avais 16 ans. Et après huit jours à me parfumer à l'odeur de friture, j'avais été plus que ravie de rendre mon tablier de vendeuse de hamburgers et sa casquette assortie.

L'estomac noué et les mains vides, je grimpai dans l'ascenseur en direction du dernier étage, avec, dans la tête, une mélodie funèbre. Contrairement à ma dernière visite, la sentinelle me jeta un coup d'œil en ajoutant aussitôt :

— Vous pouvez entrer.

Rassemblant toute ma dignité, je redressai les épaules et frappai deux fois à la porte du bureau de Dane avant d'entrer.

Je le trouvai adossé à son fauteuil, fulminant, les yeux plissés et lançant des éclairs. Il m'observa sans dire un mot, parcourir les trop nombreux mètres qui me séparaient de lui.

Il reposa avec colère son stylo sur son sous-main.

— Bon Dieu, Finley, vous savez qui m'a appelé ce matin ?

Dans la mesure où tu viens tout juste de blasphémer, je présume que ça n'était pas le pape.

— Non monsieur.

— Jason Quinn. *Le* Jason Quinn.

— Je l'ai vu à la télé.

— Asseyez-vous, grogna-t-il. Vous avez placé ce cabinet, et moi, personnellement, dans une situation impossible. Tout ce que vous étiez censée faire, c'était vous occuper d'une simple affaire de succession.

— C'est ce que je suis en train de faire.

— En vous faisant arrêter sur demande d'un client, puis en accusant un autre client de vous avoir menacée ? Le docteur Hall pourrait tout à fait vous attaquer en diffamation ! Or, vous êtes une employée de ce cabinet…

— Pour quelle raison ?

— Vous avez prétendu que le docteur Hall vous avait menacée, sans l'ombre d'une preuve !

— Je n'ai jamais dit cela. J'ai seulement dit que je m'intéressais à la mort de trois jurés ayant participé à son procès et que j'avais fait l'objet de menaces du fait de mon enquête.

— Nous évoquerons ces prétendues menaces dans un instant.

— Avec tout le respect que je vous dois, monsieur, la note qui a été punaisée sur ma porte n'a rien de virtuel. Elle se trouve dans mon bureau. Je peux vous la montrer si vous voulez.

— Je n'ai aucune envie de la voir. Non seulement le docteur Hall serait légalement fondé à vous attaquer en justice du fait de vos accusations oiseuses, mais en plus, Jason Quinn qui défend les intérêts de la famille Keller, menace de déposer une plainte contre moi auprès du barreau, parce que vous avez cuisiné sa cliente à propos de son argent.

Je sentis soudain ma propre humeur se dégrader. Avec fermeté, je répondis :

— M. Dane, c'est Mme Keller qui a évoqué cet argent, pas moi. Avant cela, je n'en avais jamais entendu parler.

— Son fils ne croit pas à votre version. Et, franchement, je ne suis pas certain d'y croire moi-même. Cette question est gérée pour le compte des Keller par mon confrère Quinn, ainsi que par un représentant de la Bank of South Florida. Le fait d'avoir ainsi approché Mme Keller pourrait s'analyser comme une tentative de notre cabinet d'atteinte au privilège de confidentialité applicable aux relations entre un avocat et son client.

— Nous parlons bien d'un argent que M. Keller a extorqué au docteur Hall, n'est-ce pas ?

Dane me regarda comme s'il s'apprêtait à sauter par-dessus son bureau pour me passer autour de la gorge ses mains couvertes d'autobronzant.

— Et d'où tirez-vous une idée aussi stupide que celle-là ?

— M. Keller a été assassiné. Son coffre-fort était rempli de liquide. C'est l'explication la plus logique.

— Pour l'amour de… commença-t-il en regardant vers le plafond. Cet argent se trouvait malencontreusement entre les mains de M. Keller, mais il ne lui a pas été remis par le docteur Hall.

— Et pour quelle raison en êtes-vous si sûr ?

— Parce que Jason Quinn est un avocat de premier plan et, sans qu'il soit nécessaire de vous en divulguer les détails, je suis convaincu que ces deux affaires n'ont rien à voir l'une avec l'autre et doivent être traitées comme telles. Ça ne nous concerne pas. Keller n'a pas été assassiné, Finley. Il a eu une crise cardiaque sous les yeux de près de deux cents témoins. Tout ce que vous avez fait, c'est salir la réputation du docteur Hall, gravement obérer des négociations entre des avocats de renom et affolé Stacy Evans pour rien.

— Je ne pense pas que ce soit pour rien. Un troisième juré est également mort dans des circonstances obscures.

— Faux. J'ai parlé avec Sharon Ellis. Elle dirige le Centre d'études environnementales. Il n'existe pas la moindre preuve à l'appui de votre théorie selon laquelle ce décès n'est pas le fruit d'un banal accident.

— J'ai une cassette vidéo de…

Dane leva les mains devant lui pour me réduire au silence.

— Cami m'a parlé de cette vidéo. Elle montre Marcus qui prend un café. Point. Mais tout ceci nous amène à vos activités du week-end. Je n'arrive pas à croire que vous ayez été suffisamment impulsive pour pénétrer par effraction dans un garage, afin d'aller y chercher une tasse de café fantôme dans la voiture de Marcus.

D'accord, je pouvais lui accorder « impulsive ». Je m'apprêtais en revanche à batailler au sujet de la tasse « fantôme » en lui révélant qu'elle était en train d'être analysée, mais je me ravisai en me disant qu'il ne serait sans doute pas ravi de l'apprendre.

— Vous avez délibérément commis un délit, Finley.

— Seulement après avoir fait l'objet de menaces. Mes actes ont peut-être été un peu… précipités, mais je considère que les circonstances les justifiaient.

— Vous voulez savoir ce que je pense ?

Pas vraiment, non.

— Certainement.

— Je pense que ce message sur votre porte n'est rien d'autre qu'une malveillance de voisinage. J'ai cru comprendre en parlant à l'officier de police qui s'occupe de la plainte pour effraction que d'autres incidents avaient eu lieu dans votre immeuble ?

Je hochai la tête.

— Pour ce courriel, nous le soumettrons à notre département informatique afin qu'il en identifie l'émetteur. D'après Mlle Jameson, vous passez pas mal de temps sur Internet.

— C'est un peu exagéré. *Merci pour ton soutien, Becky !*

— Quoi qu'il en soit, le département informatique m'a assuré que n'importe quel lycéen disposant d'un peu de temps, de motivation et d'un modem pouvait aisément trouver vos coordonnées et vous adresser un courriel. De menace ou autre.

— OK. C'est tout ?

— C'est loin d'être tout. Je n'ai pas l'impression que vous saisissiez la gravité de ce que vous avez fait.

Bah, je n'ai pas non plus l'impression que vous saisissiez le fait que j'aie reçu des menaces et laissé un morceau de fesse dans cette histoire, alors j'imagine que nous sommes à égalité.

— Je me sens une obligation vis-à-vis de Mme Evans. C'est une cliente de ce cabinet.

— Plus maintenant, m'informa Dane. Un autre cabinet va prendre le relais, ajouta-t-il en faisant glisser un papier vers moi. Faites-leur porter la totalité du dossier d'ici la fin de la journée.

— Bien monsieur.

— Et tous vos autres dossiers doivent être transférés à Cami Hunnicutt.

— Donc, je suis virée ?

— Non.

Je n'y comprenais plus rien.

— Je ne suis pas virée, mais je dois refiler tous mes dossiers à votre nièce ?

— Ancienne nièce ! s'écria-t-il, comme si je venais de l'insulter. La mère de Cami est la sœur de mon ex-femme.

Quelle ex-femme ? Je mourais d'envie de le lui demander, mais je n'osai pas. Dane en avait déjà usé trois, chaque nouvelle épouse étant plus jeune que la précédente. Il semblait que sa stratégie pour ne pas vieillir consistât à coucher avec des tendrons.

— Vous n'êtes pas virée, vous êtes mise à pied. À compter de demain.

— Pour combien de temps ?

— Un mois. Sans salaire.

— Un mois ? Sans salaire ?! Mais j'ai un loyer. Des charges. Il faut que je me nourrisse.

Et mes manucures, mes pédicures, mon rendez-vous pour des mèches dans deux semaines !

— Vous pouvez remercier votre amie Rebecca parce que, en ce qui me concerne, j'étais très tenté de vous licencier. Il y a aussi une chose que vous devrez faire si vous ne voulez pas que cette mise à pied se transforme en licenciement.

— Laquelle ?

— Vous vous rendrez au domicile des Hall pour présenter vos excuses au docteur. Ils vous attendent dès demain, à 14 heures.

14.

Hors de question de souffrir en silence,
quand je peux gémir, bougonner et pleurnicher.

— Je suis vraiment désolée, me dit Becky d'une voix qui exprimait sa sollicitude. J'ai essayé de t'appeler, mais tu étais déjà montée chez Dane.

Je marchais dans Olive Street, en route pour mon entrevue avec Wanda Babbish, quand Becky m'avait appelée sur mon portable.

— Merci d'avoir plaidé ma cause, la remerciai-je avec sincérité. Je suis certaine que ça n'était pas facile.

— À quoi serviraient les amies, sinon ?

— À dévoiler mes habitudes de shopping, apparemment, répliquai-je en réalisant que toute la colère qu'avait suscitée la question de Dane sur ce point, ne s'était pas encore tarie.

— Ils m'ont posé la question, il a bien fallu que je réponde.

— Je sais. Les fondus de l'informatique ont conservé mon ordinateur pour la nuit. Puisque ma quarantaine débute demain, ça t'ennuierait de me le rapporter après ta journée de travail ?

— Aucun problème. Tu as besoin d'autre chose ?

— De quoi manger, quelques vêtements, un abri…

— Je peux te filer…

— Je vais appeler la banque de Lisa, l'interrompis-je.

Ça ne me dérangeait pas de devoir de l'argent à des établissements financiers sans nom, ni visage, mais je ne voulais pas emprunter ce genre de sommes à mes amies. Lisa était ma sœur cadette, alors elle appartenait à une autre catégorie. Elle disposait de l'argent de David IV et n'avait jamais rechigné à me dépanner, chaque fois que j'avais été contrainte de lui en faire l'humiliante demande. Par ailleurs, si ma mère disait vrai, il faudrait bientôt que je me drape dans un taffetas « os et craie » pour son mariage. Dans ces conditions, Lisa pouvait bien s'alléger de quelques dollars pour me remettre à flots et je promettrais de ne pas me plaindre – en tout cas, pas à elle.

Nous consacrâmes encore quelques minutes à récriminer contre Dane. Je lui annonçai que j'allais probablement passer la nuit chez Patrick. Mon amie considérait que ça valait mieux au regard des récents événements. Elle s'inquiétait encore des messages de menace que j'avais reçus, alors que moi, je me voyais contrainte de parer à des problèmes plus pressants comme mon loyer. Je faillis lui révéler que j'avais adressé une copie du dossier à Liv, mais je me ravisai. Non pas que je ne lui fasse pas confiance, mais je me dis qu'il était préférable de ne pas la placer dans une position délicate, si les choses tournaient au vinaigre.

Je venais à peine de raccrocher que mon téléphone sonna encore. C'était Stacy Evans et elle n'avait pas l'air très contente.

— Je veux que vous repreniez le dossier.

— Mais j'y travaille toujours. *Enfin, d'une certaine manière.*

— Mais Victor m'a dit que votre cabinet ne pouvait plus me représenter et que vous étiez partie en arrêt maladie. Vous êtes malade ?

— Ils n'ont pas le droit de faire ça et je serai absente durant le mois qui vient, mais je ne suis pas malade.

— Vous me cachez quelque chose, Finley. Pourquoi ?

Oh et puis quelle importance.

— Ils m'ont mise à pied, sans salaire, pour trente jours.

— Pourquoi ?

— Mon arrestation n'a pas fait une très bonne publicité au cabinet.

— Comment puis-je vous aider ?

— Avez-vous déjà rencontré votre nouvel avocat ?

— Non.

— Cela vous dérangerait-il d'attendre quelques jours pour le faire ?

— Pourquoi ?

— J'aimerais pouvoir explorer plusieurs autres pistes, mais je ne pourrai plus le faire à partir du moment où mon remplaçant aura pris la main.

— Marché conclu. Autre chose ?

Je réfléchis une minute avant de lui demander :

— Cela vous gênerait-il de payer directement le détective privé ? Il possède énormément de contacts très utiles, mais il n'est pas gratuit.

— Ça ne présente aucune difficulté.

Ma main se refermait sur la poignée en acier brossé de la porte d'entrée du Café Normandy. *Je me demande si elle accepterait de me payer pendant un mois… Naaan.*

— Je vous rappelle.

— Merci encore, Finley, me dit Stacy, sincèrement reconnaissante. Je sais que vous réussirez.

Heureuse d'apprendre qu'au moins une personne me fait confiance.

— Je ferai de mon mieux. Au revoir.

Le café avait pour spécialité la cuisine française de terroir. Une odeur de sauge fraîche, d'ail et de beurre emplissait la salle encore vide, une longue pièce étroite avec des tables placées le long des murs, séparées par une allée. Je patientai devant le meuble où aurait dû se tenir l'hôtesse d'accueil, en regardant trois employés dresser les tables, vérifier les condiments et, plus généralement, préparer le service du déjeuner qui s'annonçait.

Je n'avais pas la moindre idée de ce à quoi ressemblait Wanda Babbish, mais j'exclus d'emblée l'une des personnes qui s'agitaient sous mes yeux. J'étais certaine qu'*il* n'était pas Wanda. Les deux autres semblaient avoir plus ou moins le même âge : la vingtaine bien tassée, proche de la trentaine. L'une d'elles était une petite rousse, plutôt jolie, l'autre, une superbe blonde avec un bronzage parfait.

Le garçon jeta un coup d'œil dans ma direction et me lança :

— Le service ne commencera pas avant une vingtaine de minutes.

C'est à ce moment-là que la petite rousse me remarqua. Elle chuchota quelque chose à sa collègue, avant de s'avancer vers moi.

— Finley Tanner ?

Je hochai la tête.

— Allons dehors, me proposa-t-elle en me guidant vers le trottoir.

Arrivée au pignon du bâtiment, elle sortit un paquet de cigarettes de son mini-tablier et en alluma une dont elle tira une longue bouffée.

Cette inspiration souleva sa poitrine que je n'aurais jamais remarquée si elle n'avait été moulée dans une sorte de justaucorps qui oscillait entre l'uniforme de soubrette française plutôt coquine et le corset de courtisane médiévale. Par chance, je n'avais jamais eu à exercer le métier de serveuse, mais il semblait qu'il existât une corrélation directe entre la profondeur de leur décolleté et le montant de leurs pourboires.

— Alors, c'est quoi le problème ? Et faites vite s'il vous plaît, commanda-t-elle en reprenant une bouffée de sa cigarette. J'ai manqué deux jours la semaine dernière parce que ma fille était malade. Le patron fait la gueule et c'est la merde.

Hmm, classe…

— Savez-vous que trois des personnes qui ont participé au même jury que vous sont mortes au cours des derniers mois ? lui demandai-je en sortant de mon sac à main un carnet et un stylo.

— Mme Evans l'a mentionné quand elle m'a appelée, mais je ne vois pas en quoi ça me concerne.

— Vous est-il arrivé quoi que ce soit d'inhabituel durant ces derniers mois ? Des appels étranges, des messages, des inconnus rôdant autour de chez vous ?

— Nan, fit-elle en secouant la tête.

— Le docteur Hall ou quelqu'un qui lui est lié a-t-il cherché à vous contacter d'une manière ou d'une autre ?

— Moi ? À part Mme Evans et vous, non.

— Est-ce que le nom d'Hellen Callahan vous dit quelque chose ?

— Non. Ça devrait ?

— Elle a témoigné au procès.

— Bah, il y a eu beaucoup de témoins. Et ils ont tous dit la même chose. Même ceux qui ont parlé pour le compte de Mme Whitley ont affirmé que ce type d'infection n'avait rien d'exceptionnel.

— Que pouvez-vous me dire d'autre à propos du procès ?

Elle haussa les épaules.

— Que ça m'a coûté trois semaines de pourboires. Je veux dire, je suis désolée que ce Whitley soit mort, mais nous sommes tous tombés d'accord pour dire que c'était pas la faute du toubib.

— Pas de problèmes durant les délibérations ?

Elle tira une dernière fois sur sa cigarette avant de la jeter dans le caniveau.

— Nina Fahey a fait sa chieuse. Elle était d'avis que les larmes de la veuve, c'était du flan pour la galerie et elle ne voyait aucune raison de lui donner de l'argent, vu qu'elle était déjà pleine aux as. Elle n'a pas arrêté de ronchonner quand le docteur Wong a insisté pour qu'on prenne une décision.

— Le docteur Wong estimait-il qu'il y avait eu faute professionnelle ?

— Ah ça non, ricana Wanda. Il n'a pas arrêté de nous prendre la tête avec sa psychologie à deux balles, sur les différentes étapes du deuil, blablabla. Personnellement, au bout d'un moment, je ne l'ai plus écouté. Finalement, c'est Keller qui lui a demandé de la fermer et de passer à autre chose.

— Graham Keller ?

— C'est lui qui présidait le jury. Ça lui a pris un peu de temps pour arriver à organiser le débat, mais il n'était pas si mauvais que ça.

— Et Marcus Evans ?

Wanda sourit.

— Un vieux monsieur sympathique. Il n'a pas parlé beaucoup. Plutôt vieux jeu. Il avançait les fauteuils des femmes. Se levait même de son siège quand l'une de nous revenait des toilettes ou d'une pause.

— José Vasquez ?

Elle dut réfléchir une minute.

— Je ne me souviens pas qu'il ait ouvert une seule fois la bouche durant les délibérations. Certains des autres jurés ont d'ailleurs balancé des trucs pas très sympas derrière son dos.

— Comme quoi ?

— Bah, qu'il ne disait rien parce qu'il ne parlait pas l'anglais, ce genre de trucs. Mais ça n'était pas vrai. Son anglais était tout à fait correct. Je l'ai entendu parler avec Keller pendant l'une des pauses. Un truc à propos d'un prêt ou d'une ligne de crédit, je me rappelle plus très bien. C'était quand même il y a trois ans.

Puis, consultant sa montre, elle ajouta :

— Bon, il faut que j'y retourne.

— Merci, lui dis-je en lui tendant l'une de mes cartes de visite sur laquelle figurait mon numéro de portable. N'hésitez pas à me contacter si quoi que ce soit de bizarre se produit.

J'inscrivis quelques notes supplémentaires sur mon carnet.

Elle commença à s'éloigner, avant de se retourner et de me demander :

— Vous pensez vraiment que quelqu'un pourrait vouloir nous faire du mal ? Je veux dire, je suis mère célibataire. Est-ce que je devrais m'inquiéter ? Prendre des précautions ou un truc comme ça ?

— Pour être parfaitement franche avec vous, je n'en sais rien.

Je savais qu'elle prenait des cours du soir pour passer son bac et qu'elle faisait des heures supplémentaires pour nourrir sa fille de 7 ans. Je n'avais pas très envie d'ajouter la peur à la liste de ses soucis quotidiens, mais je ne voulais pas non plus mettre sa vie en danger.

— Soyez juste prudente, OK ? lui dis-je.

Elle aurait bien voulu que je précise un peu ma pensée, mais je ne disposais d'aucune information solide à ce stade.

En retournant au bureau, je me gratifiai de quelques compliments. Voilà, c'était officiel, je venais de pratiquer mon premier interrogatoire. J'avais posé les bonnes questions et j'étais certaine que Wanda s'était montrée sincère. Oubliant un instant le fait que j'avais temporairement perdu mon job et mon ordinateur, peut-être chopé la rage à cause de Boo-Boo, inconsciemment trompé mon irréprochable fiancé, été arrêtée et que j'étais désormais la cible d'un psychopathe, je me félicitai de mes nouveaux galons d'enquêtrice.

Bon sang, ce que je suis bonne !

Mon téléphone sonna et je reconnus aussitôt le numéro de mon correspondant.

Bon sang, ce que je suis conne !

— Allô ?

— Comment as-tu pu me faire une chose pareille ?! s'écria ma mère d'une voix suraiguë.

Et ça continua pendant trois bonnes minutes. Manifestement, elle considérait mon arrestation – publiée dans les journaux, rien que ça – comme un acte délibéré visant à salir *sa* réputation. Un acte destiné à lui faire honte devant les membres de la Société de l'Opéra, son club de bourgeoises de la haute, son syndicat de copropriétaires et la section locale de l'Armée du salut.

— Je suis désolée, répétai-je pour la énième fois.

Et je l'étais *effectivement* – d'avoir décroché mon téléphone. J'avais réussi à éviter ses appels toute la matinée et j'aurais dû m'en tenir à ce plan.

— Tout est sous contrôle, maintenant. La plainte sera retirée dès aujourd'hui.

— Et ça paraîtra dans les journaux ?

— J'en doute, mais ce n'est pas si grave.

— Je suis sans voix.

Si seulement ça pouvait être vrai.

— Franchement, Finley, tu ne trouves pas que c'est « grave » de se faire *arrêter* ? Et pour vol, rien que ça ! Pour l'amour du ciel, mes amis vont s'imaginer que tu es une espèce de cleptomane. Tout ceci me fait une épouvantable publicité.

— Il s'agissait d'une effraction, pas d'un vol.

— Et qu'est-ce que ça change, peux-tu me le dire ?

— Il y a une différence théorique. Une effraction, c'est le fait de pénétrer dans la propriété d'autrui avec l'intention de commettre un délit. Un vol, c'est quand on soustrait quelque chose de valeur à quelqu'un sous la menace. *Et maintenant, va méditer et fiche-moi la paix.*

— Ne prends pas ce ton avec moi.

— Mais, maman, c'est bon, je suis vraiment désolée. (Mensonge éhonté.) Je suis juste un peu surprise que ça ne te vienne pas à l'idée de me demander si je vais bien.

— Tu as commis un délit ! Cette seule chose me confirme que tu ne vas pas bien. D'ailleurs, je refuserai de te parler tant que tu seras dans cet état.

Et elle me raccrocha au nez. D'après mon expérience, je savais que ma mère finirait par réaliser que sa réponse égocentrique à mes ennuis n'était pas une réaction optimale.

Parce que, au bout du compte, elle n'était pas méchante. Juste piquée. Comme chacun de nous, moi comprise. Certes, c'était beaucoup plus grave dans son cas.

Son penchant pour la tragédie et mon caractère parfois explosif ne cessaient d'envenimer nos relations déjà passionnées. Pourtant, nous aspirions toutes les deux à la même chose ou presque : je voulais pour ma part une mère différente et, de son côté, elle aurait tellement aimé que je ressemble à Lisa.

Je réalisai soudain que je désirais aussi autre chose. Une chose que je ne trouverais jamais sur eBay ni dans une boutique quelconque. Je voulais retrouver un meurtrier. D'accord, je n'avais pas encore touché le fond. Je n'avais pas renoncé au reste des pièces détachées de ma Rolex. Mais j'avais temporairement placé la neutralisation de ce meurtrier en tête de ma liste. Non seulement, ça me permettrait de me racheter aux yeux de Vain Dane, mais en plus, ça constituerait une sacrée réussite. *Ma* réussite.

Mon Dieu, je commençais à devenir aussi cruche que l'héroïne jouée par Judy Garland dans la série des *Andy Hardy*. Quand j'arrivai dans le hall de l'immeuble où se trouvait mon bureau, mon bel enthousiasme m'avait abandonnée.

Le regard sarcastique de Margaret me ramena à la réalité.

— Où est le formulaire ? demandai-je en voyant qu'elle ne s'empressait pas de me tendre son carnet de pointage.

— Cette procédure a été suspendue.

Ça devait lui lacérer le cerveau de ne pas pouvoir ajouter : « Tout comme vous. »

Mon sourire le plus sucré aux lèvres, j'ajoutai :

— Pourrais-je avoir mes messages, je vous prie ?

— Il n'y en a pas.

Parfait. De toute façon, j'avais beaucoup de choses à faire dans un temps très limité. En sortant de l'ascenseur, je me dirigeai tout droit vers mon bureau. Arrivée à un mètre de la porte, je perçus une odeur boisée de savon et un sentiment d'excitation m'envahit.

Je pris une puissante inspiration pour me donner du courage et commençai à réciter mentalement *Patrickpatrick-patrick*, avant de me composer un visage serein et de pousser la porte de mon antre, comme si je ne savais pas que Liam s'y trouvait.

Non seulement il était bien là, mais il s'était même installé dans *mon* fauteuil, avec son 45 fillette sur *mon* bureau et *mon* dernier exemplaire de *In Style* entre les mains.

— Puis-je faire quelque chose pour vous ? Tout va bien ?

— Tout va très bien, merci.

Il ôta ses pieds du meuble, reposa le magazine sur l'étagère derrière mon siège et s'avança lentement vers moi.

Ayant déposé les quelques dossiers qui s'y trouvaient sur le sol, il s'assit dans l'un des fauteuils réservés aux visiteurs, tandis que je récupérais le mien. Enfin, le mien pour encore quelques heures.

— La réceptionniste ne vous aime pas beaucoup.

— Ah bon ?! m'écriai-je en feignant l'indignation.

— Mais elle m'aime bien.

— Contente pour vous.

— Elle m'a dit que vous vous étiez fait démolir par les grands chefs.

— Quel manque de savoir-vivre de sa part, de révéler ainsi des histoires d'alcôves.

— Mais elle m'aime bien, répéta-t-il en souriant.

Je ne savais pas très bien s'il se moquait de moi ou s'il se désolait de ma situation. Aucune de ces options ne me plaisait beaucoup, à vrai dire. Ses yeux, en revanche… La manière dont ses cils sombres soulignaient les paillettes grises de ses iris bleus…

Il agita la main devant moi comme si j'étais l'un de ces gardes de Buckingham Palace que les touristes adorent narguer pour tenter de les faire réagir.

— Hou hou ?

— Excusez-moi.

— Quelle est l'étendue des dégâts ? s'enquit-il en considérant les piles de documents que j'avais vaguement organisées, çà et là.

— Un mois de punition. Rien d'insurmontable.

Il se releva de son fauteuil en s'aidant des coudes.

— Très bien. Nous reprendrons le boulot à votre retour.

— Attendez !

Il n'y avait pas lieu de crier, mais j'avais manifestement du mal à me dominer. Toutes les angoisses que j'avais engrangées jusqu'alors s'étaient exprimées dans cet unique mot.

— Qu'entendez-vous par « reprendre le boulot » ?

— Dès que vous reprendrez en charge le dossier Evans, je m'y remettrai.

Je faillis m'étaler en me précipitant pour fermer la porte de mon bureau avant qu'il ne parte. Cette fois, je fis très attention à contrôler le volume de ma voix.

— Je continue à bosser sur le dossier Evans et vous aussi, lui dis-je dans un quasi-murmure.

Il inclina la tête sur le côté, visiblement surpris.

— Vos chefs vous ont laissé la bride sur le cou ?

— Pas exactement, répondis-je pour botter en touche. Vous et moi, nous savons que quelque chose ne tourne pas rond dans cette affaire. Il faut que j'en apporte la preuve à tous les autres.

— Mais il faudra me payer. Je ne travaille pas gratos.

— Je me suis déjà occupée de ce détail. Mme Evans ne voit aucun inconvénient à vous payer directement.

— Et quand les gens d'ici découvriront le pot aux roses, ils n'auront plus jamais recours à mes services. Vous avez une idée du nombre de dossiers que je traite pour ce cabinet ?

— Si vous n'en parlez pas, ce n'est pas par moi qu'ils l'apprendront. Allons, Liam, soyez sympa et filez-moi un coup de main.

Il secoua la tête.

— Et d'où peut bien vous venir cette impression que je suis un type sympa ?

Je commençai à compter sur mes doigts.

— Vous avez convaincu Charlie de retirer sa plainte contre moi. Vous m'avez rapporté ma voiture.

— Ce qui me rappelle que vous me devez toujours deux cent vingt dollars.

Je soutins son regard.

— Je sais que vous pensez que Marcus et les autres ont été assassinés. Vous savez très bien que j'ai raison.

— C'est un bien grand mot.

— Stacy Evans est d'accord pour vous dédommager, répétai-je, juste au cas où, comme moi, il n'aurait pas été sûr de pouvoir payer son loyer. Par ailleurs, vous ne pouvez pas me laisser me débrouiller toute seule. Ça ne devrait plus nous prendre beaucoup de temps avant de découvrir ce qui s'est véritablement passé. Je dois toucher au but, sinon le meurtrier n'essaierait pas de me faire peur – et il y est presque parvenu. Ce serait terrible pour vous si vous abandonniez à ce stade et qu'il arrive quelque chose aux autres jurés. *Ou à moi ?*

Il prit une profonde inspiration, avant de souffler en direction de son front. Son éternelle boucle vacilla légèrement avant de retomber à sa place habituelle.

— Je n'aime pas que l'on cherche à me culpabiliser.

— Alors, évitez soigneusement ma mère.

Je retins mon souffle en scrutant l'indécision qui se lisait sur son visage.

— Je sais que je vais le regretter.

— Mais non !

— Les résultats du labo sont prêts. J'ai besoin de mille cinq cents dollars pour les retirer. Et, dans la mesure où je n'ai pas l'aval de Dane-Lieberman, ils exigeront du liquide ou un virement.

Je passai un coup de fil rapide à Stacy. Elle accepta de faire porter l'argent nécessaire à Liam immédiatement.

— Où doit-elle le faire livrer ?

— J'ai aussi besoin d'une avance.

— Combien ?

— Trois mille.

Je couvris le combiné de ma main.

— Trois mille dollars plus les honoraires du labo ?! Vous ne croyez pas que vous abusez un peu ? Son mari vient d'être assassiné. Vous pensez vraiment que c'est le moment de profiter d'elle ?

— J'ai déjà passé pas mal de temps sur cette affaire. J'ai moi aussi des obligations. Cela dit, si mon tarif ne lui convient pas, je peux aussi laisser tomber.

Je plissai les yeux en le fixant, tout en exposant la situation à Stacy. Elle ne s'en réjouit pas à proprement parler, mais elle en accepta les conditions. Un porteur livrerait l'argent à Liam sur le parking du labo avant 15 heures.

Alors que je raccrochais, Liam sortit une enveloppe crème légèrement froissée de la poche arrière de son jean et me la tendit.

— Les relevés bancaires du docteur Hall sur les six derniers mois.

Je soupesai le pli sans l'ouvrir.

— Comment vous êtes-vous procuré des documents aussi confidentiels ?

— Vous voulez vraiment le savoir ?

Je secouai la tête.

— Je voudrais que vous preniez ce message et que vous en fassiez analyser les empreintes digitales.

— Vous l'avez mis dans une pochette en plastique ? constata-t-il avec ce petit sourire narquois qui malmenait ce qu'il me restait de sang-froid.

— Je me suis efforcée de préserver d'éventuels indices, déclarai-je de mon ton le plus docte. Et pour les infos sur les antécédents des jurés ?

— Je suis encore en attente de deux ou trois trucs. Je vous apporterai ce que j'ai déjà pu réunir en même temps que les résultats du labo. Je devrais pouvoir revenir vers 16 heures.

— J'aimerais autant un peu plus tard. Je dois rencontrer Paula Yardley à 15 heures. Il est probable que je ne rentrerai pas ici avant 16 heures 30.

Il forma la lettre T avec ses mains.

— Vous avez rendez-vous avec l'un des jurés ?

Je hochai la tête.

— Avec tous, pour être exacte.

— Est-ce que le mot « danger » vous dit quelque chose ?

— Écoutez, c'est une femme au foyer de banlieue avec trois enfants. Je crois que je peux la gérer toute seule, non ?

Liam me lança le même regard assassin que celui dont m'avait gratifiée Vain Dane, un peu plus tôt dans la journée.

— Vous possédez une arme à feu ?

— Bien sûr que non !

— Un couteau ? Des rudiments d'autodéfense ? Quelque chose ?

À ce stade, toute patience m'avait quittée.

— J'ai une lime à ongles et un très mauvais caractère. Il faudra que ça suffise pour le moment. Si vous n'avez pas d'autre question… (Je me tus un instant pendant que j'ouvrais ma porte.) Je vous appelle après avoir quitté Mme Yardley.

— Je vais attendre devant mon téléphone.

J'en doutais fortement, mais je ne parvins pas à trouver une réplique cinglante et je me reposai donc sur mes capacités de communication non verbales pour le congédier d'un geste de la main. Comme il me tournait déjà le dos à cet instant, il ne le vit pas, mais j'estimai que j'avais eu le dernier mot.

Deux types des archives se pointèrent dès que Liam fut parti. Ils emportèrent les comptes rendus du procès et, avant d'embarquer la dernière boîte, m'informèrent qu'un porteur arriverait prochainement pour prendre le dossier Evans afin de l'apporter à l'avocat qui me remplaçait.

C'était un peu comme si j'avais observé un régiment de fourmis vider progressivement mon bureau de tout ce qui avait pu, de près ou de loin, toucher à la mort de Marcus Evans.

Tout, sauf ce que j'avais secrètement dissimulé dans mon sac. Notamment les relevés de compte bancaire. Malgré mon impatience de les passer au peigne fin, je m'abstins. Mieux valait attendre de ne plus figurer sur le rôle des employés de Dane-Lieberman pour le faire. Je ne doutais pas que Vain Dane m'aurait immédiatement achevée, s'il avait su que je m'apprêtais à poursuivre l'enquête dans mon coin.

Je préparai un mémorandum détaillé et en couleurs à l'intention de Cami et collai sur différentes chemises cartonnées des étiquettes de couleurs correspondantes. J'imprimai ensuite une copie du document pour moi-même et pris une photo des dossiers que j'avais soigneusement disposés sur mon bureau. Compte tenu de l'ambiance, il semblait prudent de protéger mes arrières – déjà mutilés. La résolution du meurtre des jurés me vaudrait sans doute une réintégration dans mon emploi au cabinet, mais, au cas où je n'y parviendrais pas, je voulais m'assurer que mon professionnalisme ne serait pas mis en cause.

Puisque la politique de pointage avait pris fin, je me sentis totalement libre de traverser le hall en direction de la sortie, sans un mot pour Margaret, hormis le fait que j'étais joignable sur mon téléphone portable. Il me sembla qu'elle n'appréciait pas trop mon attitude, mais, franchement, que pouvait-elle y faire ? Insister pour que Victor Dane me mette à pied doublement ?

Dès que je fus dehors, je composai le numéro de téléphone de ma sœur en actionnant la commande haut-parleur.

Fort heureusement, ce fut elle qui décrocha.

— Docteur Tanner.

— Salut Lisa.

— Ah, mais c'est ma petite sœur la délinquante, me taquina-t-elle.

— Très drôle.

Manifestement, Radio-Maman avait fonctionné et je n'eus pas besoin de lui faire le récit détaillé de mes dernières aventures.

— Je peux te parler ?

— Pas de problème. Je suis en train de me rendre aveugle à force de revoir des diagrammes.

— Il faudrait que je t'emprunte un peu d'argent.

— Combien ? demanda-t-elle sans hésitation.

Je gagnai sept cent soixante-neuf dollars par semaine avant impôts. Si j'arrêtais complètement le shopping, en oubliant « accidentellement » de signer deux ou trois chèques au moment de payer mes factures de cartes de crédit (afin qu'ils aient à me les retourner, sans pour autant me facturer des intérêts de retard), je pouvais m'en sortir avec les trois quarts de mon salaire normal. Je fis un petit calcul mental et lui annonçai un chiffre.

— Et avec ça, combien te manque-t-il pour être à jour de tes paiements ?

— Je payerai plus tard, insistai-je. Est-ce que tu pourrais ne rien en dire à maman ? Elle est déjà furieuse contre moi.

— Je sais. Mais est-ce que ça va ? Ça doit être plutôt effrayant de se faire arrêter.

— Ce n'était rien en comparaison de mon intermède avec le chien. Tu sais, je te suis vraiment reconnaissante, Lisa.

— Je sais bien. J'irai au Western Union durant ma pause et tu auras l'argent avant 18 heures.

— Inutile de te presser à ce point. Je viens tout juste d'être payée.

— Bah, on ne sait jamais. Et si tu te faisais encore arrêter et que tu doives payer une caution ?

— On m'a relâchée sur ma bonne mine, dis-je fièrement. La juge a dit qu'elle était impressionnée par ma force de caractère et ma détermination.

— Maman dit toujours que les premières impressions sont les bonnes.

Lisa m'infligea ensuite la mise à jour du chapitre mariage. C'était la première fois que je serais demoiselle d'honneur et je ne voyais toujours pas ce que l'honneur venait faire dans le tableau. Chaque fois que nous en parlions, nous évoquions un nouveau détail concernant le profil du poste. Et quand elle en vint à faire la liste des dates potentielles de son enterrement de vie de jeune fille que je devais organiser – à Atlanta –, les scrupules que j'avais conçus à propos de mon emprunt s'envolèrent.

— Est-il possible de causer un infarctus en injectant un produit quelconque à quelqu'un, sans que cette substance soit détectable par des analyses de sang ordinaires ? demandai-je.

— Maman t'enquiquine à ce point-là ?!

Je souris.

— C'est plutôt l'inverse. Non, c'est juste pour mon information.

J'entendis un bruit de martèlement et je sus aussitôt ce dont il s'agissait : Lisa avait l'habitude de tambouriner avec un stylo ou un crayon sur la table, chaque fois qu'elle se plongeait dans ses réflexions.

— Nicotine.

— Comme les cigarettes ? m'étonnai-je en songeant immédiatement à Wanda Babbish.

— Non, une forme plus pure.

— Est-ce qu'il est possible de s'en procurer dans n'importe quelle pharmacie ?

— Non. La vente de ce produit est strictement réglementée. Du chlorure de potassium pourrait aussi faire l'affaire.

— Et ça, c'est facile d'en avoir ?

— Beaucoup plus facile, répondit Lisa. L'insuline pourrait aussi marcher, mais il faudrait alors la doser correctement. À défaut, le patient risquerait de simplement s'enfoncer dans le coma. Attends un instant, ajouta-t-elle avant de s'absenter l'espace d'une minute. La Floride n'exige pas d'ordonnance pour l'insuline.

— Vraiment ?

— Ouais. C'est idiot, mais pas si inhabituel que ça. Ce médicament est en vente libre dans de nombreux États. Si je voulais tuer quelqu'un en faisant croire à une crise cardiaque foudroyante, l'insuline serait le moyen le plus commode.

— Merci.

J'allais raccrocher lorsque Lisa ajouta .

— Fin ?

— Oui ?

— Je suis vraiment désolée de tout ce qui t'arrive en ce moment.

— Moi aussi.

Sauf que, étrangement, je ne me sentais pas si effondrée que ça. Plutôt... inspirée. Et ça me fichait une trouille bleue.

15.

Quand il pleut, il faut que ce soit à verse…
Et c'est généralement à ce moment-là
que le parapluie se retourne.

Même de loin, je vis que Paula Yardley avait une marque de bronzage laissée par une ancienne alliance. C'était une grande femme blonde, avec de jolis yeux verts. Je l'observai depuis ma voiture, tandis qu'elle conduisait deux fillettes, vêtues de justaucorps roses, vers le studio de danse. Un petit garçon, encore un bambin, était calé sur sa hanche.

Il me semblait impossible qu'une femme puisse rester si mince après avoir expulsé trois petits êtres humains de son corps. Ça ne semblait pas… naturel.

Quelques secondes plus tard, elle ressortit du bâtiment et s'assit à une table de pique-nique installée à proximité. Je me dis que ça devait être à moi de jouer et j'ouvris la portière de ma voiture, avant de chercher mon fidèle carnet. Je n'avais pas encore posé le deuxième pied sur le trottoir qu'une matrone aux cheveux sombres sévèrement tirés en chignon, sortit en trombe de l'immeuble et marcha droit sur Mme Yardley.

Mme Chignon paraissait en colère, à moins que ce ne soit à cause de la sévérité de sa coiffure. En tout cas, elle ressemblait à ces mégères de Palm Beach dont le lifting trop radical donnait l'impression qu'elles se tenaient derrière un réacteur de jet lancé à pleine puissance.

Sans le faire exprès, bien sûr, j'entendis la fin de sa première phrase :

— ... à défaut, vos filles ne pourront pas continuer à prendre des cours de danse ici.

— J'aurai l'argent la semaine prochaine, promit Mme Yardley dont la gêne était visible, surtout lorsqu'elle m'aperçut du coin de l'œil.

— Il faudra également rembourser les frais occasionnés par le rejet du chèque.

— Aucun problème. Je suis vraiment désolée. Ça n'arrivera plus.

— Faites en sorte que ce soit le cas.

Et, sur ces paroles, le B-52 pivota pour se diriger d'un pas gracieux vers le studio de danse.

— Mme Yardley ? demandai-je en faisant de mon mieux pour lui faire croire que je n'avais pas entendu leur conversation.

— Oui.

Elle se pencha vers un sac à main griffé qui n'était plus vraiment au goût du jour et en sortit plusieurs petites voitures en plastique. En les tendant au petit garçon, elle dit :

— Ne t'éloigne pas de maman.

L'enfant poussa un petit cri avant de trottiner vers un tas de terre amassée près du mur.

— Merci d'avoir accepté de me rencontrer, commençai-je en m'installant à sa table.

— Je ne vois pas très bien en quoi je pourrais vous aider.

— Mme Evans pense que la mort de son mari n'est pas accidentelle.

— C'est ce qu'elle m'a dit et aussi pour José et Graham. Après que j'ai parlé avec elle, mon mari a insisté pour que j'appelle la police. Ils m'ont assuré que le décès de ces trois hommes avait eu des causes accidentelles.

Si le mari était toujours dans le panorama, où donc était passée son alliance ? Elle était peut-être comme Liam, après tout, à moitié divorcée. Divorcée avec des privilèges. Il fallait que je cesse de penser à ce type et à sa – semi – ex-épouse. Ce n'était pas sain et ce n'était pas mes oignons. Et puis, ça provoquait chez moi des comportements idiots.

— Avez-vous reçu des messages curieux – des lettres, des courriels –, aperçu des inconnus rôdant près de chez vous ?

— Bien sûr que non, répondit-elle. Je suis certaine que vos intentions sont généreuses, mais si la police estime qu'il n'y a rien de suspect, j'ai tendance à lui faire confiance.

— Comme vous voulez. Mais je continue à penser que vous devriez prendre quelques précautions.

Je n'estimai pas utile de lui rappeler qu'elle avait trois enfants.

— Notre maison dispose d'une longue allée dégagée et d'un système d'alarme. De toute façon, je n'arrive pas à croire qu'un dingue aurait subitement décidé de tuer des gens, à cause d'un procès qui s'est terminé il y a plus de trois ans.

Je lui parlai de la menace manuscrite et du courriel que j'avais moi-même reçus, mais elle leur accorda le même traitement que Vain Dane. Manifestement, cette femme ne souhaitait pas entendre ce que j'avais à lui dire. Il était donc temps de changer de sujet.

— S'est-il passé quelque chose durant les délibérations qui, *a posteriori*, vous semble bizarre ?

— Non, je... John, mon chéri ! Ne mange pas la terre, s'il te plaît. Excusez-moi. Les garçons sont parfois... difficiles à gérer.

— Et ça ne s'arrange pas avec l'âge, n est-ce pas ?

Elle me sourit.

— J'imagine que non. Écoutez, poursuivit-elle en ramenant ses cheveux derrière ses oreilles, nous étions douze étrangers qui ont suffisamment joué de malchance pour se voir sélectionnés aux fins de ce procès. Ce fut pénible. Une parade d'experts médicaux et des tonnes d'annexes que nous étions censés éplucher dans les moindres détails.

— Vous ne l'avez pas fait ?

— Nous avons fait de notre mieux. L'un des jurés n'était qu'une jeune étudiante. Elle s'appelait Kayla. Dès le troisième jour, j'ai eu envie de la mettre sur la touche.

— Pour quelle raison ?

— Elle ne cessait de gémir et de se plaindre parce qu'elle ratait je ne sais quelle audition. Je crois qu'elle étudiait l'art dramatique à l'université. Je ne pense pas qu'elle ait accordé beaucoup d'attention aux témoins et je suis absolument certaine qu'elle n'a pas ouvert le moindre dossier médical lorsque nous étions en train de délibérer. Si vous voulez mon avis, on ne devrait pas autoriser des gens aussi jeunes à siéger dans un jury.

— L'un d'entre vous a-t-il examiné les dossiers médicaux ?

Elle hocha la tête.

— Le docteur Wong a eu la gentillesse de nous traduire un peu du jargon utilisé. Bon, ce n'était pas sa spécialité, mais il comprenait tous ces trucs compliqués à propos de tests d'apnée et de réflexes cornéens.

Je n'arrivais pas à la suivre.

— Voulez-vous parler des premiers signes par lesquels s'est manifestée l'infection qui a tué Brad Whitley ? Des signes prouvant que le docteur Hall aurait peut-être dû commencer le traitement plus tôt ?

Elle secoua la tête.

— Malheureusement non. Tous ces détails concernaient la transplantation elle-même. Les avocats ont passé presque trois jours à nous expliquer les différentes étapes qui ont conduit à l'opération, avant d'en venir aux complications postopératoires. Beaucoup de leurs explications me sont d'ailleurs passées largement au-dessus de la tête, mais j'ai compris le gros du problème. Le docteur Hall a effectué des tests d'apnée et de réflexes cornéens, ainsi qu'une autre vérification ayant trait au niveau de CO_2, avant qu'Ivy Novak ne soit déclarée cérébralement morte. Ensuite, ils ont prélevé son cœur et réalisé la greffe. J'ai encore la nausée en repensant aux diagrammes dégoûtants qu'ils nous ont montrés.

— Et tous les jurés ont convenu qu'il n'y avait pas eu de faute professionnelle, c'est bien ça ?

— « Convenir » est un peu exagéré, dit-elle en ponctuant sa remarque d'un bref ricanement. Plusieurs membres du jury étaient réellement désolés pour Mme Whitley et auraient bien voulu lui donner quelque chose.

— En faisiez-vous partie ?

Elle secoua la tête avec véhémence.

— Non, ça, c'était le cas de l'étudiante en théâtre, Kayla, et aussi de Dave Rice et Harold Greene. Ils étaient obsédés par les sommes que Mme Whitley avait dû payer après la mort de son mari.

— Les Whitley n'étaient pas couverts par une assurance maladie ?

— Bien sûr que si, mais son mari était entrepreneur, comme le mien. Nous-mêmes avons souscrit une assurance, mais les mensualités sont très élevées et la couverture reste minime. Si je me souviens bien, elle a dû payer 20 % de la totalité des frais. La transplantation a coûté plus de deux cent mille dollars auxquels se sont ajoutés les frais annexes : radiologie, médicaments..., ce genre de choses.

— Si votre groupe était divisé sur le sujet, qu'est-ce qui vous a conduit à adopter une position commune ?

— La vérité. Personne – pas même les experts cités par Mme Whitley – n'a pu affirmer (elle fit une pause pour signaler des guillemets au moyen de ses deux mains), *avec un niveau de certitude médicale raisonnable*, que le docteur Hall s'était montré négligent d'une manière quelconque.

Nous poursuivîmes notre entretien durant encore quelques minutes, avant que Paula Yardley ne m'annonce qu'elle voulait assister à la dernière demi-heure du cours de danse de ses filles. Pour ma part, j'aurais préféré aller manger de la terre avec le petit John, plutôt que d'admirer des ballerines en herbe se trémousser à contretemps.

Quelque chose dans cette conversation avec Paula Yardley me gênait. Pourquoi cette absence de peur que quelqu'un puisse vouloir la tuer ? Ça n'était pas normal. À moins, songeai-je en opérant un demi-tour, qu'elle n'ait eu autre chose en tête. Mais il fallait que ce soit un truc énorme.

Comme son adresse figurait sur le questionnaire remis à chacun des jurés, je trouvai le chemin de son domicile sans grande difficulté. C'était dans les terres, à l'ouest de Wellington, là où la densité des lotissements générait un néant labyrinthique. La longue allée dont elle m'avait parlé était en terre battue, flanquée de part et d'autre d'une barrière branlante – pas du fait du dernier ouragan, mais d'une banale négligence.

Je garai ma voiture devant l'imposante bâtisse de deux étages et dus slalomer entre les vélos, les tricycles, les raquettes et les ballons pour parvenir aux deux marches qui menaient à la porte d'entrée. Bien entendu, il fallait que celle-ci soit pourvue de verre dépoli, me dis-je avec dégoût. J'aurais bien collé mon nez audit carreau, mais je me souvins de la réflexion de Paula à propos de l'alarme. Et puis, pour être franche, je n'avais aucune envie de laisser une coupable empreinte de nez sur la vitre. Une arrestation par décennie me suffisait amplement.

Peut-être devrais-je faire le tour de la maison, songeai-je. Je m'apprêtais à le faire lorsque j'avisai une pile de courrier qui dépassait de la boîte aux lettres fixée juste à gauche de l'entrée. J'aurais parié que la violation du secret des correspondances était punie pénalement, mais je ne savais pas où ce délit commençait. Après une brève hésitation, je décidai qu'un simple coup d'œil ne tombait pas sous le coup de la loi et je retirai les lettres de la boîte.

La plupart des enveloppes portaient la mention « Lettre de rappel » en caractères rouges : les compagnies de téléphone et d'électricité, Visa, MasterCard, la chaîne câblée.

Aucune de ces sociétés n'avait l'air très heureuse de sa relation contractuelle avec les Yardley. Je remis le tout où je l'avais pris.

À l'arrière de la maison, je découvris une piscine à sec. L'entretien de ce genre d'agrément était très coûteux. Progressivement, le tableau se précisait. Il devint encore un peu plus clair lorsque je m'approchai des baies vitrées et jetai un coup d'œil à l'intérieur de la maison. J'étais capable de reconnaître la patte d'un décorateur. Mais tout comme le sac à main de Paula et ses chaussures, ce que j'aperçus datait de plusieurs saisons. Un immense pêle-mêle de photos de famille était suspendu au-dessus de l'insert de la cheminée. Je plissai les yeux en me concentrant sur la photo de mariage.

— Bon sang… soufflai-je.

Impossible de rater la bague qu'elle portait au doigt. J'y dénombrai pas moins de dix diamants d'un demi-carat chacun, enchâssés sur un anneau en platine.

Il se pouvait que l'alliance soit quelque part dans la maison et qu'elle ait simplement oublié de la remettre. Mais il était plus probable, sur la base de ce que j'avais pu constater, que les Yardley traversaient une mauvaise passe. Le chèque de règlement des leçons de danse était sans provision ; les créanciers réclamaient leur dû ; la piscine avait été vidée ; les réparations restaient en souffrance… Dans ces conditions, je voyais bien Paula gager sa bague pour remettre la famille à flot.

— Et alors ? Elle aurait décidé de faire chanter le docteur Hall ? murmurai-je pour moi-même.

Ça n'avait pas beaucoup de sens non plus. Si elle l'avait fait chanter, elle n'aurait pas été endettée jusqu'aux sourcils – d'ailleurs mal épilés.

Je me frottai les mains l'une contre l'autre en regagnant ma voiture. Il manquait encore une pièce à mon puzzle. S'il n'y avait pas eu faute professionnelle, qu'est-ce que ce procès avait pu révéler d'*autre* ? En tout cas, quelque chose de suffisamment incriminant pour inciter le docteur à payer un maître chanteur pour qu'il n'en dise rien. Peut-être ne s'agissait-il pas de quelque chose que les jurés avaient entendu, mais plutôt de quelque chose qu'ils avaient *vu* ? Mais quoi ? De toute façon, je ne pouvais pas m'attarder plus longtemps chez Paula au risque de me faire surprendre en train de fouiner dans sa propriété. Je repris donc le chemin du bureau.

L'autoroute 441, comme toutes les autres routes entourant ou traversant Palm Beach, était en travaux. Impossible donc de rentrer à temps pour mon rendez-vous de 16 heures 30 avec Liam. Une boule dans l'estomac, je l'appelai en utilisant le kit mains libres de ma voiture. *Je vous en prie, mon Dieu, je vous en prie, mon Dieu.* Une prière tournait en boucle dans ma tête.

— Je vous en prie, faites que les résultats du labo prouvent que Marcus et les autres ont été assassinés, finis-je par supplier à voix haute.

— McGarrity, répondit-il d'un ton sec, clairement irrité.

Sans doute s'impatientait-il en attendant mon retour au cabinet.

— C'est moi. Désolée, je suis en retard. Alors, quel est le verdict ?

— J'ai de bonnes et de mauvaises nouvelles. Par quoi voulez-vous que je commence ?

— D'abord les bonnes.

— Les analyses post mortem de Keller montrent un fort taux de potassium et de calcium.

— Yessss ! chuchotai-je, incapable de réprimer mon excitation. D'après ma sœur qui est médecin, ça prouve qu'il a été tué.

— D'après le directeur du labo, ça ne prouve rien.

— Quoi ?!

C'était impossible !

— Keller a été sous perfusion durant tout le temps qu'ont duré les tentatives pour le réanimer. Or, les perfusions contiennent du potassium. Comme il est mort, il est possible que son organisme n'ait pas eu le temps d'éliminer ce potassium, ce qui peut avoir eu pour résultat de fausser les analyses.

— Bon… Mince. Et c'est ça la bonne nouvelle ?!

— Les résultats concernant le calcium sont suspects.

— Pourquoi ?

— Le calcium est prescrit dans les cas d'overdose de potassium.

J'eus soudain une vision du dossier de l'hôpital.

— Helen Callahan a inscrit quelque chose dans le dossier de Keller, avant de le raturer. Ça pourrait correspondre à trois lettres : c-a-l. En supposant que le potassium provienne de l'injection faites dans le cou de Keller, et non de la perfusion, quelqu'un dans cette chambre d'hôpital devait forcément savoir à quoi attribuer la crise cardiaque du patient et il a tenté d'en contrecarrer les effets. Mais comment le prouver ? Peuvent-ils faire de nouvelles analyses.

— Non. Ça fait partie de la mauvaise nouvelle.

Le découragement me submergea.

— Parce qu'il y a autre chose de pire ?

— Ouais. La machine qu'ils ont utilisée – une centri-quelque chose – est en rade. Ils ne seront en mesure de terminer les analyses concernant Marcus que lorsqu'elle aura été réparée.

— Et ils prévoient ça pour quand ?

— Ce soir, peut-être. Demain midi au plus tard.

— Fait suer. Vous ne pourriez pas consulter un autre labo ?

— L'échantillon a déjà fait l'objet d'une analyse partielle.

— Je ne suis pas contente.

— Ça arrive, Finley.

Comme le choc électrique qui m'a parcouru la colonne vertébrale quand tu as prononcé mon prénom ?

— Vous avez raison. J'imagine que je peux bien attendre une journée supplémentaire.

Est-ce que j'ai été digne de Scarlett O'Hara ?

— Vous ne m'avez pas laissé finir le chapitre bonnes nouvelles.

Je retins mon souffle.

— Le sang de Vasquez contenait beaucoup d'oxycodone.

— Qu'est-ce que c'est ?

— Un antidouleur dont la vente est étroitement réglementée. Souvent utilisé par les drogués. Or, j'ai vérifié auprès des pharmacies du coin et de sa femme : José ne prenait pas d'oxycodone. En tout cas, pas légalement.

— Est-ce que c'est ce qui l'a tué ?

— Il n'y en avait pas suffisamment dans son sang pour que ça puisse lui être fatal, mais il y en avait assez pour le faire sérieusement planer.

— Donc, en pratique, nous ne pouvons toujours rien prouver de manière irréfutable.

— On avance. La patience n'est pas votre fort, n'est-ce pas ?

Ignorant sa question, je lui relatai mon entrevue avec Paula et ce que j'avais découvert à son domicile.

Il éclata de rire.

— Encore une effraction ?!

Mince, je n'avais pas pensé à ça.

— Je… visitais.

— À l'avenir, commencez par me passer un coup de fil. J'aurais pu vous dire qu'il y a deux ans, son mari s'est lancé dans une entreprise de conseil par Internet. À ce jour, sa société est moribonde. Les Yardley vont bientôt déposer le bilan.

— Ou s'adonner au chantage.

— Bah, il va falloir qu'elle fasse la queue.

— Comment ça ?

— La quasi-totalité des personnes qui ont siégé au jury du procès Hall ont des soucis financiers.

— Pas très exploitable comme information, soupirai-je, complètement exaspérée.

— Pas la peine de vous énerver. Il faut juste que nous révisions notre approche.

— Comment ?

— Le seul point commun dont nous soyons certains, c'est le procès Hall. Il faut reprendre les choses par le début pour voir ce que nous avons raté.

Je raccrochai avec un sentiment d'intense frustration. Apparemment, tenter de résoudre un meurtre s'apparentait à faire du vélo d'appartement : une suée colossale pour finir au point de départ.

J'étais embourbée dans les embouteillages, lorsqu'un panneau attira mon attention : Centre d'études environnementales. J'actionnai aussitôt mon clignotant. Si José planait au moment où il avait planté le palmier funeste, peut-être que Sharon Ellis l'avait remarqué. De toute façon, ça valait le coup de vérifier.

Après m'être renseignée auprès de plusieurs personnes exagérément amicales, je finis par trouver Sharon dans un minuscule bureau situé près de la boutique cadeaux. C'était une dame d'un certain âge avec des cheveux gris coupés court. Elle portait un tee-shirt vert pomme sur lequel s'étalait la photo d'une tortue d'eau, qu'elle avait rentré dans la taille élastique d'un caleçon.

Nous échangeâmes les banalités habituelles avant que je lui fasse un résumé rapide de ma mission. Puis, je lui demandai :

— Saviez-vous que José avait un problème de drogue ?

Elle secoua la tête avec véhémence.

— Impossible ! C'était un homme bien, paix à son âme. Il a divisé ses tarifs par deux pour tenir compte du fait que nous étions une association sans but lucratif.

— J'en déduis que vous n'avez rien remarqué d'anormal le jour de l'accident ?

— Il n'aimait pas ce palmier, mais quand je lui ai expliqué qu'il nous avait été donné, il a accepté de le planter.

— Une donation ? Par qui ?

— Anonyme, répondit-elle. Nous étions tellement reconnaissants. Nous avons bien failli perdre la totalité de nos palmiers royaux, lors du dernier ouragan, vous savez.

Je frissonnai en me souvenant de ces seize longs jours sans électricité. Cela dit, pour voir le bon côté des choses, ça m'avait forgé le caractère et enseigné une nouvelle aptitude : ne plus vomir après un café soluble.

— Ça m'a un peu surprise de constater que son équipe le laissait là tout seul, ajouta Sharon. Ils ont été appelés pour une urgence. Je crois que c'était lié à un problème de défaillance d'un système d'arrosage. Quoi qu'il en soit, José les a attendus un peu, assis à l'arrière de son camion, en buvant de l'eau dans la gourde isotherme qu'il emportait toujours. La journée était inhabituellement chaude pour un mois de janvier. Il devait faire pas loin de trente degrés, avec un fort taux d'humidité.

Bon, ça suffisait pour les prévisions météo.

— Je ne l'ai pas vu personnellement reprendre le travail, mais deux bénévoles étaient présents. Ils ont dit qu'il avait l'air un peu fatigué, mais, comme je vous l'ai dit, il faisait très chaud ce jour-là, et son travail était extrêmement physique. Il a commencé à positionner l'arbre. C'est alors que celui-ci a basculé. Je présume qu'il n'a pas eu le temps de se mettre à l'abri.

Je me levai, lui serrai la main et la quittai précipitamment. Première réflexion ? Quelqu'un avait versé de l'oxycodone dans la gourde de José.

Deuxième réflexion ? Je venais de perdre beaucoup de temps. Il était plus de 17 heures et je n'étais toujours pas rentrée au bureau pour mon défilé de la honte. Quelle idiote.

Margaret était encore derrière son comptoir, les lèvres illuminées par un sourire digne d'un suppôt de Satan

— Vous faites des heures supplémentaires, remarquai-je.

— Je voulais m'assurer que vous auriez ces messages avant de… *partir*.

Balivernes. Elle voulait surtout savourer les dernières minutes de ma présence au cabinet. Je lui pris les petites fiches roses des mains et me dirigeai vers l'ascenseur. Ce mois que j'allais passer loin d'elle rendait presque cet épisode de carrière plaisant. Presque.

J'avais un message de Liv et un autre de Jane. Il y en avait aussi un de ma sœur qui voulait me confirmer que le virement avait été fait. Margaret avait dû adorer celui-là. Le dernier provenait du docteur Wong, juré numéro 8. Son rendez-vous de 20 heures ayant été annulé, il voulait savoir si je pouvais venir le retrouver plus tôt. Je l'appelai pour le lui confirmer, avant de commencer à emballer mes affaires.

Je n'avais pas grand-chose à emporter. En fait, la seule chose que je décidai de ne pas laisser derrière moi consistait en un paquet de café à peine entamé. Ça ne me dérangeait pas de transférer mes dossiers à Cami, mais un paquet d'arabica mélange spécial à dix-huit dollars, c'était une tout autre histoire.

J'appelai Liv pour l'avertir qu'elle allait recevoir un pli de ma part, mais qu'elle ne devait pas l'ouvrir. Elle fut soulagée d'apprendre que j'allais passer la nuit chez Patrick.

Jane me fit plus ou moins la même réflexion quand je la rappelai. Je faisais exprès de ne pas me presser, dans l'espoir que Margaret aurait mieux à faire que d'assister à ma marche funèbre.

Il semblait que non. Ses petits yeux porcins me suivirent jusqu'à ce que j'aie franchi la porte du cabinet.

N'ayant plus le temps de dîner, je fis une halte pour m'acheter un café. Ce ne serait pas la première fois qu'un Frappuccino me tiendrait lieu de hors-d'œuvre. Je passai ensuite au Western Union situé sur Australian Avenue où je fis la queue à l'instar de mes compagnons d'infortune, en sirotant mon café glacé à douze dollars pièce qui me valut quelques regards mauvais.

Quand ce fut mon tour, je m'avançai vers la vitre grasse en Plexiglas et m'adressai au guichetier à travers le haut-parleur qui y était fixé. Quelques minutes plus tard, je glissai mon paquet de billets flambant neufs dans la boîte à gants avant de me remettre en route. Direction : le cabinet du docteur Wong.

« Cabinet » était un bien grand mot.

Je savais que le type avait obtenu son diplôme à Stamford. Dans ces conditions, comment se faisait-il qu'il exerçât dans un quartier aussi pouilleux ? Pourtant, j'étais bien à la bonne adresse, son nom était inscrit sur la porte : FRANK WONG, PSYCHOLOGUE CLINICIEN.

Dès que j'eus pénétré dans son cabinet, je perçus une odeur puissante de moisi qu'un désodorisant écœurant à la cerise peinait à masquer. Pas de réceptionniste, à moins qu'elle n'ait pris sa journée.

— Hou hou ?

Le docteur Wong s'encadra dans le couloir. Il me sourit et s'approcha en me tendant la main.

— Ravi de faire votre connaissance, me dit-il. Il faut que je retourne un appel. Pourriez-vous m'accorder cinq petites minutes ?

— Bien sûr.

Il repartit et pénétra dans l'une des deux pièces qui donnaient sur le hall d'accueil, en refermant la porte derrière lui. La salle d'attente était modestement meublée de quelques chaises dépareillées et d'une étagère. Les seuls magazines disponibles se résumaient à des brochures diffusées par les agences immobilières du quartier. Je m'avançai donc vers l'étagère en inclinant la tête pour y lire le titre des livres qu'elle contenait.

Se connaître, S'aimer, Se découvrir. Se tuer, ajoutai-je à voix basse. Le fait de me trouver dans le cabinet d'un psy me mettait un peu mal à l'aise. Bon, un psy de bas étage, mais ça ne me réconfortait pas beaucoup. Je n'avais aucun problème qu'un peu de shopping ne puisse soigner. « Un peu » étant le terme désormais approprié vu les possibilités que me laissait ma nouvelle situation professionnelle.

Les cinq minutes annoncées par Wong se prolongèrent. Il finit tout de même par revenir en s'excusant, avant de m'introduire dans son modeste bureau. Quelques cartons non déballés avaient été discrètement repoussés dans un coin de la pièce et le meuble qui lui servait de bureau semblait tout aussi anachronique : luxueux, poli, et qui n'allait pas du tout avec les fauteuils défoncés à l'imprimé criard. Le mur derrière lui était recouvert de diplômes encadrés.

— Vous enseigniez ? demandai-je pour briser la glace.

— Oui, répondit-il en me fixant d'un regard sombre, aussi embarrassant que la brièveté de sa réponse.

— Professeur de l'année, le complimentai-je, en indiquant un certificat délivré par une université privée du nord de la Floride. Impressionnant.

— J'en fus très honoré.

— Pourquoi avoir quitté l'enseignement ?

— J'ai récemment décidé d'ouvrir mon propre cabinet. Je suis spécialisé dans les comportements adolescents difficiles.

Quelque chose dans sa réponse ne collait pas. Pourquoi abandonner l'excellence pour la médiocrité ? Et pourquoi en étais-je à essayer de faire l'analyse d'un psychothérapeute ?

Sortant mon carnet de mon sac, je lui exposai mon petit baratin sur les raisons de ma venue. Je le maîtrisai à la perfection désormais et je pus rapidement passer à la phase des questions.

Tout comme les autres jurés que j'avais rencontrés, Wong m'expliqua que les membres du jury, initialement d'avis variés, avaient fini par convenir que le docteur Hall n'avait commis aucune faute professionnelle.

— On m'a dit que vous aviez aidé les autres jurés à comprendre certains des termes complexes relatifs aux protocoles médicaux.

Il haussa les épaules.

— J'ai un peu d'expérience en matière de transplantation, alors j'ai pu répondre à certaines de leurs questions.

— Quel genre d'expérience ?

— L'un de mes amis a eu besoin de subir une greffe du foie. J'ai étudié la question à cette occasion.

— Et ça a marché ?

Son regard s'assombrit.

— On l'a jugé inapte à recevoir une telle greffe et il a été retiré de la liste d'attente. Il est mort il y a deux ans.

— Avant l'amendement de la loi ?

Moi aussi, j'avais étudié.

Il hocha la tête.

— En effet, Mlle Tanner. Oui, il avait le sida et, avant que la loi ne change, les médecins, les hôpitaux et les compagnies d'assurance étaient en droit de refuser de procéder à des transplantations sur des patients considérés comme présentant un risque trop élevé compte tenu du nombre limité d'organes disponibles.

— J'en suis désolée.

— Moi aussi.

— J'en déduis que vous n'étiez pas…

— Sorti du placard ?

Il termina ma phrase d'une voix amère.

— Vous savez, je ne faisais pas de prosélytisme ni rien qui puisse s'en approcher. J'étais simplement discret. J'avais espéré pouvoir maintenir une certaine confidentialité quant à mes préférences sexuelles.

— Pour quelle raison ?

— Je travaillais dans un établissement extrêmement conservateur et je n'étais pas encore titularisé. Je savais qu'ils trouveraient une excuse pour me licencier s'ils apprenaient la vérité. Il s'est avéré que je ne me trompais pas.

— Ils ont compris.

— Il y a un peu plus de trois mois.

— Comment ?

— Je ne le leur ai pas demandé et ils ne m'en ont rien dit.

— Quelque chose de bizarre s'est-il produit ?

— Bizarre ? Non. J'ai seulement joué de malchance. Vous savez ce qu'on dit par ici, quand il pleut, il faut que ce soit à verse.

— Et il a beaucoup plu ces derniers temps ?

— Juste après que j'ai perdu mon boulot, les freins de ma voiture ont lâché et j'ai failli avoir un accident très sérieux. Aujourd'hui, mes clients ne cessent d'accumuler de mauvais prétextes pour annuler leurs rendez-vous. Si ça continue, il faudra que je songe à déménager pour repartir de zéro.

Je me penchai en avant et appuyai mes mains sur son bureau.

— Docteur, je sais que Stacy vous a parlé de ses soupçons.

— Oui. Ils m'ont paru un peu… tirés par les cheveux.

— Un peu comme le sabotage de votre carrière, le bidouillage de vos freins et votre incapacité à gagner votre vie ? Le tout survenant à la même période que la mort de trois autres personnes ?

Il sembla effrayé par ma remarque et il avait grandement raison.

— Le garagiste a dit que le câble des freins avait pu être sectionné par des débris encombrant la route.

— Mais votre emploi ? Et maintenant votre cabinet ? Vous croyez vraiment qu'il faut aussi en attribuer la responsabilité à des débris sur la route ?

— Je suis un homosexuel et je m'occupe d'adolescents. Il n'est pas complètement impossible que certains parents soient mal à l'aise avec ce type de combinaison.

— Vous le dites à vos patients ?

Il secoua la tête.

— Non. Enfin, je pourrais très bien le faire dans certaines circonstances, mais le cas ne s'est jamais présenté jusqu'à présent.

— Quel genre de circonstances ?

— Dans l'hypothèse où un enfant aurait du mal à assumer son orientation sexuelle, je pourrais éventuellement évoquer mon propre cas, si j'estimais que c'était adéquat. Connaissez-vous le pourcentage d'adolescents homosexuels qui se suicident ?

— Oui. C'est à peu près le même que le pourcentage de jurés qui ont été assassinés.

— Quand le premier juré a-t-il trouvé la mort ?

— En février.

— Eh bien, mes… *ennuis* ont débuté en décembre.

D'accord, ça ne collait pas tout à fait. À moins…

— Vous avez été licencié en décembre. Mais quand a eu lieu votre accident de voiture ?

— Dernière semaine de janvier.

— Donc, si vous êtes effectivement une cible et que les tuiles continuent de pleuvoir, il est possible que le meurtrier continue de plancher sur votre cas.

— Comment ça ?

— Eh bien en étudiant la meilleure façon de vous éliminer sans attirer les soupçons.

— Mais pourquoi ? Je ne représente une menace pour personne. Je n'ai quasiment pas d'amis, Mlle Tanner. Et encore moins d'ennemis.

— C'est en lien avec ce procès pour faute professionnelle. Réfléchissez, je vous en prie. Peut-être avez-vous aperçu le docteur Hall avec quelqu'un ? Peut-être l'avez-vous entendu dire quelque chose ? Surpris dans les toilettes ? Oh, bon sang !

— Quoi ?

— Vous êtes tous des hommes ! Jusqu'à présent, le tueur ne s'en est pris qu'à des hommes !

— Et qu'est-ce que ça peut vouloir dire ?

— Je n'en sais encore rien, dis-je en me levant brusquement. Mais je crois que vous devriez partir ou vous cacher. En tout cas faire quelque chose.

— Me cacher ? Vous me fichez une trouille bleue et la seule solution que vous ayez à me proposer, c'est de me *cacher* !

— Je ne suis qu'assistante juridique, pas super héros. Faites attention à vous.

Je sautai dans ma voiture et composai le numéro du téléphone portable de Liam avant de démarrer.

— Pourquoi le meurtrier n'aurait-il peur que des hommes du jury ?

— C'est pour un canular téléphonique ?

— Non, répondis-je avant de partager avec lui les derniers développements de l'affaire. Qu'en pensez-vous ?

— Je pense que vous avez abusé de la caféine et que vous prenez des raccourcis dangereux avec la logique.

— Il n'est rien arrivé de bizarre à Wanda et Paula.

— Ou alors, il leur est arrivé quelque chose mais elles ont menti.

— Pourquoi toujours uriner sur mes théories ?

— Uriner ? répéta-t-il de sa voix chaude en éclatant de rire. Vous pouvez utiliser le verbe « pisser », Finley. Aucun risque d'offenser mes chastes oreilles.

Eh ben je te les taillerais bien en pointe, tes chastes oreilles.

— Je vais en parler aux autres hommes du jury. Est-ce que ça finira par vous convaincre que je tiens quelque chose ?

— Ça me convaincra surtout que vous avez des dons de voyance.

— Désopilant.

— Je suis tout ce qu'il y a de plus sérieux. J'ai reçu il y a quelques minutes un appel d'un de mes copains flics. Le juré numéro 11, Daniel Summers, vient tout juste d'être retrouvé mort.

16.

Derrière toute solution miraculeuse,
se cache un problème colossal.

— Mort comment ?

— Eh bien, il a cessé de respirer ?

— Liam, arrêtez de me faire tourner en bourrique et dites-moi ce que vous savez.

— Il a piqué une tête dans l'escalier de son immeuble.

— On l'a poussé ?

— Je n'ai pas dit ça.

— Mais ça colle parfaitement avec le style du meurtrier qui a toujours recouru à des simulacres d'accident.

— À moins que ce type n'ait été maladroit, ou bourré, ou distrait, ou…

— Pourquoi ne répondez-vous jamais à mes questions de manière précise et positive ?

— Bon, je vais essayer. Je peux précisément vous dire qu'il y a des empreintes sur la menace manuscrite qui a été punaisée sur votre porte.

Dieu du ciel !

— Qui ?

— Pas dans la base de données.

Je frappai mon volant du plat de la main pour soulager ma frustration.

— Qu'est-ce que ça veut dire ?

— Ça veut dire que la personne qui a laissé ses empreintes digitales sur le message n'a jamais fait l'objet d'un relevé d'empreintes.

— Crotte.

— Mais… d'après leur taille, elles appartiennent probablement à une femme ou un enfant.

Un enfant ? Mon Dieu, avais-je donc perdu toute objectivité ? Mes vœux allaient-ils se voir exaucés ? C'était donc bien l'un des mômes de l'immeuble qui m'avait fait ce sale coup ?

— Et, maintenant, qu'est-ce qu'on fait ?

— Vous sortez avec un pilote, n'est-ce pas ?

— Comment… ?! Peu importe. Oui, pourquoi ?

— En ce moment, nous sommes dans une phase qu'il qualifierait de circuit d'attente. Vous savez, quand l'avion tourne au-dessus de la piste en attendant de recevoir l'autorisation de se poser. Alors, patience, Finley, patience. Détendez-vous un peu. Je ne crois pas que l'un de nous deux puisse obtenir quoi que ce soit de plus ce soir.

Parle pour toi, me dis-je. *Patrick m'attend. Et, d'ailleurs, je suis très patiente.* Après avoir raccroché, j'attendis près de dix minutes avant de composer le numéro de Dave Rice, juré numéro 5, en me disant que j'étais en train de devenir sacrément douée pour les enquêtes. Contrairement à Liam, je n'allais pas me contenter d'attendre sur mon postérieur – toujours douloureux, d'ailleurs – que d'autres veuillent bien bouger. J'entendis la tonalité.

— Je gère très bien tout ça, me dis-je en me préparant mentalement à un nouvel interrogatoire professionnel et productif. Je suis dynamique, je présente bien, je suis efficace.

— Allô ? répondit soudain un homme d'une voix brusque.

— M. Rice, je suis Finley Tanner.

— Qui ?

— Mme Evans vous a contacté pour…

— Fichez-moi la paix.

Clic. Je regardai mon téléphone. Ça, c'était brutal et malpoli. Je réfléchis quelques secondes avant d'appuyer sur la touche Bis.

— Écoutez, grogna-t-il, je n'ai rien à vous dire.

— Ne raccrochez pas !

Je savais qu'il fallait que je m'exprime vite. Quelque chose me disait que cette fenêtre de communication ne durerait pas longtemps. Je m'empressai donc de lui faire un résumé de la mort suspecte des trois jurés, avant de lui révéler mon dernier scoop sur Daniel Summers.

— Vous êtes en danger, M. Rice. Il faut que je vous voie pour…

— Mademoiselle, je n'ai pas de temps à vous accorder. Ne composez plus jamais ce numéro.

J'écoutai un instant la tonalité. Ça n'avait pas fonctionné comme prévu. Bon, j'allais lui accorder quelques minutes supplémentaires avant de réessayer. Peut-être que l'énormité de ce que je venais de lui révéler allait faire son chemin dans son esprit et qu'il serait plus disposé à m'écouter.

Je m'arrêtai devant une épicerie de nuit et attendis que cinq minutes se soient écoulées sur la pendule de mon tableau de bord, avant de recomposer le numéro.

— Salut ! s'écria une voix féminine presque chantante. Vous êtes bien chez Dave et Jenny. Nous ne sommes pas disponibles pour le moment, mais vous pouvez nous laisser un message.

Cette voix ne m'était pas inconnue. Il me fallut plusieurs secondes pour réaliser que cet organe puissant et joyeux appartenait à la femme à laquelle j'avais parlé un peu plus tôt dans la journée. Manifestement, elle avait pris froid depuis, parce que la version *live* m'avait paru bien plus tragique que celle du répondeur.

Je recomposai le même numéro à trois autres reprises. Toujours pas de Dave Rice. Il filtrait, le salopard. Dieu que je détestais ça. Bon, ça ne me dérangeait pas quand c'était moi qui le faisais. Et puis, tout de même, avec Daniel Summers qui, soit, ne respirait plus, j'aurais été en droit de m'attendre à ce que Dave Rice se montre un peu plus coopératif, non ? Au moins, il fallait qu'il prenne des précautions.

Puisque j'étais tout près du bureau de Jane, je décidai d'y passer. J'espérais qu'elle aurait envie de prendre un verre. J'avais besoin d'un remontant et j'avais un peu de temps à tuer avant de retrouver Harold Greene, puis d'aller traquer l'infirmière Callahan. Je n'étais pas très chaude pour rentrer chez moi et Patrick ne m'attendait pas avant minuit.

J'espérais aussi que, si elle en avait le temps, Jane accepterait d'examiner les relevés bancaires que Liam m'avait remis quand il était passé à mon bureau.

Ancien bureau ? Comment devais-je l'appeler, désormais ?

Jane était encore en train de travailler, bien après la fermeture de la plupart des bureaux. Elle avait allumé une bougie à la cranberry dont je reconnus immédiatement l'odeur. En outre, un standard de Bob Dylan était en train de hurler si fort que les cadres fixés aux cloisons du couloir bougeaient au rythme de la basse.

Je n'avais jamais compris cette passion qu'avait mon amie pour les Dylan. Outre Bob le Messie, poète ultime de la génération des sixties, Jane avait aussi le béguin pour Dylan Thomas. D'accord, petite confession, je n'entendais rien à la poésie. Oui, ça pouvait être lyrique et les paroles étaient magnifiques, mais si, lorsqu'on s'offrait un livre de poèmes, il fallait chaque fois investir dans un ouvrage expliquant ce qu'ils voulaient dire, j'aimais autant m'acheter directement un bouquin qui n'exigeait pas une explication de texte.

Jane avait attaché ses cheveux sombres avec une pince papillon et elle était si concentrée sur ses calculs – tout en fredonnant les paroles de « Ain't No Man Righteous » – qu'elle ne remarqua pas mon arrivée.

Quand elle finit par lever les yeux, elle fit un bond en envoyant balader son porte-mine à travers la pièce.

— Bon sang, Finley ! s'écria-t-elle en attrapant la télécommande pour baisser le volume. Depuis combien de temps es-tu là ?

— Suffisamment pour savoir que – je m'éclaircis la gorge avant de simuler le chuchotement nasal du Grand Dylan – « parfois le diable s'amuse à t'attirer loin des sentiers battus[1] ».

— Va te faire voir.

Je m'effondrai littéralement dans l'un des fauteuils en cuir placés devant son bureau encombré. J'avais toujours

1. *NdT*. Traduction d'un passage de la chanson de Bob Dylan « Ain't No Man Righteous (No Not One) : *sometimes the devil likes to drive you from the neighborhood.*

cru que les comptables étaient des gens ordonnés, soigneux, organisés. Ce n'était pas le cas de Jane. Je n'arrivais pas à comprendre comment elle pouvait retrouver sa propre main dans ce foutoir.

Ôtant ses lunettes elle se souleva un peu de son siège pour regarder par-dessus son bureau.

— Superbes chaussures.

— Merci. Tu as le temps de prendre un verre ?

Ça eut l'air de la tenter, mais elle répondit :

— Je ne peux pas. Le 15 approche et j'ai encore deux douzaines de déclarations à préparer.

— Allez, c'est ma tournée.

Elle me lança aussitôt un regard accusateur.

— On n'a pas les moyens d'offrir une tournée générale quand on est sous le coup d'une mise à pied. Économise ton argent et mon temps. Viens-en au fait et dis-moi ce dont tu as besoin.

— Vingt minutes, répondis-je en sortant l'enveloppe de mon sac.

— Je peux t'en accorder cinq.

— J'ai perdu mon job aujourd'hui, lui rappelai-je d'une voix geignarde. Et il se peut qu'un meurtrier soit à mes trousses. Au fait, il a encore frappé tout récemment.

Jane s'anima aussitôt.

— Que s'est-il passé ?

— Quelqu'un a poussé l'un des jurés dans son escalier.

— Cette histoire fiche vraiment la trouille. Je pense que tu devrais demander à Patrick de t'emmener loin d'ici jusqu'à ce qu'ils aient arrêté ce type.

— Il faudrait déjà que je commence par lui en toucher deux mots.

— Il n'est pas au courant ?

— Il a pris connaissance de mon arrestation dans le journal, quand il est rentré ce matin.

— Pourquoi ne lui as-tu pas raconté le reste ?

Je haussai les épaules. En vérité, je ne comprenais pas très bien pourquoi la perspective de me précipiter dans le cercle protecteur de ses grands bras ne m'apparaissait *pas* comme le seul et unique choix possible.

— Il était en vol. Je dois le voir un peu plus tard. Je le lui dirai à ce moment-là.

Jane m'observa d'un œil ouvertement inquisiteur.

— C'est quoi le problème ? Je veux dire, je sais bien que tu manques un peu d'enthousiasme sur le sujet Patrick en général, mais je croyais que sa gentillesse et sa stabilité faisaient partie des qualités fondamentales jouant en sa faveur. N'est-ce pas exactement ce dont tu as cruellement besoin en ce moment ?

Relevant mes cheveux au-dessus de ma nuque, je m'étirai pour éliminer les tensions des muscles de mes épaules.

— C'est ce dont j'ai besoin, acquiesçai-je aussitôt. Enfin, j'ai peur d'être à deux doigts de remettre en cause toute notre relation pour…

Pour quoi, au juste ? La possibilité d'une nuit d'amour sauvage, sans suite et fabuleuse avec Liam ? Le Liam qui continue à tripoter son ex et n'a, jusqu'à présent, pas manifesté le moindre soupçon d'intérêt à mon égard ?

Laissant retomber mes cheveux, je les recoiffai vaguement avec mes doigts.

— Oublie. Ce n'est pas ma journée. Une journée bizarre, une semaine bizarre, un mois bizarre. En fait, tout est bizarre.

— Il est peut-être temps de réaliser que tu n'es pas Buffy le tueur de vampires tueurs de jurés ?

Son humour m'arracha un sourire et je ne pus qu'en convenir.

— Tu as probablement raison, mais avant, explique-moi ça, tu veux ?

Je lui tendis l'enveloppe dont elle extirpa les relevés de compte bancaire de Hall, ainsi que divers autres états financiers.

— Comment t'es-tu procuré ça ?

— Sont tombés du ciel, mentis-je pour ne pas placer mon amie dans une situation délicate du point de vue de sa déontologie.

Pendant qu'elle examinait les documents, je pris mon téléphone et appuyai sur la touche Bis. Toujours pas de réponse du domicile des Rice.

— Pourrais-tu me dire si quelque chose te paraît sortir de l'ordinaire dans leurs dépenses ?

Jane me regarda par-dessus ses lunettes.

— En cinq minutes ? Non.

— Mais Jane, je…

— Ça va me demander un peu plus de temps.

Ouvrant son tiroir de bureau, elle en retira son sac à main – une adorable besace de chez Dooney and Bourke dont, comme je l'espérais, la sœur jumelle ou la cousine finirait par trouver le chemin d'une solderie un jour prochain. Jane me tendit un billet de vingt dollars.

— Il y a un traiteur bio à eux pas d'ici. Va m'acheter un burger au tofu, avec des brocolis, sans oignons, et une bouteille de flotte. Prends-toi aussi quelque chose. Si je te connais bien, tu n'as rien avalé d'autre qu'une bonne centaine de cafés, aujourd'hui.

— Ça, c'est un coup bas, Jane, dis-je en empochant son billet. Je me présente à toi, sans emploi, et tu te moques de mes carences alimentaires.

— Foutaises. Il n'existe absolument aucun lien entre ton statut professionnel et tes déplorables habitudes alimentaires. Tu t'empoisonnes à la caféine et au sucre, c'est tout. File, ajouta-t-elle en me congédiant d'un geste de la main. Ce dont tu aurais besoin, c'est d'une bonne salade, avec des fibres. Quelque chose de substantiel du point de vue nutritionnel. Prends-toi quelque chose de vert.

— Un *Irish Coffee* ? m'interrogeai-je à voix basse, une fois que je me fus éloignée à bonne distance.

Ça satisfaisait ses critères. Ils les saupoudraient systématiquement de vermicelles au chocolat verts.

En général, je faisais plutôt un détour pour *éviter* les traiteurs bio. Leur personnel était toujours incollable sur votre HDL, LDL, TMG[1]. Toutes choses auxquelles je ne comprenais goutte et que j'étais très heureuse d'ignorer. Moi, le seul acronyme qui m'intéressait, c'était BMW. En plus, leurs employés étaient toujours maigres comme des clous et partageaient, pour la plupart, l'ambition de courir un jour le marathon de New York. Sans même visiter la ville, évidemment. On pouvait enfiler n'importe où un short en Nylon et se plaquer un numéro sur le torse. New York, il fallait le réserver au shopping.

L'endroit dégageait une odeur de gazon fraîchement tondu. Un truc vert tournait dans un mixeur, tandis qu'une autre machine avalait des carottes qu'elle recrachait sous forme de mixture orange un peu épaisse. Aucune

1. *NdT.* Référence au « mauvais » cholestérol, au « bon » cholestérol et au taux de masse graisseuse.

chance pour que j'essaye ça. Si un jour on me forçait à boire un jus de carotte, il faudrait qu'il sorte d'une bouteille, pas d'une machine à jus d'au moins cent kilos.

Le menu avait été rédigé sur une sorte de tableau noir avec des arcs-en-ciel partout. Il le changeait tous les jours. Les dingos du bio étaient horriblement pointilleux en matière de fraîcheur. Moi, je ne détestais pas un peu d'agent de conservation, une fois de temps en temps. Avant d'avaler quelque chose, j'appréciais de savoir que les microbes en avaient été chimiquement éradiqués.

Je passai la commande de Jane avant de partir en quête d'une nourriture qui n'eût pas l'air trop dégoûtante. Je faillis sauter de joie en apercevant des sandwichs grillés aux champignons. Ça, je pouvais, même avec du pain complet aux sept céréales desséchées au soleil.

Je demandai à la caissière d'y ajouter une bouteille d'eau pour Jane et un Diet Coke pour moi. Elle ne fit pas d'histoire pour la flotte, mais j'eus droit à un sermon sur les dangers que présentait toute boisson contenant de l'aspartame. Son attitude supérieure me donna envie d'aller l'attendre dans un coin sombre pour verser un plein pot de Cheez Whiz[1] dans son délicat gosier.

Pendant que l'on préparait notre nourriture – si tant est que ce terme fût adapté –, j'essayai encore d'appeler Dave Rice. Toujours rien d'autre que la voix du répondeur. Je ne laissai pas de message.

Je repensai à ma conversation avec Liam. En fait, je repensai d'abord à son physique exceptionnel avant d'en venir à notre discussion. Je me dis à cet égard qu'il aurait

---

1 *NdT.* Fromage fondu… en pot.

été utile que je me procure une copie des comptes rendus du procès. Si nous devions effectivement en revenir à la case départ, il faudrait que je les relise et que je jette un coup d'œil aux éléments de preuve qui y avaient été annexés.

J'étais à peu près certaine que Sara Whitley en avait un exemplaire ou qu'à défaut, elle pourrait m'en obtenir un. Surtout si, comme je le soupçonnais, elle était bourrée au point de dire amen à n'importe quoi. Je n'avais pas particulièrement envie de profiter de son penchant pour le goulot, mais c'était pour une bonne cause : sauver ma vie et mon emploi. Je lui passai donc un coup de fil. Un verre trop tard. Sara était déjà tombée si profond dans sa bouteille qu'elle n'en remonterait pas de sitôt. Inutile d'insister. Je retenterais ma chance le lendemain matin.

Je possédais certaines annexes. Enfin, c'était Liv qui les avait. Je pouvais déjà commencer par là. Je savais que le pli lui serait livré vers 10 heures. J'irais les chercher à ce moment-là pour avoir quelque chose de constructif à faire dans la matinée, au lieu de ruminer mon rendez-vous obligatoire avec le docteur Hall et madame ou d'attendre que Liam et/ou les flics veuillent bien se prononcer sur le pourquoi et le comment de la mort du dernier juré.

De toute façon, durant ma punition, je n'aurais pas grand-chose d'autre à faire que de lire ces comptes rendus. L'engourdissement cérébral que ça ne manquerait pas de susciter me ferait oublier ma privation de shopping.

Je revins au bureau de Jane, munie des deux sacs blancs que m'avait remis le traiteur, ainsi que d'un sac en papier brun en provenance de l'épicerie de nuit où je m'étais arrêtée pour acheter mon soda. Elle fondit sur la nourriture avec beaucoup plus d'enthousiasme que moi.

— Ta monnaie est dans le sac, lui indiquai-je. Merci pour ce… dîner.

Elle me sourit.

— Un jour, tu me remercieras de prendre soin de ta santé.

En bataillant pour mâcher un bout de sandwich sec, je me dis que, décidément, ce n'était pas mon jour.

— Alors ? Quelque chose cloche à Hall-Ville ?

— Tu es au courant d'un 529 ?

— Euh, c'est le nombre qui précède 530 ?

Jane sourit.

— Tu vois ça ? me demanda-t-elle en étalant sur les autres documents qui jonchaient son bureau, plusieurs relevés bancaires dont elle avait entouré plusieurs lignes. Un 529, c'est un compte de placement restrictif qui permet au bénéficiaire désigné de…

— Tu peux parler normalement ?

— Quelqu'un est en train de lessiver le compte bancaire destiné à payer les frais de scolarité de la fille.

— Depuis quand ?

— Début décembre, répondit-elle avant de poursuivre. Un 529 sert en principe à payer des frais d'inscription en fac et des dépenses connexes. Les différents prélèvements que tu vois là – et qui n'ont visiblement pas été utilisés conformément à leur objet – ont généré de coquettes pénalités.

— Où est parti cet argent ?

— Impossible à dire. Le bénéficiaire – à savoir le docteur Hall ou son épouse puisqu'ils ont chacun la signature – a autorisé les retraits et fait virer les fonds correspondants sur le compte professionnel du docteur. Ensuite, des virements ont été effectués depuis ce compte vers le compte personnel des Hall.

— Il s'est fait chanter lui-même, alors ?

Elle secoua la tête.

— Environ vingt-quatre heures après que l'argent a été viré du compte pro au compte perso, il a fait l'objet d'un nouveau retrait. En liquide, ajouta-t-elle. Très habile. Aucune opération n'a jamais excédé dix mille dollars. Par conséquent, ces virements n'ont jamais été signalés par la banque à l'administration fiscale.

— Et comment je peux découvrir où est allé ce liquide ?

— Il va falloir que quelqu'un te le dise. Il n'en existe aucune trace écrite. À moins que tu puisses trouver une personne ayant procédé à un dépôt de même montant, plus ou moins à la même période. Dans ce cas, il se peut que la banque des Hall soit en mesure de rapprocher les numéros de série figurant sur leurs billets, de ceux inscrits sur le liquide versé au compte bancaire du maître chanteur. C'est loin d'être simple.

Une migraine se dessinait.

— Mais il faut s'y connaître en finance pour être capable de faire tout ça, n'est-ce pas ?

— Éventuellement, dit Jane. À vrai dire, n'importe quel individu un peu motivé pourrait le faire. Les règles applicables n'ont rien de secret.

— Mais il faudrait d'abord connaître l'existence du 500-machin chose, non ?

Elle secoua la tête.

— C'est ça qui m'a perturbée. Les Hall possèdent plusieurs autres comptes qui contiennent suffisamment d'argent pour couvrir les montants prélevés sur les fonds destinés aux études de la fille. Et ils n'auraient pas eu à payer des pénalités aussi énormes s'ils avaient encaissé quelques certificats de dépôts ou puisé dans leurs comptes de placement.

Je remis ce qui restait de mon sandwich dans son emballage et pris quelques gorgées de mon soda.

— Qu'est-ce que tu vas faire ? me demanda Jane.

— Je n'en sais rien. J'imagine qu'il faut que je trouve le maître chanteur.

— Tu as des pistes ?

— À vrai dire, oui.

*

* *

— L'infirmière Callahan ne s'est pas présentée pour travailler ? m'étonnai-je auprès de la femme qui se tenait derrière le guichet d'accueil, sanglée dans une blouse rose sur laquelle elle avait épinglé une carte où figurait son nom, surmonté d'un gros visage souriant.

— Je présume qu'elle a appelé pour prévenir qu'elle était malade. Voulez-vous lui laisser un message ?

Comment allais-je pouvoir l'accuser de chantage si elle n'avait pas la décence d'honorer ses obligations professionnelles ? Helen Callahan était mon meilleur suspect. Ça expliquait presque tout. C'était l'une des infirmières qui avaient soigné Brad Whitley, mais aussi la donneuse qui lui avait fourni sa greffe. Elle avait forcément accès aux substances que les analyses du labo avaient commencé à révéler. Et elle travaillait avec le docteur Hall depuis des années. Elle connaissait donc sans doute le moindre de ses petits secrets.

La seule chose que ça n'expliquait pas, c'était les meurtres. Pourquoi aurait-elle eu besoin de tuer les jurés ? Il me manquait encore un élément. Un *gros* élément.

Contrairement à mes plans initiaux, je m'étais rendue à l'hôpital aussitôt après avoir quitté Jane, dans l'espoir d'intercepter l'infirmière pendant son service, plutôt que de devoir attendre qu'elle le finisse. J'inscrivis mon nom et mon numéro de portable sur le carnet de messages et le tendit à la dame de l'accueil, avant de retourner à ma voiture. Quelque chose me disait cependant qu'Helen Callahan ne me donnerait pas de ses nouvelles avant longtemps. Non pas qu'elle fût très occupée, non, juste en tournée meurtrière.

Je n'avais aucun moyen de localiser l'infirmière, sauf à composer la trentaine de numéros de téléphone listés dans l'annuaire sous ce nom. De toute façon, avec ma chance habituelle, elle devait être sur liste rouge. Dans ces conditions, j'aurais pu y passer des heures. À cause de tout ça, j'étais en retard pour mon rendez-vous avec Harold Greene.

Peut-être que Liam aurait une idée. Je l'appelai donc dès que j'eus démarré pour aller rencontrer le dernier juré mâle de ma liste.

— Allô ? répondit la voix voluptueuse d'une femme.

— Euh… Bonsoir. Excusez-moi, j'ai dû composer un mauvais numéro.

— Hé, vous êtes la paralégale, non ? s'écria-t-elle avec enthousiasme.

— Oui…

— C'est Ashley. On s'est rencontrées l'autre soir, au Blue Martini.

— Oh, salut.

Je prononçai ces mots d'une voix si ridicule que j'en eus honte. Puis vint la colère. Liam étant censé faire le pied de grue au labo pour attendre les résultats d'analyses. J'aurais à la rigueur pu comprendre qu'il se trouvât dans les locaux du commissariat pour se renseigner sur les détails de la mort de Daniel Summers. Mais, en aucun cas, ma mansuétude ne s'appliquait à un scénario impliquant son ex-femme.

— Finley, c'est bien ça ? Oh, mon pauvre chou, ajouta-t-elle en soupirant bruyamment, Liam m'a parlé de votre journée. Votre licenciement et tout. Ça doit être terrible pour vous. Pourquoi ne pas venir nous retrouver ? J'ai déjà eu le temps de prendre soin de Liam et c'est un homme neuf. Je pourrais aussi m'occuper de vous ?

Elle voulait « s'occuper » de moi ? Mais qu'entendait-elle par là, au juste ? Et elle avait « pris soin » de Liam. Je ne voyais que trop bien ce que ça pouvait signifier.

— Finley, mon chou ? Vous êtes toujours là ?

— Oui, oui. Merci, Ashley, mais votre… proposition me gêne un peu. Ce n'est pas trop mon truc. Quand Liam aura un moment, dites-lui de me rappeler, d'accord ?

— Il est juste à côté. Attendez un instant.

J'aurais voulu raccrocher en prétendant que cette conversation n'avait jamais eu lieu. Trop tard.

— Salut.

Je te déteste, Liam McGarrity.

— Oui, eh bien, euh…

— Vous bégayez maintenant ?

— Je croyais que vous deviez faire le siège du laboratoire. *Mais non, vous avez préféré faire celui de votre ex, hein, espèce de divorcé de mes fesses !*

— J'ai eu une longue journée. Il fallait que je me détende et Ash a des mains magiques.

Mes lèvres s'entrouvrirent et je poussai un hurlement silencieux.

— Merci de la confidence.

Son éclat de rire n'arrangea pas mon humeur.

— Quand vous aurez fini votre petite pause, rappelez-moi.

— C'est bon. Je suis en train de me rhabiller.

— Épargnez-moi ça, sifflai-je entre mes dents. Je peux très bien me passer des détails de votre vie intime.

— Rien d'intime là-dedans. Ashley est une masseuse professionnelle, répondit-il en peinant à étouffer son rire. Elle vient de me faire un massage sublime. Je suis sûr qu'elle vous a proposé de vous en faire un. Alors, intéressée ?

Il n'essayait même plus de dissimuler l'ironie dans sa voix.

Et moi qui avais cru qu'elle avait des penchants goudou. Maintenant, j'avais l'air d'une conne.

— Non, mais remerciez-la pour moi.

Ma mère disait toujours que les bonnes manières pouvaient résoudre n'importe quelle situation difficile. J'espérais qu'elle avait raison sur ce point.

Pour couper court, je lui parlai de l'argent des Hall et de l'infirmière en perdition.

— Dave Rice refuse de répondre à mes appels. Peut-être accepterait-il de vous parler ?

Je lui donnai son numéro. Il me promit d'essayer de le contacter et de se mettre à la recherche d'Helen Callahan pendant que j'irais voir Harold Greene.

*
* *

Greene vint m'ouvrir en tee-shirt et short tachés de peinture, un gamin sautillant agrippé à chaque jambe. Il était du genre costaud : un robuste Afro-Américain qui aurait pu me briser entre ses doigts comme une brindille.

— Je suis Finley, me présentai-je, avant de baisser les yeux sur les deux mômes. Bonjour les enfants !

Ceux-ci m'observèrent durant une seconde, avant de déguerpir en hurlant pour retrouver leur mère.

— Désolé, ils sont plutôt timides.

— Aucun problème, le rassurai-je, avant de ravaler mon sourire. Il faut que nous parlions du procès Hall.

— Allons dans le jardin, proposa-t-il.

Je le suivis en sentant mes talons recouverts de tissu s'enfoncer dans la terre molle. *Génial, absolument génial.*

Je lui fis le résumé désormais habituel de ce qui m'amenait et il ne m'apprit pas grand-chose de plus sur les témoignages ou les événements relatifs au procès. En revanche, il me signala de très nombreux appels mystérieux au cours de la semaine précédente. Sa femme venait d'accoucher de leur sixième enfant et il était en congé paternité depuis les trois derniers mois. Six mômes, c'était beaucoup trop, mais trois mois de congés payés, ça me plaisait carrément.

— Rien qui vous ait paru étrange ?

Je l'observai tandis qu'il sondait sa mémoire.

— Nous avons entendu le moteur d'une voiture en pleine nuit à plusieurs reprises.

— C'est un quartier plutôt animé.

Il se frotta le menton.

— Oui, mais cette voiture roulait tous feux éteints.

Là, tu m'intéresses.

— Vous avez pu voir de quel genre de voiture il s'agissait ?

— Lignes anguleuses. Une berline. Sombre. Bleue ou noire.

Je pris ces informations en note afin de vérifier la marque et le modèle des véhicules que possédaient les autres jurés.

— Il se peut que ce congé paternité vous ait sauvé la vie, dis-je. Le tueur n'a pas pu vous atteindre.

— J'en ai encore pour une semaine. Est-ce qu'il faudrait que j'emmène ma famille loin d'ici ?

Je fixai un instant ses yeux sombres avant de répondre.

— Oui.

— Et Dave ? Est-ce qu'il compte aussi s'en aller ?

— Dave Rice ?

Harold acquiesça.

— Lui et moi, on est restés en contact après le procès. On fait des petits boulots ensemble. Un type formidable.

— Vraiment ? Il m'a raccroché au nez. Deux fois.

Harold baissa la tête.

— Dave a un peu de mal en ce moment. Pendant près de vingt ans, il a travaillé pour l'un des plus grands fabricants de placards, dans le nord-est du pays. Et puis, un jour, ils ont tout simplement fermé l'usine. Non seulement, il a perdu son boulot, mais il a découvert que toutes ses économies s'étaient envolées, du fait d'une magouille quelconque de sa direction. À cette époque-là, lui et Jenny avaient deux enfants en âge d'aller en fac et plus un sou à la banque. Il a accepté un job dans un magasin de bricolage du coin. Le salaire n'a rien à voir avec ce qu'il gagnait auparavant, mais avec ça et quelques boulots annexes, ils arrivaient à s'en sortir.

— « Arrivaient » ? m'étonnai-je.

— Jusqu'à ce que Jenny tombe malade.

Ça expliquait sa voix au téléphone.

— Et c'est grave ?

Harold hocha la tête.

— Cancer du sein. Elle le traîne depuis quelque temps, mais en ce moment… Bah, qui sait. Elle a commencé une sorte de traitement expérimental et Dave, eh bien, il a besoin de croire qu'elle va s'en sortir. Il dit qu'il a vu beaucoup de miracles quand il était infirmier, durant la guerre du Golfe. J'espère qu'il a raison. Jenny est une femme chouette et Dave est un homme vraiment bien. C'est d'autant plus dur pour eux que la maladie s'est propagée rapidement et que leur mutuelle a prétendu qu'elle ne pouvait pas les indemniser parce que Jenny était déjà malade avant de souscrire leur police – du temps où c'était la mutuelle de l'entreprise de Dave qui s'appliquait.

— C'était quand ?

— On lui a diagnostiqué son cancer juste après Halloween, l'an dernier. Elle a commencé son traitement juste après les fêtes de fin d'année.

*
* *

J'étais plutôt défaite quand j'arrivai chez Patrick, un peu plus tôt que prévu. Je ne cessais de penser à l'ironie cruelle que subissait Dave Rice : avoir dû siéger dans le jury d'un procès pour erreur médicale et devoir maintenant regarder sa femme mourir sans pouvoir rien faire, parce qu'un scribouillard obscur de sa mutuelle essayait d'économiser quelques dollars.

Patrick me donna un tendre baiser et m'enlaça. Quelle douceur. Une fois réconfortée par la chaleur de ses bras, je lui pris la main pour l'attirer jusqu'au canapé.

— J'ai beaucoup de choses à te raconter.

Nous passâmes les deux heures suivantes à évoquer les qualités et les défauts de mes théories. Il exprima quelques inquiétudes pour ma sécurité, mais parut accepter et respecter mon besoin de résoudre cette affaire. Évidemment. Patrick était tout ce qu'il y a de plus merveilleux et d'attentionné. Jamais il ne serait sorti avec son ex-femme ni ne serait allé lui rendre visite pour un massage intime. Et depuis que je le connaissais, il n'avait jamais fait un seul *truc*.

— Je crois que tu as plus que mérité ton cadeau, dit-il en effleurant mon front de ses lèvres.

Il alla dans la chambre et en revint avec une jolie boîte bleu et or provenant d'un spa situé à Anvers dans lequel nous étions allés au cours des premiers mois de notre relation.

Même après tout ce temps, il s'était souvenu combien j'avais adoré la lotion adoucissante et les gants exfoliants que le spa offrait à ses clients.

— Merci, murmurai-je en passant le bout de mon index sur sa joue. Tu es incroyablement gentil.

— Et toi tu es blessée, ajouta-t-il avec une note de regret dans la voix.

— On peut se débrouiller malgré les dégâts occasionnés par Boo-Boo.

Ses yeux s'illuminèrent.

— Vraiment ?

— Vraiment, lui confirmai-je en me blottissant entre ses bras, alors que nous nous dirigions déjà vers la chambre.

Une nuit d'amour. C'était exactement ce dont j'avais besoin pour me changer les idées.

Il défit les deux boutons supérieurs de ma chemise et me parcourait le cou de doux baisers brûlants lorsque mon téléphone sonna. En temps normal, je l'aurais ignoré, mais, là, j'avais communiqué mon numéro de portable à l'ensemble des jurés que j'avais rencontrés et il était de mon devoir de répondre.

— Allô ?

— Vous avez l'air essoufflée.

— Il est tard.

— J'ai retrouvé Dave Rice.

Sans le vouloir, je repoussai Patrick un peu plus violemment que je ne l'aurais voulu et l'envoyai buter contre le lit. Je lui adressai un signe d'excuse.

— Bon travail, Liam. Où est-il ?

— Au centre médical St Mary.

Un frisson me parcourut la colonne vertébrale.

— Il est mort ?

— Non, mais sa femme, oui.

17.

Est-il possible que ce soit la fin,
alors même que perdure un sentiment d'inachèvement ?

Ma matinée ressemblait à une carte topographique : des creux, des bosses et tout un tas de trucs auxquels je ne comprenais rien. Patrick, mon roc, mon stabilisateur, ce pilier de compassion, venait de m'annoncer – juste après m'avoir avoué qu'il avait oublié de racheter ma marque de café préférée – qu'il s'apprêtait à passer la journée à faire du kayak. Bien entendu, s'était ensuivie la réaction masculine habituelle : il avait tourné vers moi une mine douloureuse de basset artésien en ajoutant « Si tu as vraiment besoin de moi, je peux annuler. »

À vrai dire, il n'existait que deux réponses possibles à ce genre d'argument. L'option numéro 1 consistait à dire : « C'est ça, oui. Annule le programme que tu as concocté sans savoir que je serais engluée jusqu'au cou dans une enquête pour meurtre et reste donc avec moi. » Mais ç'aurait été égoïste, geignard et aurait prouvé que je n'étais pas capable de résoudre mes propres problèmes – sachant, pour être honnête, que j'étais moi-même à l'origine de la plupart d'entre eux.

Je choisis donc l'option numéro 2 : « Ça va aller, tu sais. Tu n'as pas pris de vraies vacances depuis près d'un mois. Va t'amuser. »

Je ne pensais pas la moitié de ces paroles, sauf peut-être le passage concernant la nécessité pour lui de prendre un peu de temps libre. J'étais en fait très choquée qu'il pût songer à s'amuser alors que j'étais en danger.

Je pris une douche, me séchai les cheveux et décidai de rentrer chez moi pour me changer. La perspective de devoir passer une deuxième journée dans les mêmes vêtements, avec un vague raccord maquillage, suffisait à me faire relativiser mes angoisses quant aux intentions du meurtrier à mon égard. Enfin presque.

Je parcourus donc les cinq kilomètres qui séparaient mon appartement de celui de Patrick en vérifiant mon rétroviseur toutes les trente secondes, à la recherche d'une berline anguleuse et sombre.

Le côté obscur de ma personnalité voulait appeler Liam, bien qu'il fût à peine 9 heures, juste pour le plaisir d'interrompre la plénitude postcoïtale dans laquelle il baignait probablement.

J'avais une excuse toute trouvée : obtenir des renseignements sur le véhicule suspect. J'avais presque réussi à me convaincre que c'était exactement la chose à faire, quand je m'engageai dans le parking de mon immeuble et y découvris Liam, adossé à sa voiture. Voiture, me devais-je d'ajouter, qu'il avait garée sur *ma* place de stationnement.

Il tenait dans une main une cassette et le journal dont je payais l'abonnement, alors que l'autre dissimulait en partie une tasse en carton provenant d'un Seven-Eleven. En tout cas, je le battais à plate couture en matière de café.

Il ne se gêna pas pour me dévisager des pieds à la tête quand je m'avançai vers lui et ses lèvres s'incurvèrent en un sourire narquois.

— Bien, bien, bien. Une première, dites-moi. Finley Tanner un peu négligée.

Et si tu allais te faire foutre. S'il te plaît. J'indiquai sa voiture de la main.

— Bien, bien, bien. Nous avons donc affaire à une infraction caractérisée au règlement – affiché – du parking de cet immeuble. Je vais aller me changer pendant que la fourrière emportera votre voiture.

— Longue nuit ? Oh, excusez-moi, j'oubliais que nous n'étions pas censés nous intéresser aux détails intimes de nos vies respectives. Je crois que c'est le règlement en vigueur, n'est-ce pas ?

Dieu que ce type était doué pour me rendre chèvre ! Je balançais entre une furieuse envie de le gifler et celle de m'abandonner tout entière à mon désir le plus sauvage. Se pouvait-il que je sois en plein délire psychotique sans le savoir ?

Des creux, des bosses et des creux. Vite, un café !

— Qu'est-ce qu'il y a sur cette cassette ?

— Le service à la voiture du Starbuck, le matin de la mort de Marcus.

— Génial, dis-je en insérant ma clef dans la serrure de ma porte.

Bien que j'eusse quelques réticences à me l'avouer, j'étais contente qu'il soit là. Parfois, il y avait quelques avantages à se faire accompagner d'un homme grand, sombre et d'une beauté presque obscène.

— Je crois savoir quel est le type de voiture que nous recherchons.

— Vous avez encore appelé votre voyante ?

Non, mais pendant que tu te prélassais chez Ashley pour te faire enduire la totalité du corps d'huile tiède, moi, je bossais.

— Certaines des personnes que j'ai interrogées m'ont dit avoir aperçu un véhicule suspect.

Bon, un seul d'entre eux, il est vrai, mais il n'avait pas besoin de le savoir.

Quand je vis l'énorme panier au centre de ma table, des larmes me vinrent presque aux yeux. C'était sans doute de la part de Liv – les paniers étaient sa spécialité. Connaissant Sam, Becky et Jane, ils avaient dû se cotiser pour l'occasion.

Ayant retiré l'emballage, je l'ouvris et Liam lut pardessus mon épaule « Bonne mise à pied ». Je défis le joli ruban rose bordé de vert anis pour découvrir de véritables trésors. Et parmi eux, le plus précieux : mon ordinateur portable.

— Depuis quand offre-t-on des cadeaux pour une perte d'emploi ? me taquina Liam. Peut-être Hallmark devrait-il songer à lancer une ligne de cartes de vœux pour ce genre d'occasions ?

— Vous êtes bien trop cynique pour comprendre. De toute façon, vous n'avez sans doute pas d'amis aussi attentionnés et dévoués que les miens.

— Ouais, comme le pilote ? Celui qui va faire du kayak pendant que vous partez enquêter sur plusieurs affaires de meurtre ? Si ça c'est pas du dévouement.

Mais comment faisait-il ça ?

— Comment pouvez-vous savoir où Patrick va passer la journée ?

— Je sais des trucs.

Dieu qu'il était agaçant ! Je savais qu'il ne me répondrait pas. Je continuai donc à admirer mon cadeau, comme si de rien n'était. Mon ordinateur portable semblait en parfait état de marche et une note avait été scotchée en dessous disant que le courriel de ToutCompteFait avait été envoyé par le biais d'une adresse électronique à usage unique, depuis un cybercafé. Mes amis y avaient ajouté d'autres magnifiques présents, à commencer par une carte de paiement émise par Starbucks, probablement suffisamment créditée pour durer jusqu'à la fin de ma mise à pied. Il y avait aussi des livres de mes deux auteurs favoris – un roman d'aventure à rebondissements et le troisième tome d'une série sur une entreprise de chaussures italiennes. Liv avait pensé à y glisser le pli que j'avais fait livrer à son bureau. Enfin, je découvris une douzaine de boîtes de Lucky Charms. Mes amis valaient tout l'or du monde.

— Je vais me changer. Vous pouvez préparer la séance de cinéma pendant ce temps-là.

Je me déshabillai en essayant de me convaincre que, si j'avais choisi ce soutien-gorge et ce string que je réservais aux grandes occasions, c'était uniquement parce j'en avais envie et pas parce que Liam se trouvait dans la pièce voisine. Et puisque je devais rencontrer les Hall à 14 heures, j'optai pour un total look Ann Klein. J'enfilai donc une jupe noire un peu vaporeuse que j'agrémentai d'un top sans manches en jersey, avant de glisser mes pieds dans ma seule véritable paire d'escarpins Max Azria – un cadeau de Noël de ma mère. Un soupçon de maquillage et j'étais prête pour l'aventure.

La seconde inspection que fit Liam de ma tenue fut plus appliquée et me donna des jambes de coton. L'espace qui nous sépara s'électrisa et je crus un instant qu'il allait le traverser pour venir m'embrasser.

Patrickpatrickpatrick.

Nous visionnâmes la cassette une bonne douzaine de fois. Plusieurs berlines anguleuses et sombres s'encadrèrent dans la fenêtre du guichet de livraison des commandes et/ou dans la petite portion de parking située dans la ligne de mire de la caméra.

— Ça ne nous aide pas beaucoup, soupirai-je en allant préparer du café frais. Désolée de vous avoir fait venir pour ça.

— J'ai quelques autres bribes d'informations.

Je me retournai vers lui avec un regard noir.

— Pourquoi n'apportez-vous toujours que des « bribes » ?

Parfaitement indifférent à cette manifestation inopinée de mauvaise humeur, il répliqua :

— J'essaye juste de vous aider à prendre votre mal en patience.

— Arrêtez de m'aider et exposez-moi plutôt ce que vous avez à dire.

Je commençai à transférer le contenu de mon sac de chez Liz dans mon cabas Chanel.

— Très bien, dit-il en retirant son carnet de la poche arrière de son jean. Les analyses de sang de Marcus ont révélé un fort taux d'alprazolam dans son organisme au moment de sa mort. Ce produit est plus connu sous le nom de…

— Xanax. Je sais, ma mère prétend que c'est à cause de moi qu'elle doit en prendre. Un anxiolytique qui peut causer une certaine somnolence.

— Marcus en avait assez dans le sang pour le plonger dans un putain de coma.

— N'est-ce pas suffisant pour aller voir la police ?

— Mieux vaut que je passe d'abord chez son toubib habituel pour qu'il me file une attestation selon laquelle cet homme n'a jamais pris un tel médicament.

La tête me tournait presque de joie.

— *Yesss !*

— Je dois retrouver Stacy à son cabinet à 15 heures.

Ce dernier commentaire rajouta une légère migraine à mon étourdissement.

— Ça veut dire qu'il faut quand même que j'aille chez les Hall pour ma séance d'humiliation ?

— C'est vous qui voyez. Moi, je n'irais pas. Mais il est vrai que je ne cherche pas à récupérer mon job.

— Vous êtes en train de prouver que Marcus a été assassiné et, moi, j'ai déjà la preuve que Hall a fait l'objet d'un chantage.

— Malheureusement, nous n'avons pas la preuve que ces deux faits sont liés.

— Mais il faudrait être plus aveugle qu'une taupe pour ne pas voir ce lien !

— Les avocats généraux sont bizarres parfois, remarqua Liam. Ils ne signeront pas un mandat d'arrêt sans un motif en béton armé.

— Et on obtient ça comment ?

— En identifiant le maître chanteur.

— Y a-t-il la moindre chance pour que celui-ci ait un gros « MC » tatoué sur le front ?

— Aucune. Maintenant, passons à notre deuxième sujet.

— Houla ! m'écriai-je en levant les bras au ciel. Auriez-vous l'amabilité de me faire passer un mémo ou quelque chose dans le genre, afin que je sache le nombre de « sujets » que vous entendez aborder ?

— L'avant-dernier. Daniel Summers. le juré qui a passé l'arme à gauche hier ?

— Le juré numéro 11.

— Pas encore de résultats d'autopsie, mais les radios préliminaires ont montré deux fractures du crâne distinctes.

Une main sur la hanche, je demandai :

— Et, maintenant, vous allez encore me dire que ces constatations ne sont pas suffisamment concluantes parce que sa tête aurait très bien pu heurter plusieurs marches ?

— Non. L'une des fractures était horizontale, à la base du crâne. L'autre est une fracture par contrecoup sur la tempe droite.

— Ça signifie ?

— La première fracture est généralement causée par un choc violent sur l'arrière du crâne au moyen de quelque chose de long et cylindrique, comme un tuyau. D'après les traces de sang retrouvées sur les lieux, la tête de la victime aurait heurté une dalle de béton, entraînant probablement l'autre fracture. Ou bien…

— Je déteste quand vous faites ça.

Il afficha un petit sourire insolent.

— Ou bien M. Summers est tombé et s'est fracturé le crâne contre l'une des rampes en fer forgé. Ensuite, il a réussi à se relever, a remonté les escaliers, avant de retomber et de se fracturer le crâne une deuxième fois sur la dalle.

— Dois-je en déduire que sa mort va faire l'objet d'une enquête comme s'il s'agissait d'un meurtre ?

Il fit un signe de tête affirmatif.

— Je dois appeler mon contact chez les flics pour qu'il vérifie si quelqu'un leur aurait parlé d'une berline sombre et anguleuse dans les parages, au moment du meurtre. J'essaye aussi de localiser votre infirmière, euh… C'est quoi son nom déjà ?

— Callahan, répondis-je avant de réaliser qu'il ne m'avait posé cette question que pour me faire tourner en bourrique.

Trop tard. Mais je n'allais pas laisser son minable sens de l'humour écorner ma liesse.

— C'est génial !

J'allais retrouver mon emploi et j'estimais même que Dane me devait des excuses, une augmentation et un super-maxi-bonus.

— Que dois-je faire ?

— Aller voir Dave Rice.

Mon enthousiasme disparut instantanément.

— Sa femme est décédée la nuit dernière. Je ne peux pas aller l'embêter dans un moment pareil.

— Croyez-moi, il se montrera plus ouvert si vous y allez en personne.

— Il m'a déjà raccroché au nez. Deux fois.

— Parce qu'il ne vous *voyait* pas.

— Où voulez-vous en venir ?

— Il est beaucoup plus difficile d'envoyer paître quelqu'un quand il se tient devant vous.

— Mais vous êtes en train de me suggérer d'agir comme ces journalistes minables qui agitent leur micro sous le nez des gens, vingt minutes après que leur môme s'est fait écraser par un train. Vous ne pourriez pas y aller à ma place ?

— Pas possible. C'est incontestablement un boulot de femme. Un peu de nerfs, Finley. Vous pouvez gérer ça, insista-t-il en se levant et en se dirigeant vers la porte. Oh, appelez-moi avant de pénétrer dans la maison des Hall.

— Pourquoi ?

— Pour que je puisse écouter. Contentez-vous de composer mon numéro et de mettre le haut-parleur.

— On ne peut pas dire que vous me rassuriez beaucoup.

— Ça vient avec le temps, dit-il avant d'ajouter : avec la patience.

Et il sortit.

— Va patiemment te faire voir, grommelai-je en me versant une grande tasse de café avant d'allumer mon ordinateur.

Sur le front des bonnes nouvelles, j'avais remporté la robe de chez Betsey Johnson et un autre maillon pour le bracelet de ma Rolex, sur eBay. Côté tuiles, il ne me restait que vingt-quatre heures pour les payer. Après avoir terminé la cafetière et avalé l'un de mes paquets de Lucky Charms, je me mis en route pour la première de mes deux corvées.

Il ne me fallut que vingt minutes pour atteindre le domicile de Dave Rice. Il se trouvait dans un quartier tranquille bordé par la route 1, au sud de Jupiter. Traînant des pieds, je m'approchai de la porte avec réticence, en priant pour que mes genoux et mes mains veuillent bien s'arrêter de trembler avant que le malheureux veuf n'apparaisse devant moi.

Raté.

Dave Rice ouvrit la porte. Il avait l'air absent et des cernes sombres soulignaient ses yeux rougis par les larmes.

— Oui ?

— M. Rice, je suis vraiment navrée de devoir vous déranger aujourd'hui. Je suis Fin…

— Je sais qui vous êtes.

Il poussa un profond soupir et s'effaça pour me laisser entrer. La maison sentait le désinfectant et la pièce, qui avait dû être un jour le salon, avait été transformée en annexe d'hôpital, avec un lit médicalisé, plusieurs potences pour intraveineuses et quelques autres machines infernales.

Il y avait au moins quinze boîtes de médicaments sur le comptoir séparant cette chambre de malade de la cuisine. Nous allâmes jusqu'à un coin ensoleillé de la pièce dont la gaieté semblait comme un affront au chagrin que je lisais dans son regard. Il y avait une chemise cartonnée au centre de la table. Il posa la paume dessus et la fit glisser sur la surface en verre pour la placer devant moi.

— Je pense que c'est ce que vous cherchez.

Ouvrant le dossier, je vis qu'il contenait un unique document : une note de pharmacie. Pas pour Brad Whitley, mais pour le donneur d'organe, Ivy Novak. Même après l'avoir relu à plusieurs reprises, je n'arrivais toujours pas à comprendre pourquoi et de quelle façon ce morceau de papier était censé m'aider.

— Je sais que ce que j'ai fait est mal, dit-il en regardant dans le vague. Je le savais déjà quand je l'ai fait. J'aurais peut-être dû dire quelque chose.

— À propos de quoi ?

— J'ai été infirmier durant la guerre du Golfe. Mon boulot consistait principalement à m'assurer que les pauvres mômes blessés qui nous arrivaient étaient correctement pansés et soulagés autant que possible de leurs douleurs, afin de pouvoir être transportés dans un hôpital situé en Allemagne.

Les blessures d'Ivy Novak étaient graves. Elle allait mourir. Ses organes commençaient à ne plus fonctionner et, au final, ils ne pourraient plus servir à une transplantation. Le docteur Hall a dû prendre une décision. Avec un nouveau cœur, Brad Whitley avait encore une chance. Je considère sincèrement que le docteur Hall a fait le mauvais choix pour une bonne raison. Je continue à le croire. C'est pourquoi j'ai voté en faveur de son absolution de toute faute.

— Mais ? *Quelle faute ?*

— Ma femme est tombée malade. Nous avions perdu toutes nos économies et notre mutuelle disait que, dans la mesure où la rémission de son cancer n'avait pas duré cinq ans, elle n'était pas redevable du paiement des frais occasionnés par ses soins.

Il se redressa et attrapa deux des boîtes de pilules.

— Ceci, poursuivit-il en me tendant les médicaments, coûte trois mille dollars pour trente jours de traitement. Et ceci revient à environ mille cinq cents dollars par mois. Impossible de m'en procurer avec les douze dollars de l'heure que je me fais au magasin de bricolage. Jenny croyait que je gagnais l'argent manquant en faisant des petits boulots annexes. Je ne pouvais pas lui dire ce que j'avais fait. Ce que j'avais déclenché.

— Qu'avez-vous fait ?

Soudain, je fus envahie par un sentiment de peur. Et si je m'étais encore trompée ? Et si Dave Rice était le meurtrier ?

On aurait dit qu'il avait lu la panique dans mes yeux. Des larmes glissèrent sur ses joues.

— Je ne savais même pas qu'on était en train de les tuer, avant que Mme Evans ne m'appelle.

Je me décontractai un peu.

— Je n'avais pas prévu que quelqu'un en pâtirait. J'essayais juste de sauver ma femme.

Il éclata en sanglots. Je lui frottai le dos maladroitement, lui apportai un verre d'eau, mais je n'étais pas en mesure de le consoler. Il poussa encore le dossier vers moi.

— Prenez-le et allez-vous-en.

— Y a-t-il quelqu'un que je puisse appeler ?

La police ? Non, ça c'était un peu dur. Ce type avait passé la porte de l'enfer. Ça pourrait attendre.

Par conséquent, je pris la chemise cartonnée et le laissai à son chagrin. Il me restait dix minutes pour aller chez les Hall sur Singer Island. J'attrapai mon téléphone pour appeler ma sœur à New York. Mon appel fut transféré à une opératrice.

— Le docteur Tanner, je vous prie.

— Le docteur Tanner est en salle d'opération. Peut-elle vous rappeler ?

Mince, à quoi pouvait bien servir une sœur chirurgien si elle était en salle d'opération quand on l'appelait ?

— Euh, oui. Demandez-lui de rappeler sa sœur dès qu'elle se libérera. C'est très important.

Mon second appel fut pour Liam.

— Je suis devant le portail des Hall, lui expliquai-je en actionnant la fonction haut-parleur.

Je lui racontai succinctement ma rencontre avec Dave Rice.

— Pouvez-vous me faxer ce qu'il vous a remis ?

— Mais, bien entendu, j'ai toujours un télécopieur dans ma boîte à gants pour ce genre de situation.

— Pardon. Ce n'est pas très grave. Je suis sûr qu'il existe un endroit public possédant un télécopieur dans les parages. Dès que vous aurez quitté la résidence des Hall, vous pourrez le faire. Je suis certain que le médecin de famille des Evans sera capable de nous expliquer ce qui, dans cette facture, peut expliquer un chantage.

— Je pourrais la montrer au docteur Hall.

— Mauvaise réponse. Ne montrez jamais vos atouts à un suspect.

— Je vois la fille, chuchotai-je bêtement.

J'étais encore dans ma voiture et elle devait sûrement penser que je me parlais à moi-même.

— Elle me regarde.

— Allez faire votre truc, me conseilla Liam d'une voix tranquille. Ne traînez pas. Faites simple. Et filez dès que vous le pourrez.

La résidence des Hall correspondait à peu près à ce que je m'attendais à trouver. De bon goût, avec des espaces de réception et des endroits plus informels destinés à accueillir des visiteurs. Des vases de fleurs fraîchement coupées ornaient presque chaque table. La fille, Zoe, avait fait preuve à mon égard de l'attitude un peu revêche qu'on était en droit d'attendre d'une adolescente, et m'avait demandé de patienter dans le vestibule pendant qu'elle prévenait ses parents.

Je parcourus la pièce des yeux, notant de petits détails ici et là. Les œuvres d'art semblaient être des originaux. Les tapis provenaient de chez un antiquaire. Je devinai que le lustre en cristal au-dessus de ma tête devait tutoyer les trente mille dollars.

Mais rien de tout cela ne retint autant mon attention que la lettre posée sur la table du vestibule. Elle provenait du Bureau des normes académiques et des affaires étudiantes de la Friends' Academy. En tant qu'ancienne élève d'école privée, je connaissais bien ce genre de courriers. Zoe Hall était en situation d'échec dans une ou plusieurs matières.

— Mlle Tanner, veuillez me suivre, s'il vous plaît.

Les manières de Zoe étaient irréprochables, mais la manière dont elle avait formulé sa demande équivalait à une réflexion beaucoup moins raffinée. (« Allez vous faire foutre, toi et le canasson qui t'a amenée. »)

Meredith et Kent Hall étaient assis aux extrémités d'un canapé Louis XV. Tout d'abord, je crus devoir l'attribuer à une sorte de langage corporel destiné à me faire savoir qu'il y avait de la dissension dans les rangs. Mais, non, ce n'était que pour faire une place à Zoe qui s'installa confortablement entre eux deux. En fait, elle s'assit légèrement plus près de son père.

Des photographies dans des cadres en argent et en or coulaient des jours heureux entre diverses figurines de porcelaine, d'origine française, elles aussi. La plupart d'entre elles représentaient Zoe : Zoe va à l'école ; Zoe va au zoo ; Zoe reçoit un diplôme ; Zoe fait une bonne action ; Zoe monte à cheval. C'était indubitablement une enfant unique.

— Je suis venue vous présenter des excuses pour les désagréments que mes actions ont pu causer à votre famille.

Était-il possible de faire plus concis et courtois ?

— Zoe, dit Meredith en tapotant le genou de sa fille. J'ai demandé à Cook de nous préparer du thé, voudrais-tu l'apporter s'il te plaît ?

Zoe avait plutôt l'air d'avoir envie de me cracher dessus, mais elle s'exécuta avec grâce et quitta la pièce.

— Ce n'est pas nécessaire, dis-je. *Je déteste le thé. Le thé, c'est pour les grippes, les rhumes et les Anglais.*

— J'espère que vous réalisez la gravité de la situation que vous avez générée, dit alors le docteur Hall.

Je notai que ses joues avaient rougi et en déduisis que ce n'était pas bon signe.

— Oui, mais pour ma défense, je n'ai jamais évoqué votre nom devant la police. J'imagine qu'ils ont pensé à vous parce que, au moment de mon arrestation, je transportais dans ma voiture plusieurs dossiers relatifs au procès pour erreur médicale.

— Cette affaire est close, me rappela Meredith au moment où Zoe revenait avec le thé.

Pire que du thé. Une tisane rose. Son odeur me rappela l'eau de toilette que mes grands-mères paternelles m'offraient à chaque Noël.

Zoe versa le breuvage dans ma tasse avec une délicatesse éprouvée. Visiblement, parmi ses nombreux talents, elle avait également étudié Emily Post[1].

— Merci, dis-je en acceptant cet échantillon d'eau de WC.

Le goût était encore pire que je ne le pensais. Elle remplit les trois autres tasses avant de rejoindre ses parents.

— Tout ceci ne pouvait pas arriver à un plus mauvais moment, poursuivit Meredith. Zoe passe en ce moment des entretiens dans des universités. Elle envisage de suivre les traces de son père et nous n'avons pas besoin de

1. *NdT.* Écrivaine américaine ayant notamment écrit un livre sur les bonnes manières.

réveiller ce scandale. Pas quand cela pourrait affecter son avenir.

J'avalai ma tisane à mon corps défendant.

— Eh bien, Zoe, je vous souhaite beaucoup de succès et, une fois encore, je vous présente mes excuses.

Je commençai à me lever quand le docteur Hall ajouta :

— Je présume, par conséquent, que nous n'entendrons plus de rumeurs sur vos... activités ?

— Des « rumeurs » ? répétai-je. Mon Dieu, non. À compter de maintenant, je promets de ne plus m'intéresser qu'aux faits.

Les Hall parurent satisfaits. J'espérais simplement que la sueur que je sentais couler entre mes seins ne se voyait pas.

— Seriez-vous en train d'insinuer que vous connaissez certains « faits » en rapport avec cette affaire ? demanda le docteur.

J'entendais Liam grogner d'ici.

— Des faits en rapports avec cette affaire ? C'est...

Mon téléphone portable sonna comme une alarme, m'indiquant que j'avais un appel sur la deuxième ligne. Je présumais que Liam cherchait lui aussi à me joindre pour me donner une occasion de prendre congé.

— Veuillez m'excuser, je vous prie, dis-je en reposant ma tasse et en fouillant à l'intérieur de mon sac.

J'acceptai l'appel.

— Allô ?

— C'est Lisa. De quoi as-tu besoin ?

— Un instant.

Couvrant le téléphone de ma main, je regardai la famille Hall avant de m'excuser une fois encore.

— C'est mon médecin et (je fis en sorte de regarder droit dans les yeux le docteur Hall), je ne peux pas me permettre de la faire attendre. Merci encore pour le thé et merci de m'avoir reçue.

— Mais…

Ignorant la molle protestation de Meredith, je courus presque jusqu'à ma voiture.

Quand j'y parvins, Liam essaya effectivement de me joindre. Je fis tourner ma clef de contact et démarrai en trombe, faisant presque crisser mes pneus en amorçant le virage en fer à cheval qui menait à la sortie.

— Finley, s'exclama Lisa d'un ton sec. Je n'ai pas toute la journée devant moi.

— OK, OK, dis-je en clignant des yeux pour éliminer les points qui dansaient devant mes pupilles.

Manifestement, ma prestation chez les Hall avait fait grimper ma tension.

— Si je te lis une prescription de médicaments, sauras-tu me dire à quoi ils peuvent servir ?

— Ta liste est longue ?

— Non, pas très. S'il te plaît ?

— Vas-y.

Je parvins à coincer la feuille contre le volant, partageant mon attention entre la route et une liste de mots incroyablement longs que je lisais pour la première fois de ma vie. Je parvins à déchiffrer les six premiers en peinant car ma vue ne s'arrangeait pas.

Lisa me confirma qu'il s'agissait de substances spécifiquement destinées à améliorer le fonctionnement des organes.

— S'agit-il d'un donneur d'organes ?

— Ou… oui, répondis-je d'une voix rauque.

— Fin ? Qu'est-ce qui ne va pas ?

— Encore un, arrivai-je à prononcer en avalant ma salive pour tenter d'articuler le nom du médicament suivant. Me-per, mepreri…

— Meperidine ?

— Voui.

Me sentant de plus en plus cotonneuse, je me garai sur le bord de la route.

— C'est un antidouleur.

Mon cerveau embrumé avait du mal à fonctionner.

— Pourquoi administrer un antidouleur à un donneur d'organes ?

— On n'en donne pas. Les gens cérébralement morts ne peuvent pas ressentir la douleur.

Oh mon Dieu.

— C'est donc ça qu'il savait.

— Fin ? Où es-tu ?

— Sing… Singer Island. Besoin d'aide.

*

* *

— Depuis combien de temps suis-je ici ? demandai-je à Becky qui se trouva être la première personne que j'aperçus quand mes yeux et mon cerveau voulurent bien se remettre à fonctionner de concert.

— Quatre heures. Tu as parfois émergé en marmonnant. Enfin, rien de très cohérent en général. Il y a la queue dans la salle d'attente. On s'est attribué des tours de garde jusqu'à la fin des heures de visite.

— Le docteur Hall ?

— Je vais demander à Liam qu'il vienne pour te faire la mise à jour sur ce chapitre, mais il se peut que tu veuilles aussi augmenter le son de la télé.

— Il est en prison ? demandai-je à Liam une minute plus tard, quand il pénétra dans ma chambre d'hôpital.

Zappant frénétiquement entre les différentes chaînes, je mourais d'envie de voir le docteur Hall pieds et mains menottés. En ressentirait-il une humiliation ou un quelconque remords ? Peu importe. J'espérais juste qu'il irait en prison et y passerait le restant de ses jours à faire le mignon pour un chef de gang.

— On est en train de l'interroger. Ensuite, il fera sans doute l'objet de poursuites. Et à propos, vous aviez raison pour la voiture. Les Hall ont acheté une Mercedes Classe S, bleu nuit, au cours de la semaine qui a précédé l'anniversaire de leur fille. Comment vous sentez-vous ?

— Bien. Vraiment détendue, ajoutai-je avec un sourire cynique. Prête à quitter l'hôpital.

— Patience, me rappela-t-il. Vous allez passer la nuit ici.

— Jurez-moi qu'ils n'ont pas découpé mes vêtements. Avez-vous une idée du prix que m'a coûté cet ensemble ?

— Vous vous inquiétez vraiment pour des choses bizarres. Hall a failli vous tuer et vous vous préoccupez d'une jupe et d'un polo ?

— Bah… ouais.

— Vous feriez mieux de vous réjouir de votre manie d'avaler quinze cafés par jour. Le niveau ahurissant de caféine dans votre organisme est la seule chose qui a empêché l'alprazolam de faire son effet et de vous tuer.

Je fus parcourue d'un frisson, puis je relevai les yeux vers l'écran.

— Le voilà ! Attendez ! m'indignai-je. Il n'est pas menotté. C'est quoi cette histoire ?

— Je vais passer quelques coups de fil, dit Liam en se précipitant hors de la chambre.

Il en revint douze longues minutes d'angoisse plus tard, les yeux étincelant de colère.

— Ce salopard a un alibi en béton pour Vasquez et pour Marcus Evans.

— En béton comment ?

— Pas en ville. Il enseignait des techniques de greffe dans d'autres hôpitaux. Il y a une centaine de personnes qui ont confirmé son alibi dont deux compagnies aériennes et les hôtels dans lesquels il a séjourné.

— Mais il aurait très bien pu tuer les autres, non ? Nous savons qu'il était en ville quand Daniel Summers a été tué.

— Il sautait l'infirmière Callahan. C'est pour ça qu'elle a appelé pour dire qu'elle était malade. Apparemment, ces deux-là couchent ensemble depuis des lustres.

— Et pourquoi n'est-il pas poursuivi pour le meurtre d'Ivy Novak ? Ma sœur a dit qu'elle n'aurait pas eu besoin d'un antidouleur si elle avait été vraiment morte cérébralement.

— Il prétend que c'est une erreur. L'antidouleur n'apparaît que sur la facture de la pharmacie, pas dans le dossier médical.

— Ça ne peut être que lui, m'obstinai-je en croisant les bras, tandis que la fureur s'infiltrait dans chaque cellule de mon corps. Dave Rice m'a dit qu'il faisait chanter Hall pour payer le traitement de sa femme.

— Hall prétend qu'il a juste fait un geste charitable.

— Alors, faites en sorte que Dave Rice parle à la police.

— Ça va être difficile.

— Mais pourquoi ?!

— Il s'est fait sauter la cervelle juste après votre départ.

Je ressentis une profonde tristesse.

— Et vous allez croire ça ?!

— Il a laissé une lettre. L'écriture a été vérifiée par ses deux fils et comparée à d'autres documents manuscrits saisis chez lui par la police.

— Que disait la lettre ?

— Trois mots : « Je suis désolé. »

— Tout le monde est désolé, mais personne n'est responsable ?! Est-ce que la police ne pourrait pas fouiller la maison des Hall ? Il a bien versé quelque chose dans cette fichue tisane qu'ils m'ont fait boire ?

— Ils l'ont fait. Ça n'a rien donné.

— Mais qui peut être aussi fort ?

— Hall a un QI de génie et sa femme n'est pas une dinde. Elle est sortie de Wellesley avec mention. Les gènes de la fille ne sont pas mal non plus, même s'il semble qu'elle ait un peu relâché son effort ces derniers temps.

Une cloche imaginaire venait apparemment de sonner car ma mère s'encadra dans la porte, avec, dans une main, un énorme bouquet de fleurs et, dans l'autre, un mouchoir en lin.

— C'est le signal, me lança Liam avant de se glisser hors de la pièce.

Le défilé continua jusqu'à 19 heures, quand l'infirmière refusa solennellement de laisser quiconque pénétrer dans ma chambre. J'avais reçu des fleurs de Patrick, Liv, Becky, Jane – qui avait aussi réussi à me faire passer un café – et une immense gerbe de la part de Dane-Lieberman. Dans ces conditions, je voulais croire que ma mise à pied prendrait bientôt fin, si ce n'était déjà fait. Mais ils auraient été naïfs de croire qu'un bouquet allait suffire.

La drogue qu'on m'avait administrée chez les Hall ne s'était pas totalement dissipée. La seule chose qui m'empêchait de plonger dans un sommeil réparateur était un mélange de colère et de frustration.

Je réalisai que j'avais tout de même dû m'assoupir de temps à autre parce que chaque fois que j'ouvrais les yeux, les images de l'écran de télévision avaient changé. Je ne voyais pas de pendule dans la pièce, mais je ne cessais de me dire qu'il fallait que j'appelle Lisa pour la remercier. Le fait qu'elle ait appelé la police de Palm Beach depuis des milliers de kilomètres m'avait probablement autant sauvé la vie que la caféine.

J'avais d'ailleurs très envie d'un café, mais je pouvais aussi me contenter d'un peu d'eau. Me sentant plutôt alerte, je décidai d'attraper la carafe pour aller la remplir moi-même à la fontaine. J'étais bien certaine que les infirmières de nuit avaient autre chose à faire que de jouer à la serveuse pour moi.

Pieds nus et une main refermant la fente de mon horrible chemise de nuit d'hôpital, je m'engageai dans le couloir. Au bout de cinq minutes, je finis par dénicher une petite pièce pourvue d'un distributeur de glaçons et d'une fontaine. Ma carafe remplie, je revins vers ma chambre. Profitant de la faible lumière que diffusaient les néons du couloir par l'entrebâillement de ma porte, ainsi que l'écran silencieux du téléviseur, je me versai un verre d'eau. C'est alors que j'entendis le bruit.

Tournant vivement la tête, je remarquai la seringue hypodermique avant d'apercevoir Zoe Hall. Par réflexe, je lui jetai l'eau glacée à la figure, avant de lui saisir le poignet et de m'y accrocher de toutes mes forces.

Zoe avait 18 ans et elle était plus grande et plus forte que moi. J'étais pour ma part une hurleuse d'exception. Il leur fallut quelques minutes, mais les aides-soignants finirent par arriver et maîtriser la gamine. Comme j'étais encore un peu débutante dans le département « quelqu'un a voulu me tuer », je me contentai de me rouler en boule par terre, tout en la regardant se débattre comme une folle furieuse, pendant qu'ils la traînaient hors de ma chambre.

*
* *

Patrick était encore parti. Liam semblait avoir disparu depuis notre dernière conversation à l'hôpital. J'étais tellement nulle que je n'arrivais pas à déterminer lequel me manquait le plus. Une semaine avait passé et j'étais de retour à mon bureau. Correction : j'étais de retour dans un bureau plus spacieux. J'avais obtenu une modeste augmentation, on m'avait payé ma période de mise à pied et je disposais d'une vue sur la rue plutôt que sur le parking. Dane ne m'avait pas présenté d'excuses, mais il m'avait adressé un courriel de bienvenue. Au moins, il était cohérent : il était, et resterait toute sa vie, un connard.

Dans la matinée, j'avais lu que l'avocat de Zoe Hall, qui, bizarrement, s'appelait Jason Quinn (le Jason Quinn qui avait presque forcé Dane à me virer), s'apprêtait à plaider la crise de folie passagère.

— Bonne chance, ricanai-je.

La tâche de l'avocat de la défense serait difficile – impossible même, selon moi – dans la mesure où elle avait planifié et exécuté ses crimes à la perfection. Enfin presque.

Je ressentais un peu de pitié pour ses parents. Apparemment, Zoe avait entendu par hasard un appel du maître chanteur et savait seulement qu'il s'agissait d'un homme qui avait siégé au jury du procès intenté à son père. Elle ne savait pas que celui-ci avait non seulement identifié Dave Rice comme étant le coupable, mais qu'il avait décidé, de son plein gré, de payer les soins nécessaires à Jenny. À un moment donné, la volonté de Zoe de protéger son père était tout simplement devenue incontrôlable. Mais le terme « folle » avait juridiquement un sens différent de celui du langage courant et j'espérais que la fille aimait les larges combinaisons orange parce que j'anticipais qu'elle allait en porter une pendant des années.

En sortant de la salle des photocopieuses, je faillis percuter Liam. Il était aussi séduisant que d'habitude et dégageait un parfum divin. Et malgré la professionnelle décontractée, calme et posée que j'étais, je ne parvins même pas à croasser un simple « bonjour ».

Il me poussa presque dans mon bureau.

— Je vois qu'ils vous ont offert une nouvelle tanière. Pas mal.

— Plus grande, plus belle. *Bavardage.*

— Alors, comment allez-vous ?

— Très bien. Et vous ?

— Occupé. J'ai fait beaucoup de trucs, dernièrement.

Il ne s'était pas assis. Au lieu de cela, il ne cessait de se rapprocher, jusqu'à ce que je sente ma hanche buter contre mon bureau. Ces yeux incroyables étaient fixés sur moi.

— Vous avez besoin de quelque chose ?

— Yep !

Penchant la tête progressivement, il posa son regard sur mes lèvres. Le temps suspendit son cours. Il s'arrêta. Je suffoquai.

Oh, et puis flûte. Si j'étais capable de repousser un assaillant, je devais bien pouvoir poser une simple question.

— Eh bien, est-ce que… ?

— Est-ce que quoi ?

Son haleine tiède et mentholée effleura ma peau et je sentis le rouge me monter aux joues. Liam était toujours aussi près, sa bouche à quelques centimètres de la mienne.

— Eh bien, euh, est-ce que vous allez m'embrasser ?

— Non.

Je clignai des yeux.

— Parce qu'on dirait que vous allez m'embrasser.

Il sourit. Un sourire lent, en coin et infiniment sexy.

— Ça fait partie des différences entre vous et moi, Finley.

— Quoi ?

— Je suis très, très patient.

Remerciements

Dans les films, l'auteur d'un roman – nécessairement filmé dans un cottage de bord de mer, en train de taper sur une antique machine à écrire Underwood – semble mettre la dernière main sans efforts à son œuvre dont les lignes s'additionnent avec facilité sous ses doigts agiles. Dans mon cas, l'écriture de cet ouvrage ne fut pas sans douleur, combats, jurons, avec, à la clef, une belle courbe d'apprentissage.

Ce livre n'aurait jamais vu le jour sans les encouragements de mon agent, Kimberly Whalen et le soutien actif de mon éditeur, Audrey LaFehr, sans oublier la merveilleuse équipe de *Kensington Books*. Merci d'avoir participé à la mise au monde de Finley.

J'adresse également tous mes remerciements au docteur Richard Berjian pour ses conseils en matière médicale, ainsi qu'à Maître Martin B. Lessans qui m'a patiemment exposé les devoirs et obligations d'une assistante juridique affectée aux affaires patrimoniales. S'il y a dans ce roman quelques erreurs concernant ces sujets, la faute en revient, non pas aux professeurs, mais à leur humble disciple.

Merci également à Cherry Adair, Leanne Banks et Traci Hall qui m'ont remise sur les rails quand je pensais ne jamais toucher au but. Impossible de rêver partenaires plus talentueuses et généreuses. Merci de m'avoir insufflé le courage de franchir ce pas, de vous être toujours montrées franches, sans méchanceté, et encourageantes, sans condescendance. Merci aussi d'avoir fêté l'événement avec ma superbe mallette rose et, surtout, d'avoir été à mes côtés quand j'avais besoin de vous, nuit et jour. Je vous aime comme des sœurs.

De nombreux remerciements vont aussi à Joanne Sinchuk, propriétaire de la meilleure librairie du sud de la Floride, qui a gentiment fait une place à Finley et ses amies dans ses rayons.

Merci Maman pour toutes ces heures consacrées à coller des post-it sur les pages de mon manuscrit. Qui aurait pu croire que je sois capable d'autant de typos ? Merci à Connie Chesley, magnifique chanteuse d'opéra et amie très chère qui participe encore à l'air que respire la mère de Finley. Merci à mes grandes amies Amy Fetzer, Maureen Child, Kathy Pickering, Kathleen Beaver et Karen Harrison.

Et pour finir en beauté, d'immenses remerciements aux membres de ma famille, Bonnie, Eric, Kevin, Maris, Russ, Mara, Ray, Claire, Ronnie, Dottie, Linda, Mark, Rebecca, Jonathan, Justin, Grace, Ron, Blysse, Paige, Anna et Alex.

Pour l'éditeur, le principe est d'utiliser des papiers composés de fibres naturelles, renouvelables, recyclables et fabriquées à partir de bois issus de forêts qui adoptent un système d'aménagement durable.

En outre, l'éditeur attend de ses fournisseurs de papier qu'ils s'inscrivent dans une démarche de certification environnementale reconnue.

Photocomposition Nord Compo

Imprimé en France par CPI Bussière
à Saint-Amand-Montrond (Cher)
pour le compte des Éditions Marabout
N° d'impression : 110977/4
Dépôt légal : mai 2011
ISBN : 978-2-501-06643-3
40.5740.2
Édition 01